La Sesta Crociata: Ovvero L'istoria Della Santa Vita E Delle Grandi Cavallerie Di Re Luigi Ix Di Francia

Jean Joinville (sire de)

LA
SESTA CROCIATA

OVVERO

L'ISTORIA

DELLA SANTA VITA E DELLE GRANDI CAVALLERIE

DI RE LUIGI IX DI FRANCIA

SCRITTA GIÀ

DA GIOVANNI SIRE DI GIONVILLE

Siniscalco di Sciampagna

ED ORA

RECATA FEDELMENTE DAL VOLGARE D'OIL NEL VOLGARE DI SÌ
PER ESEMPIO
DELLA CONFORMITÀ DEI DUE ANTICHI LINGUAGGI.

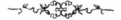

BOLOGNA,
PRESSO GAETANO ROMAGNOLI.

—

1872.

LA

SESTA CROCIATA.

IMOLA. — TIP. D' I. GALEATI E FIGLIO

Via del Corso, 35.

LA
SESTA CROCIATA

OVVERO

L'ISTORIA

DELLA SANTA VITA E DELLE GRANDI CAVALLERIE

DI RE LUIGI IX DI FRANCIA

SCRITTA GIÀ

DA G̶I̶O̶V̶A̶N̶N̶I̶ *Jean,* SIRE D̶I̶ *e Joi* G̶IONVILLE

Siniscalco di Sciampagna

ED ORA

RECATA FEDELMENTE DAL VOLGARE D'OIL NEL VOLGARE DI SÌ
PER ESEMPIO
DELLA CONFORMITÀ DEI DUE ANTICHI LINGUAGGI.

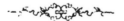

BOLOGNA,

PRESSO GAETANO ROMAGNOLI.

—

1872.

L'EDITORE GAETANO ROMAGNOLI

AL LETTORE BENEVOLO.

Il ch. Conte Giovanni Galvani pubblicava nel 1843 entro il Periodico Modenese, intitolato *Continuazione delle Memorie di Religione, Morale e Letteratura*, una sua Lezione Accademica sulla utilità che si può ricavare dall'antica Lingua Francese per l'istoria dei Volgari Italiani, e la faceva seguire da un saggio di traduzione della Vita di Luigi IX, il Re Santo di Francia scritta da Giovanni Sire di Gionville. Due anni dopo, dando fuori il volgarizzamento di quel tratto delle Istorie di Gioffredo di Villarduino, in cui si narra il conquisto di Costantinopoli fatto dai Francesi e dai Viniziani nel 1203, lasciava esso intendere di aver compita

a

la traslazione di tutto il racconto del buon Siniscalco di Sciampagna.

Le letterali traduzioni dalle lingue di *oc* e d' *oil* in lingua di *si* contemporanea eseguite dal suddetto Filologo Modenese, e delle quali offerse nel 1845 un più largo sperimento sulle intere Croniche di Maestro Martino da Canale (V. Archivio Storico Italiano Tomo VIII), non hanno, siccome è noto agli studiosi, soltanto uno scopo letterario, ma ne hanno un altro più importante storico linguistico dallo stesso filologo svolto ampiamente ne' suoi *Dubbi sulla verità delle Dottrine Perticariane nel fatto storico della lingua* (Milano Turati 1846) dalla faccia 80 innanzi. Vi si intende cioè a dimostrare come la lingua d'oil (di cui Dante scrisse: *quicquid redactum sive inventum est ad vulgare prosaicum, suum est,*) fosse spesso la falsa riga dei nostri primi prosatori, e valesse a far credere comuni un tempo a tutta l'Italia quelle eleganze che poi ci rimasero speciali di talune province.

Egli è per ciò che, dopo aver io l'anno scorso messo in luce il *Novellino Provenzale* d'esso Conte Galvani, con cui si trasportano nella lin-

gua di Messer Francesco da Barberino le Vite
originali Limosine dei Trovatori di Provenza,
m'invogliai di conoscere dall'Autore medesimo
cosa fosse accaduto del suo Gionville reso italiano. Ne ebbi in riscontro ch'esso Gionville era
inedito tuttavia, ed a mia intera disposizione:
per che, avendo io accolta la cortesissima offerta,
dopo aver pregato l'Autore a dividere la conti-
nuità della narrazione originale in brevi Capitoli per renderne la lettura più agevole e meglio
ispartita la materia, lo rendo ora di ragion pub-
blica facendolo precedere da quella Lezione che
l'annunciò, e che a parer mio, introdurrà al
presente a tutta l'opera assai acconciamente.

Piaccia al Lettore benevolo di incoraggiare
la mia piccola impresa, e viva lieto e felice.

LEZIONE PRELIMINARE.

DI ALCUNE UTILITÀ

CHE SI PONNO RICAVARE

DALL' ANTICA LINGUA D' OIL

PER

L'ISTORIA DELLE LINGUE VOLGARI ITALIANE

LEZIONE.

—

È stato detto per altri, ed io credo di aver già alquante volte bastevolmente dimostrato, come le lingue neolatine si continuino alle latine parlate senza alcuna interruzione, e come negli odierni linguaggi d'Italia, Francia, Spagna e Dacia non si debba ravvisare che un'ultima età di quel primitivo idioma di Roma armata, il quale, corrotto e corruttore ad un tempo, fu piuttosto tiranno che re delle favelle da lui soggiogate. Ma se tutto ciò è facile ad essere inteso e provato intertenendosi sulle generali, riesce poi per contrario assai difficile a dichiararsi ne' particolari, qualora il fedele istorico di esse lingue voglia rendere patenti le ragioni di ogni più minuta vicenda in quelle introdotta. E veramente le neolatine moderne, siccome lingue parlate, sono antichissime, siccome scritte non oltrepassano quasi mai il mille con indubbii ed abbastanza lunghi monumenti. Da questo termine ascendendo noi

troviamo un latino scritto, il quale, per quanto sia
barbaro confrontato col simigliante del secolo d'Augusto, è bene però altra cosa dalle favelle che ne
riuscirono: la mancanza dunque di monumenti, che
di età in età ci facciano conoscere la lingua di transizione tra esso latino scritto, ed i neolatini par-
lati intorno il mille, forma la vera disperazione dei
filologi, e presenta quel campo sterile ed abbuiato,
sul quale, appunto per la incerta luce che lo ris-
chiara, molti hanno segnato vie diversissime; molti
hanno collocato mostri e fantasime; molti in fine,
non potendo conseguire l'aperto vero, hanno disposto una certa loro catena di verosimiglianze, alla
quale attenendosi, credettero di traversare a salvamento il deserto, e di congiungere con felicità i
due estremi opposti.

Si è diviso il latino, in latino vero, in latino
romanzo, ed in neolatino: si è assegnato il primo
largamente alla dominazione di Roma armata e vit-
toriosa; il secondo alla dominazione di Roma invasa
e prevalente soltanto come la sede dell'Apostolo;
il terzo alla dominazione Romana stabilmente con-
quistata dai Nordici, ossia ai nuovi Regni stabili
a' quali è necessità una lingua nuova. Divisione opportuna, ma che giova ai fatti non agl'idiomi, a
cui un nome novello non dà chiarezza, e solo può
dar distinzione. Che questa lingua infatti di transizione si dicesse Romanza o Romana o altrimenti,
e non più Latina, ciò poco montava per conoscerla;
e quando poi i dotti a noi più vicini vollero mo-
strarcela intera nel Provenzale, ossia nella lingua

d'*oc,* questi, valga la verità, commisero allora un poco perdonabile errore, dandoci una fra le lingue neolatine, ossia della terza età, per quella madre supposta comune che si cercava, ossia per·quella lingua di mezzo, donde poi dovevano nascere varie, secondo la varietà degli elementi che le componevano, le neolatine Italiche, le neolatine Galliche, le Ispane e le Daco-Romane.

Dovevano invece questi dotti medesimi, secondo il mio rimesso modo di intendere, cercare almeno nelle due lingue neolatine che ci presentano sinora monumenti più antichi, cioè in quelle di *oc* e di *oil,* sole quelle parti, le quali poscia col ripolirsi di esse lingue si vennero disperdendo, per vedere se sopra queste, con pazienti e regolari induzioni, si potesse ricostrurre il latino romanzo, e non già con generici indovinamenti, o con fatti troppo posteriori. Doveano sorprendere, in tal qual modo, in quei resti la fuggente memoria di una loquela instabile di sua natura, perchè lasciata al volgo ed all'urto di tante lingue nemiche quante venian piombando di que'tempi sull'Imperio lacerato: ed alla guisa di quegli abili architettori, i quali dalle fondamenta tuttavia durevoli e da alquanti ruderi al tempo avanzati, si ardiscono, insistendo sulle certe regole dell'arte, rappresentarci di nuovo come fu veramente tutto un tempio, un teatro, un ippodromo, doveano, dico, dall'arcaico delle neolatine ricostruire il più vetusto Romanzo che si ignorava, e con questo venire, come colla face di altrettante cagioni, illuminando le lingue nostre moderne, divenute allora così quasi effetti necessarii e conseguenti di quelle.

Difficile impresa, ed alla quale si converrebbe bene che si facesse buon viso, qualora, assunta da un erudito, fosse condotta a termine colla possibile felicità; ma impresa, lo ripeterò pure, più forte assai di quello che possa stimare chi in così fatti studii sia nuovo, o, peggio ancora, chi d'essi sia soltanto mezzanamente istruito. Frattanto io pago all'averla accennata ad altri di me più valente e fornito di più beate comodità, ed inteso come sono da gran tempo a raccor materiali per l'istoria dei Volgari Italiani, verrò cercando nella più vecchia lingua d'oil alcune antichità per vedere se da queste si possa aver fumo almeno di quell'italico sequiore che fu mezzano tra il latino e il volgare odierno, e se per esse o con esse si possano render chiari ed istoricamente definibili alcuni fatti presenti, de'quali io non so che altri abbia mai reso ragione o probabile od autorevole, ossia attinta alle più intime e naturali cagioni, e, per così dire, alle viscere istoriche della lingua.

Molti hanno cercato dottamente le fondamenta dell'alto Franzese; ma in questi nostri tempi[1] sono a mia notizia tra i migliori M. Orell nella sua Grammatica; M. Raynouard nelle Osservazioni sul Romanzo *de Rou*, e nella Grammatica comparata delle lingue dell'Europa latina; l'Abate de la Rue ne'suoi Saggi istorici sui bardi, giullari, e troverri; il Ro-

---

[1] Questa Lezione fu recitata dall'A. in una tornata Accademica nel 1840 circa, e poi stampata nel 1843.

quefort nel Glossario della Lingua Romana; Gustavo Fallot nelle Ricerche sulle forme grammaticali della Lingua Francese e de' suoi dialetti nel XIII Secolo, e Mary-Lafon in varie opere di consentaneo argomento. Giovandomi pertanto degli studii di questi illustri, e di quelli ch'io stesso ho fatto lungamente sulle due antiche lingue di Francia, verrò disponendo qui sotto un saggio delle mie osservazioni, premettendovi però un breve cenno sovra essa lingua d'oil e suoi principali dialetti, siccome di cosa non comune fra noi, e la cui notizia potrà tornarci utile in seguito per aggiudicare appunto a questa avvertita varietà de' dialetti la varia enunciazione di una medesima voce.

Dalla prima occupazione delle Narbonesi sino a Clodoveo erano già corsi sei secoli, e più di cinque da che tutte le Gallie erano divenute Romane. Nella lunghezza di tanti anni la lingua Celtica, ossia la lingua dei vinti, avea ceduto in faccia alla lingua dei dominatori, e questa medesima potea essere detta per tutte quante le Gallie quasi naturale ed indigena, dopo che Roma, non ponendo più altro confine alle proprie mura fuor quello che avrebbe segnato il Dio Termine custode ai limiti dell'Impero, avea empito di coloni non solo, ma di cittadini e di senatori le sue conquiste. I Provinciali e gli Aquitani prevalevano in vero nella Romanità, ma non per ciò meno erano Romani i Galli oltre il Ligeri, ed anzi pareva ch'essi lo divenissero viemaggiormente, quanto meno invece si facea attuosa la forza vitale del combattuto e derelitto centro della signoria degli Augusti. Il Gallo–Romano regnava dunque solo dalle Alpi al Reno, quando i Franchi varcavano quest'ultimo, e, dopo alquante fortunose vicende, facendo prevalere finalmente l'affilata loro *francisca* allo spuntato *pilo* dei degeneri legionarii, stanziavano nelle Gallie settentrionali per intere nazioni, e vi mescevano al primitivo linguaggio il naturale lor teotisco.

Da quel tempo cominciò a comporsi nelle Gallie una lingua parlata in parte novella, seguitò a durarvene un'antica, se non in quanto si dovea poi modificare per altri barbari che avrebbero tentato di scombuiarla. La prima, in memoria della sua origine, si disse anche in seguito *Romanza*, o dal modo di affermare si nominò lingua d'*oil*, o d'*oilz* o *Lingua Oytana*, la seconda perseverò ad appellarsi *Romana,* e poi Limosina e Provenzale, ovvero, sempre dalla particella affermativa, si indicò per *Lingua d'oc,* od *Occitana* o *Occitanica*. Quella tenne le province che i Franchi nelle successive loro conquiste coprirono d'orde Germaniche tra i fiumi del Reno e della Loira: questa le rimanenti meridionali, che o nol furono, o furono solo di passaggio o per minor tempo.

Restringendoci pertanto a dire di quelle prime noi osserveremo, per conseguenza al preposto, che se per tutte le Gallie settentrionali, dalla identità della mescolanza, cioè del Gallo Romano dei soggetti col Teotisco, o meglio ancora col dialetto dell'alto o vecchio Tedesco dei conquistatori, ne dovea nascere un linguaggio solo e uniforme; non è pèrciò meno vero che dalle varie condizioni d'ambi gli elementi di che essa miscèla si componeva, questo poteva qua e colà variamente alterarsi, donde poi ne potrebbero nascere in esso linguaggio medesimo le possibili sottovarietà dialettali.

E già la principale influenza Franca non dovea esercitarsi sul meccanismo, e direi quasi sull'ossatura della più ampia e diffusa loquela de'soggiogati, ma contènta all'aggiugnere alquante parole designanti cose ed usanze novelle, doveva esercitarsi massimamente sulla sua enunciazione, o vogliam dire sulla pronuncia. Per essa dunque ne verrebbero modificati i corpi e le desinenze delle voci gallo-romane, per essa si accrescerebbero gl'incerti suoni dei dittonghi, frutti per lo più o di lingue mescolate o di alfabeti ascitizii ed improprii, per essa finalmente ne riuscirebbe poscia inferma e variabile la scrittura, quando sarebbe posta al duro sperimento di raggiugnere con segni latini la diversità dei suoni dialettali, e l'oscura mistione o di più vocali o di mal discernibili consonanti.

Verso il Nord ci dice l'istoria che i Franchi s'accamparono e stettero in maggior numero, e però le Fiandre, l'Artesia e la Piccardia noi le troviamo con i suoni più aspirati e più aspri. La Borgogna, il Nivernese, il Berrì e le province vogliam dette o più meridionali o centrali, addolciscono per contrario la profferenza, e s'allargano nelle vocali; ed in queste sappiamo che abbondarono i conquistati, siccome in quelle che dovettero accogliere, non solo i possessori antichi, ma quei Gallo-Romani

che primieri dal Reno rifuggirono innanzi le prime
invasioni dei Franchi. Per differenza da questi sopra
discorsi noi troveremo invece uscire più mingherlino
o più smilzo il dialetto di Normandia, perchè i terzi
abitatori sopravvenutivi dal Norte vi portarono
nella pronuncia la stretta e speciale secchezza delle
lingue Scandinave. Si potranno dunque largamente
dividere, secondo l'opinione del Fallot, i dialetti
principali della lingua Oytana in normanno, in piccardo o fiammingo, ed in borgognone, rimanendo
poi il dialetto della mezzana Sciampagna misto
così del primo come del terzo.

Si parlerà dunque esso primo in Normandia,
Bretagna alta, Maine, Perche, Angiò, Poitù e San-
tongia; il secondo in Piccardia, Artois, Fiandra,
Hainaut, Basso Maine, Thierache, Rèthelois e
Sciampagna settentrionale; il terzo in Borgogna,
Nivernese, Berrì, Orleanese, Turenna, Basso Bor-
bonnese, Isola di Francia, Sciampagna meridionale,
Lorena e Franca Contea. Dal che ne conseguirà finalmente essere il dialetto normanno, il dialetto
gallo-romano-franco-normanno della lingua d'oil,
ed occupare l'ovest della vera Francia: il piccardo
o fiammingo essere il dialetto gallo-romano-franco
della lingua d'oil, e tenerne le parti settentrionali:
il Borgognone finalmente essere il dialetto gallo-ro-
mano-franco-burgundio di essa lingua, e spandersi
non tanto all'est, quanto per mezzo il centro e il
cuore della Francia, e per ciò stesso doversi ritenere fra gli altri pel principale non solo, ma per
quello ancora che servì quasi di base all'odierno

Francese, contemperandosi cogli altri due dialetti che il premevano da ambi i lati, e venendosi con essi a fondere o nell'Isola di Francia, od entro le mura della regale Orleano.

La Lega Armorica, la vicina Aquitania, i possessi Normanni che oltrepassavano la Loira davano al dialetto Normanno una maggiore somiglianza colle lingue Occitaniche, e per ciò stesso, minorandone i dittonghi, e riducendolo per lo più a suoni meno pingui e decisi, lo venivano accostando insieme a ricordare l'italiano. Il Piccardo al contrario dovendo segnare con latino alfabeto gl'incerti suoi suoni, le aspirazioni e le gutturali che il mostravano meglio informato di una settentrionale pronuncia, sostituiva il *ch* al *k*, sovrabbondava di lettere, e specialmente di vocali connesse per rendere il commisto suono de' suoi dittonghi e trittonghi. Il Borgognone per fine che amava un non so quale lezioso strascico di enunciazione, inseriva quasi in ogni parola una sua vocale caratteristica, ed amminicolando così le *a* come le *e* di *i* sovraggiunti, veniva a farsi vasto e pieno, e per conseguenza talvolta lento e abbiosciato. Così alla futura Lingua Francese che dall'unione avvertita indi ne nascerebbe, il Normanno avrebbe dato la spigliatezza, il Piccardo lo spirito, la sonorità il Borgognone.

Volendo cercar dunque per questi antichi dialetti, ossia per l'antica lingua d'oil in essi stessi spartita, alcune forme sue proprie e dismesse dappoi, le quali valgano però a dimostrarci o la nativa

simiglianza ch'essa teneva colla nostra volgare, o
che ci rendano ragione di alcuni oscuri accidenti
della medesima, noi, per farci pure un principio,
cominceremo dall'articolo, e ne toccheremo in breve come seguirà.

Le lingue su cui il latino era venuto imperiando
avevano i nomi o monoptoti o diptoti, distingue-
vano cioè tutto al più il soggetto dall'oggetto della
proposizione, ossia il nominativo agente dall'accusativo paziente; quello che si dice dei nomi, ri-
petasi dei pronomi, e quindi nel pronome articolare
ille esse dovevano cercare *li* e *lo*, ed in *illa li* e *la*
senza più. Ci è poi noto da Prisciano l. v. *De Casu*
che i Barbari supplivano alle desinenze casuali, ossia agli articoli pospositivi de' Latini, con diversi
articoli prepositivi *pro varietate significationis*,
ed ottenevano altrettanto unendo all'articolare prepositivo *ille* le preposizioni di moto da luogo od a
luogo, ossia le particelle *de* ed *ad* [1]. Dipendente-
mente da quanto sopra, le antiche forme Normanne
di questo nuovo articolo erano appunto *li, del, al,
lo: la, de la, a la, la*, e così pure in Piccardo;
se non che quest'ultimo dialetto non mostrando a-
vere articolo speciale pel femminino, accadeva ancora che la sola forma maschile servisse per tutti i
due generi. Si dovevano invece alla Borgogna le
forme più lonze *dou, ou* od *au, lou* ecc., e tutti
quegli *i* aggiunti al fine dell'articolo femminile,
che lo venivano rimpinzando per rispetto agli altri

---

1 Queste cose furono da me in seguito più ampiamente svi-
luppate nel discorso premesso al Glossario Etimologico Modenese.

dialetti. Era dunque l'articolo prepositivo nelle due parti delle tre che formavano la lingua d'*oil* affatto somigliante a quello della lingua di *sì*, e tale può riscontrarsi infatti nei migliori testi di Villehardouin. È però qui da ripetere come in tutti gl'idiomi ad articoli preposti e non suffissi essendo di massima importanza che il nominativo venga sempre distinto dall'accusativo, acciocchè nel discorso non s'ingenerino stranissime confusioni (e ciò tanto più qualora esse lingue formino transizione tra una anteriore che abbia avuto i nomi pentaptoti o esaptoti, ed una avvenire che li avrà monoptoti) così fu ancora che nei testi più antichi in lingua d'oil, anteriori cioè al 1200, si scrisse quasi sempre il nominativo femminile *li* e non *la*, perchè questo appunto non potesse confondersi col *la* somigliante, ma accusativo.

Una cosa sembra a prima fronte singolare dell'antico francese, ed ingenerare nel costrutto una non so quale perturbazione, ed è che qualora un sostantivo o proprio o generico ne reggesse un altro qualificativo del primo, poteva quest'ultimo lasciare la preposizione *de*, e star contento all'articolo accusativo *lo* o *le*; dicendosi per ciò in quella lingua: *Chi infrange la pace lo re*, per: *dello re; Alla corona lo re*, similmente per: *dello re; Allora venne nell' oste un Barone lo Marchese Bonifacio in messaggio* per: *del Marchese Bonifacio.* Ma qualora si ricordino i due accusativi che potevano in latino seguitare un verbo, e per ciò i Ciceroniani: *itaque te hoc obsecrat,* per: *de hoc,*

b

illud te ad axtremum et oro et hortor, per: *de illo* ecc.; e qualora si richiamino le nostre frasi: *la Dio mercè, per la Dio grazia,* e meglio poi le antiche Fiorentine *uscite di casa il padre, nelle case i Buondelmonti,* e simili, si troverà ancora nei poco difformi accidenti le ragioni di una pari discendenza da una non diversa lingua intermediaria, nella quale forse un susseguente sostantivo retto e prenunciato appunto come regime non come soggetto, prendeva qualità di aggettivo dell'anteriore sostantivo reggente.

Per dichiarare pure coi confronti certi usi volgari dell'articolo, i quali ricordano la sua origine dal pronome *ille, illa, illud,* tornerà ancora opportuno lo scegliere fra gli altri questo esempio tratto da Gerardo di Viane v. 2892-96, ove si può vedere chiaramente usato *la* per *quella:*

> *Sire Rollan, dist li quens Olivier,*
> *Est ceu Joiouse, la Kallon a vis fier,*
> *Don vos saviez si riches colz paier?*
> *Nenil, biau Sire, dist Rollan li guerrier,*
> *C'est Durandart, m'espée à poig d'ormier.*

cioè:

> Sire Orlando, disse il Conte Oliviero,
> È questa Gioiosa, *quella* di Carlo al viso fiero [1]
> Donde voi sapete sì ricchi colpi pagare?
> Mainò, bel Sire, disse Orlando il guerriero,
> È Durlindana, *la* mia spada dal pugno d'oro [2].

Ma se da un lato ciò farà ricordarci gli usi del trecento, secondo i quali l'articolo *la* era anche

---

[1] Alla lettera: *la Carlone a viso fiero,* ossia, compiendo la frase: *la spada di Carlo dal viso fiero.*

[2] *All' impugnatura d' oro,* o com'altri vogliono, *d' oro puro.*

presso noi pronome tanto nominativo quanto accusativo, dall'altro seguiteremo osservando che, quasi
a compenso del suo eventuale difetto, esso articolo
veniva in taluni casi a sovrabbondare anteponen-
dosi persino al pronome dimostrativo per modo di
inculcamento o ripetizione, e lasciava che si scrivesse *les ceux, les celles* pei semplici *ceux* e *celles,*
confrontando coll' *ille is* de' latini, e dando al dimostrativo il trattamento istesso del relativo. Inoltre,
convenendo sempre più col nostro volgare, l'articolo si prefiggeva ai pronomi possessivi accompa-
gnati dal loro sostantivo, e però la lingua Oytana
ammettendo per buone le frasi che io scelgo fra le
moltissime o di Villarduino o di Girardo di Viana:
a la soe gent — Les vos armes [1] *— Li siens pei-
re — Per la toie merci — En la moie bailie —
Un suen chevalier — Un sieus fils —* seguitava
sempre meglio a mostrarci la somiglianza maggiore
che conservano insieme le sorelle neolatine quanto
più esse si confrontino nei tempi loro meno vicini
ai presenti.

Ora dall'articolo volendo passare ad alcune più
lunghe osservazioni sui nomi, mi si affaccia per
prima quella regola famosa, detta della *s* caratteristica, della quale facendone onore a Mr Raynouard [2] si potè dire di lui, che con solo il trovamento
di questa norma perduta egli avesse dissepolta e
tornata a vita la vera intelligenza delle due lingue

_____

[1] Cioè: *le vostre arme,* alla siciliana per *anime.*
[2] Vedi *Journal des Savans. Octobre* 1816, p. 88 ecc. *Gram-
maire Romane* ch. II, p. 26.

d'*oc* e d'*oil*. Stabilì dunque questa regola stupenda che nelle due lingue Oytana e Occitana la *s* finale dei nomi non servisse soltanto a distinguerne il plurale, siccome accadde dopo il XIV secolo, ma valesse anzi a distinguere colla sua presenza in essi nomi il soggetto o nominativo singolare, ed i regimi, ossiano i casi obliqui, in plurale; e colla sua assenza per contrario i regimi, ossiano i casi obliqui del singolare, ed il soggetto o vogliam dire il nominativo del plurale. Ne uscì per quella il nome del Segretario dell' Accademia Francese in chiarissima fama, ed essa stessa fu quasi la scintilla cui secondò poi tanto incendio, quanto fu veramente l'amore che molti indi posero al coltivamento delle Lingue Romanze.

Ed il nome del Letterato Francese fu certamente a me carissimo, e, secondo poterono le mie forze, cercai sempre all' opportunità d'innalzarlo, e l'ebbi, per sin ch'e' visse, tra quelli de' miei più amici del cuore: ma poichè i meriti suoi sono tali che il toglierne la novità di uno solo non è che picciolo fatto, e d'altra parte la verità dee andar sopra a qualunque affezione; io dovrò dire che tutta la lode di questa regola è da levarsi ai moderni, ed è invece da attribuirsi ad un antico Trovatore che scrisse un breve Trattato grammaticale della propria lingua nativa, ciò è Limosina, nel medesimo suo volgare, e che, conservatosi manoscritto nella Libreria Fiorentina a San Lorenzo, da poco tempo è venuto in copia alle mie mani per singolare cortesia di quegli eruditissimi Bibliotecarii. Questo

Trattato che il Renuardo conobbe, fu anche detto da lui senza metodo, e scritto in termini che mal si potrebbero comprendere senza l'aiuto degli esempii (*Gram. compar. Discours prélim.* facc. 1, e II); ma con tutto ciò valse, in mano di un intendente quale egli era, a scovrire tutte le norme delle desinenze dei nomi romanzi, ed a Raimondo Vidale che lo dettò, e non ad altri, è perciò dovuta quasi intera la nostra gratitudine. La quale ancora, acciocchè gli sia attribuita da tutti con cognizione, e per sempre meglio diffondere una regola che si può dire la fondamentale di questi studii, pubblicherò per la prima volta [1] tutto quel tratto di Raimondo che può tornare opportuno al presente bisogno, e lo recherò in nostra lingua, non tanto per servire alla generale intelligenza, quant'anche per non anticiparmi in parte la edizione di tutto il testo, che io spero, permettendolo Iddio, di dar fuori quanto prima corretto degli innumerevoli errori di che è deturpato nel manoscritto [2].

[1] Effettivamente nello stesso anno 1843 io pubblicava il testo rammendato del Vidale, e nel titoletto iniziale aggiungeva di pubblicarlo per la prima volta su una copia estratta da un Codice Laurenziano. Questa malaugurata frase *per la prima volta* eccitava l'ira di M. F. Guessard, il quale aveva tre anni prima dato fuori la Grammatichetta di Raimondo nella allora recente ed a me ignota Collezione intitolata *Bibliothèque de l'École des Chartes*, togliendola da un Ms. Parigino della Mazzarina. Questi mi accusava di plagio, un Giornale Italiano aggravava le accuse, e così finalmente mi vedeva costretto a dar fuori quella *Difesa*, che è uscita in Modena in 4 Capitoli nei Tomi III e IV del Giornale intitolato *Opuscoli Religiosi, Letterarii e Morali*.

[2] L'esatta traduzione di questi tratti del Vidale è da vedersi nella succitata *Difesa*, di cui il volgarizzamento della nostra Grammatica Limosina forma appunto il 4. Capitolo.

« Oggimai dovete sapere che tutte le parole del mondo mascoline che s'attengono al nome, e quelle che l'uomo dice nell'intendimento del mascolino sostantive e aggiuntive si allungano in sei casi, ciò è a sapere nel nominativo e nel vocativo singolari, e nel genitivo, e dativo, e accusativo ed ablativo plurali: e s'abbreviano in sei casi, ciò è a sapere nel genitivo, e dativo, e accusativo ed ablativo singolari, e nel nominativo e vocativo plurali. »

« Allungare appello io quando l'uomo dice *cavalier-s*, *caval-s*, non *cavalier*, *caval;* ed altresì di tutte le altre parole del mondo: e però s'uomo dicesse: *lo cavalier es vengut*, o: *mal me fetz lo caval*, o: *bon me sap l'escut*, male sarebbe detto perchè il nominativo singolare si dee allungare, e così si dee dire: *lo cavaliers es vengutz*, o: *mal mi fetz lo cavals*, o: *bon me saup l'escutz*. »

« Ed il nominativo plurale deve l'uomo abbreviare, non allungare, tuttochè si vada dicendo secondo mala usanza: *vengutz son los cavaliers*, o: *mal mi feron los cavals*, o: *bon mi sabon los escutz*. Altresì di tutte le parole mascoline s'abbreviano tutti li vocativi plurali come li nominativi, mentre li vocativi singolari s'allungano altresì come i nominativi. »

« Udito avete come l'uomo deve menare le parole mascoline in abbreviamento ed in allungamento: ora vi parlerò delle femminine, e di tutte quelle che l'uomo dice in intendimento di femminino. Saper dovete che le parole femminine sono di tre maniere, le une che finiscono in *a*, in così come *dompna*, *bella* ecc., e molte altre parole che finiscono in *or*, in così come *amor*, *lauzor*, *color*, ed altre ne ha che finiscono in *on*, in così come *chanson*, *sazon*, *faizon*, *ochaison*. »

« Saper dovete che tutte quelle che finiscono in *a* aggiuntive e sostantive, in così come *bella* e *dompna* si abbreviano ne' sei casi singolari, e s'allungano nelli sei casi plurali. Le altre che finiscono in *or*, in così come *amor*, *color*, *lauzor*, e quelle che finiscono in *on*, in così come *chanson*, *sazon*, *ochaison* s'allungano in otto casi, ciò è a sapere nel nominativo e nel vocativo singolari, ed in tutti li sei casi plurali; ed abbreviansi solamente nel genitivo, nel dativo, nell'accusativo e nell'ablativo singolari. »

« Ancora vi voglio dire che parole ci ha che si allungano in tutti li casi singolari e plurali, in così come: *delechos*, *joios*, *volontos*, *ris*, *gris*, *vils*, *cors*, *ors*, *las*, *nas*, *gras*, *pres*, *temps*, *fals*, *reclus*, *ars*, *spars* ecc., e nomi proprii d'uomini e di terre, in così come: *Paris*, *Pois*, *Ponz*, e molte altre che ce n'ha che rimangono al trovamento d'uomini sottili. »

« Ancora voglio che sappiate che nel nominativo e nel vocativo singolari l'uomo dice *totz*, ed in tutti gli altri casi singolari dice *tot*; e nel nominativo e nel vocativo plurali l'uomo dice *tut*, ed in tutti gli altri casi plurali dice anche *totz*. »

« Saper dovete che parole ci ha del verbo che l'uomo dice in così come del nome, ciò è a sapere gl' infiniti, così come chi voglia dire: *Mal m'es l'anars*, e: *Bon me sap lo venirs:* e queste altresì s'allungano e si abbreviano come è detto delli nomi mascolini. »

« Le parole sostantive comuni, quando l'uomo le dice per mascoline, s'allungano e s'abbreviano in così come le mascoline, e quando le dice per femminine, s'allungano e s'abbreviano così come le femminine che non finiscono in *a*. »

« In vostro cuore dovete sapere che tutti gli aggiuntivi comuni, ciò è a sapere *fortz, vils, sotils, plazenz, soffrenz*, di qualunque parte che siano o nome o participio, s'allungano nel nominativo e nel vocativo singolari, siano o mascolini o femminini; così come chi volesse dire: *fortz es lo cavals*, o *fortz es la dompna*, ed in tutti gli altri casi s'allungano e s'abbreviano così come li sostantivi. »

« Sappiate che *uns* s'allunga nel nominativo singolare, e per tutti gli altri casi dice l'uomo *un*. E nel nominativo e nel vocativo plurali l'uomo dice *dui, trei,* ed in tutti gli altri casi *dos, tres;* ed in tutti gli altri numeri sino a *cento* l'uomo dice per tutti d'una sol guisa. »

E qui potrei io finire il mio estratto dalla operetta importantissima di Raimondo; ma seguitando egli a parlare di altri più veri allungamenti ed abbreviamenti nei nomi, i quali costituiscono propriamente le declinazioni imparissillabe, e che fra poco avremo occasione di rilevare anche nell'antico Francese, per indi trarne poi deduzioni novelle, e forse non ispregevoli, per l'istoria del volgar nostro, così gioverà ed ai confronti ed al cumulo delle autorità il proseguire a recarne qui anche qualche altro tratto, traducendo sempre il testo con fedeltà in italiano.

« Parlato vi ho delle parole mascoline e femminine come s'allunghino di una *s*, e s'abbreviino della medesima in ciascun caso, restando però sempre d'un sembiante: ora vi parlerò di quelle che sono d'un sembiante nel nominativo e nel vocativo singolari, e di un altro in tutti gli altri casi. »

« Primieramente vi dirò le femminine. Nel nominativo e nel vocativo singolari dice uomo: *Madompna, sor, necza, Gasca, garsa;* ed in tutti gli altri casi singolari dice uomo: *Midons, seror, boda* (o *neboda*), *Gascona, garsona;* ed in tutti li casi plurali dice uomo: *dompnas, serors, bodas, Gasconas, garsonas.* »

« Delli mascolini potete udire oggimai che nel nominativo e nel vocativo singolari dice uomo: *compainhs, peires, Bous, bars, bailes, 'N Ebles, laires, Bretes, Gascs, gars, Carles, Ucs, Guis, Miles, Gaines, Folques, Pons, Berniers, paus;* ed in tutti gli altri casi singolari, e nel nominativo e nel vocativo plurali dice uomo: *compaignon, peiron, Bozon, baron, bailon, 'N Eblon, lairon, Breton, Gascon, garson, Carlon, Ugon, Guion, Milon, Ganellon, Folcon, Ponson, Bernison, paon;* e nel genitivo e nel dativo e nell'accusativo e nell'ablativo plurali dice uomo: *compaignons, peirons, Bretons, lairons, Gascons, garsons, paons* ecc. E per ciò quando troverete una parola detta in due guise, dovete cercarne tutti i casi, ed in questi ne troverete la ragione. »

« Similmente per tutte le seguenti dovete sapere che nel nominativo e nel vocativo singolari dice l'uomo: *senhers, Coms, Vescoms, enfes, homs, neps, abas, paistre;* e nel genitivo e nel dativo e nell'accusativo e nell'ablativo singolari, e nel nominativo e nel vocativo plurali l'uomo dice: *senhor, Comte, Vescomte, enfant, home, nebot, abat, pastor;* e nel genitivo e nel dativo e nell'accusativo e nell'ablativo plurali l'uomo dice: *senhors, Comtes, Vescomtes, enfanz, homes, neboz, abaz, pastors.* Ed altresì se trovate di altre parole a sembiante di queste, voi dovete pensare ed isguardare che in così le deve uomo dire. »

« Delli nomi verbali ci ha di tre maniere, in così come: *Emperaires, chantaires, violaires;* ed in così come: *jauzires,* e *grazires;* ed in così come: *entendeires, valeires* e *devineires.* Questi e tutti gli altri di tale maniera, che ce n'ha molti, e che l'uomo dice così nel nominativo e nel vocativo singolari, d'altro sembiante li dice nel genitivo e nel dativo e nell'accusativo e nell'ablativo singolari, e nel nominativo e nel vocativo plurali, ciò è a sapere: *Imperador, chantador, violador;* e *jauzidor, grazidor;* e *entendedor, validor, devinador:* e nel genitivo e nel dativo e nell'accusativo e nell'ablativo plurali dice uomo: *emperadors, jauzidors, entendedors* ecc. così come li mascolini. »

« Il somigliante è degli aggiuntivi comuni com-

parativi, i quali variano nel nominativo e nel vocativo singolari dagli altri casi. Per ciò nel nominativo e nel vocativo singolari dice l'uomo, con
qualunque sostantivo sia mascolino o femminino:
maires, *menres*, *mielhers*, *bellazers*, *gensers*,
sordiers, *priers;* ed in tutti gli altri casi dice
l'uomo: *maior*, *menor*, *melhor*, *bellazor*, *gensor*,
sordeior, *prior* brevi e lunghi in così come li sostantivi mascolini, de'quali si è ragionato di sopra. »

Riducendoci ora finalmente da questo, siccome
spero, non inutile trascorso sulle condizioni del
nome in Lingua Limosina, alle consimili affatto
ch'esso aveva in Lingua Oytana, potremo anche
dire di questo modo.

Essere mestieri il qui replicare di nuovo l'osservazione fatta superiormente, ossia che per le
lingue neolatine, la cosa da prima più importante
nei nomi (sia per tradizione da più antichi linguaggi,
sia perchè gli articoli prepositivi ancora incerti non
bastavano alla piena chiarezza del discorso) doveva
essere stata quella di ben distinguere dal soggetto
i regimi, così in singolare come in plurale, e però
di dare al medesimo tale desinenza, che, aiutando
già l'articolo ed il senso a determinare il numero,
per essa poi si potesse prontamente o dall'udire o
dal vedere sceverare il detto nominativo dagli altri
casi. Riferendomi perciò ai miei Studi sul Latino
arcaico, dirò come io creda d'avere in essi bastevolmente dimostrato che le desinenze della prima
declinazione parissillaba latina dipendono dalla suf-
fissione al nome radicale, cioè al nome spoglio di

flessioni, dell'antico pronome articolare pospositivo
us od *is*, divenuto poscia per rovesciamento il casco
prepositivo *su* o *si*. Intorno al quale se i Glossografi
ne deducono la preesistenza dai conservatici *sim*
per *eum*, e *ses* per *eos*, la Lingua Sarda poi s'in-
carica di ravvivarcelo col suo prediletto articolo
prepositivo *su*, *sa*, che vi tien luogo costantemente
del nostro dimostrativo *ille*, *illa*. *Domin-us* era
dunque quanto *su-domin* (*il domino o signore*), e
se aveva nel nominativo singolare per finale la *s*,
l'aveva di conformità alle pari declinazioni Indiane,
Greche e Gotiche. Al contrario il nominativo plurale *Domin-i* era quanto *Domin-ii*, ossia *Ii domini* (*i domini od i Signori*). Inoltre questa *s* non
si mostrava nei regimi singolari *domin-i, domin-o,
domin-um,* ed usciva invece nei regimi plurali *do-
min-is, domin-os,* ad eccezione del genitivo che
terminava in *orum* per quella apparente anomalia
che tuttavolta trova nelle Grammatiche comparate
gli opportuni ed autorevoli antecedenti. Dunque
anche dietro questo cotale materno inducimento
poterono le lingue Romanze colla presenza od assenza della *s* fare avvertiti i loro soggetti o regimi
così singolari come plurali; e, non ammettendo ec-
cezioni per l'avvisato genitivo plurale, stabilire
una regola, la quale se apparentemente non dava
molta ragione di sè medesima, noi anzi al presente
vediamo averla avuta ne' più antichi primordii della
lingua laziare, e forse di parecchie altre, che se
piacerà a Dio, dichiareremo a suo luogo.

Ora questa avvisata regola non dovendo essere

considerata da noi soltanto come regola ortografica, ma bensì come opportuna distinzione ortofonica, cioè non essendo stata solamente trovata per chiaramente scrivere, ma perchè parlando si distinguessero udibilmente i casi retti dagli obliqui, e però dovendo, non solo essere scritta, ma ancora pronunciata con distinzione la *s* desinente, ne conseguirono, specialmente ne' nominativi singolari, anche per maggior distinzione dai casi obliqui del plurale, alquante speciali contrazioni od uscite, le quali fecero poi che una sola parola potesse sembrarne due, e poscia tale divenir realmente, o nella istessa lingua quando questa non conserverà più le primitive avvertenze, o nelle lingue affini che si porranno ad imitar quella prima senza troppo voler render ragione a sè medesime della isvariata mozione delle parole nella varietà de' loro casi.

E queste sono veramente quelle istoriche antichità degl' idiomi neolatini, alle quali non curarono sin qui di accostarsi gl' Italiani Grammatici, e che io cerco ora di additare agli studiosi, perchè in esse si provino ad indagare le cagioni di tanti effetti nella lingua del *si*, per ispiegare i quali furono soliti i nostri antecessori ricorrere ai voti nomi di *proprietà*, *vezzo*, *frase* e simiglianti, e non mai alla genesi intima dei linguaggi. Sia dunque che le poche cose ch' io verrò qui supponendo levino in altri frutto di indagini accurate, di istorici confronti e di conseguenze dedotte da chiari e comprovati antecedenti linguistici.

Il volgare nostro *messaggio*, il quale tratto con

desinenza romanza dal latino *missus*, sembra dover essere voce sola delle lingue neolatine francesi, non è così appunto, ma in vece si mostrò ne'più antichi monumenti della lingua d'oil, *meisages* in nominativo singolare, e *mesaigier* ne'casi rimanenti. Di qui dunque ne vennero presso noi con pari significazione le due voci *messaggero* e *messaggio*, delle quali veramente la seconda non è che la forma antica speciale del nominativo singolare, e la prima la forma più allungata de'casi obliqui singolari, e del nominativo plurale della lingua Oytana, e forse della lingua antica comune di transizione. Parimente in essa loquela, nominativo singolare contratto era *li glous*, o *li gloz*, e voce intera di tutti gli altri casi *glouton;* donde possiamo intendere che a noi venivano privi di differenza, quanto a significazione, le due voci *ghiotto* e *ghiottone*, non valendo cioè dappoi più a distinguere il soggetto dai suoi regimi, senza che perciò si debba conchiudere che nol potessero fare dapprima anche nel volgar nostro, movendo tale distinzione dalla terza imparissillaba de'latini, comune a tutte le lingue figlie, e la quale, se nel nominativo faceva *gluto*, in tutti gli altri casi si aumentava facendo *glutonis, glutoni* ecc. Per la qual cosa si dovrà ancora, al mio vedere, sbandire quind'innanzi dai nostri Dizionarii la differenza posta tra queste due voci, dicendovisi la seconda accrescitiva della prima, mentre invece significano puntualmente la cosa stessa, e la desinenza lungi dall'accrescervi, indica invece ai casi; siccome nel significato della voce *sermo* nulla s'accresce, qualora esca in *sermonem*, valendovi solo l'aumento ad indicare accusativo quello che prima era nominativo,

Così era pure di quasi tutte le voci che risolvendosi uscivano in *on*, le quali cioè, foggiandosi sull'avvertita terza declinazione imparissillaba, contraevano, appunto come vedemmo avvertito dal nostro Raimondo Vidale, il nominativo loro singolare. E però *barone*, meglio confrontando col latino *vir*, (poi *viro-vironis, il forte*) faceva nel soggetto *li bers* o *li bars*, non *li baron*, ma *baron* bensì in tutti gli altri casi: e *garzone*, se pure si mostrava *garson* o *garçon* in tutti i regimi, era *guars* o *gars* nel soggetto, e da questo soggetto appunto il Beato Jacopo da Todi traeva il suo *garzolino* per *garzoncello*. A somiglianza di ciò i nomi proprii degli uomini, i quali per la nordica loro origine erano per lo più corti ed aspri di consonanti, quando si volevano declinare in qualche modo alla Romana, si aumentavano in *on*, non già per vezzo nè per accrescimento, non per forma insomma di ipocorismo o di magnificazione, ma per solo e semplice indizio ch'essi non erano più nominativi singolari. Perciò, siccome vedemmo in Limosino, così in antico Francese, il nome *Guè* o *Guenels*, declinandosi faceva *Guenelon*, donde i nostri *Gano* e *Ganellone* applicati ad un sol uomo senza che si potesse render ragione di tale varietà d'uscita, ignorandosi dai nostri Grammatici la regolare distinzione casuale ammessa dalle lingue d'oc e d'oil, e però gli scrittori succeduti coll'usanza indifferente mostrando apertamente di disconoscerla. Così per modo simigliante *Bueves* soggetto diveniva *Buevon* regime; *Naymes* diveniva *Naymon*; *Othes*, *Othon*; *Guis, Guion*; *Karles* o *Charles, Karlon* o *Charlon; Odes, Odon; Rauls, Rollon; Pieres, Pieron* e *Perron; Phelippes, Phelippon; Marsile, Marsilion; Laizre, Lazaron*, dandoci ancora ragione grammaticale ed istorica, non solo della varia uscita 'de' nomi medesimi, ma sibbene di quei molti *re Carlone, re Marsilione, re Namone* e simili, che durarono ne' poeti nostri romanzieri del ciclo di Carlo Magno sino al Boiardo ed al Cieco di Ferrara, e che noi credevamo sinora avere scritto così o per istracurataggine o per induzione sgraziata della rima, e non mai pensando che essi traducevano letteralmente dai Romanzi Francesi anche quelle cotali apparentemente grandiose desinenze, senza però avvertirne le sottili grammaticali distinzioni, le quali avrebbero voluto ch'essi dicessero *Carlo, Marsilio* e *Namo* quando questi erano nominativi, *Carlone, Marsilione* e *Namone* soltanto qualora questi medesimi erano regimi. Così nei nostri *Bosoni, Guittoni, Jacoponi* non era in origine accrescimento o dispregio, ma solamente una forma di regime, e però si doveva dire: Messer *Buoso* da Gubbio scrisse alquante rime, Fra *Guido* o *Guitto* da Arezzo molte Epistole, ed il Beato *Jacopo* da Todi moltissimi cantici; e per contrario: Rime di Messer *Bosone* da Gubbio, Epistole di Frate *Guittone* da Arezzo, Cantici del Beato *Jacopone* da Todi.

E già da questa forma medesima noi avremo la

chiave ad aprire con probabilità uno de' piccoli segreti di nostra lingua, che altrimenti ci resterebbe forse chiuso per l'avvenire siccome è stato, a mia notizia, sino al presente; cioè per quale istorica cagione la maggior parte delle forme avverbiali amino questa desinenza in *one*, non tanto nella lingua scritta, quanto più nei linguaggi viventi, cioè ne' diversi dialetti della Penisola, dicendovisi avverbialmente *in ginocchione* piuttostochè *in ginocchio*, *a tastone* più volentieri che *a tasto*, e così: *gatton gattone*, *grollon grollone*, *penzolone*, *ciondolone* ed altri simiglianti a gran numero. E la ragione di tale desinenza è patente solo che da prima si consideri il modo col quale latinamente gli aggiuntivi si facevano avverbii, che era o ponendo in ablativo la voce da cui si formavano, gravando per lo più sulla sua vocale desinente, od allungandola di una sillabica, la quale serviva egualmente di più larga base ritmica all'arsi radicale, o passando la detta voce a caso obliquo sotto il regime di una qualsivoglia preposizione o sottintesa od espressa; e se da poi si considera che la nuova lingua, avendo adottato per segno de' suoi regimi aumentabili questo accrescimento in *one*, doveva trovare in esso la via più naturale alla formazione degli avverbii, ogniqualvolta questi non dovessero presentare forme di soggetto. E però le due lingue di Francia, e la loro sorella neolatina, che poco dissimilmente si venìa formando in Italia, adottavano di comune accordo una tale maniera, di cui, perdendosene poscia le ragioni sufficenti, se ne alterava l'usanza, e se ne ismarriva l'origine e il procedimento.

Seguitando le nostre indagini avremo ragione della voce *Sire* pensando che in lingua d'*oil Sires* fu nominativo contratto della voce *signor*, e che però vi si diceva *il sire, del signor, al signor* ecc. talchè il dire *del sire, al sire* ecc. è confusione posteriore fatta dopo che si scordarono le vere cagioni delle varie desinenze, e si crearono due voci di quella che prima era una sola. Similmente sapremo perchè si trovi scritto *sarto* e *sartore*, solo che osserviamo come in lingua d'oc nel nominativo si dicesse *sartre* (sarto), e nei casi obliqui *sartor* (sartore), talchè la voce vi si declinava: *il sarto, del sartore, al sartore* ecc. Nè diversamente dal latino *latro, latronis* ne uscirono due parole secondo che si ricalcarono o sul soggetto o sui regimi, le quali poi furono, colla ferma adozione degli articoli prepositivi, confuse in seguito: infatti come *li lerres* per gli Oytani, ed *el laire* per gli Occitani erano soltanto nominativi, e *larron* o *lairon* erano unicamente regimi, così per noi *ladro* avrebbe dovuto essere pure soggetto, e *ladrone* avrebbe dovuto indistintamente servire per gli altri casi. Altrettanto dicasi di *compagno* che solo nei casi obliqui facea *compagnone;* e di *sabbione*, il quale non è un accrescitivo del femminino positivo *sabbia*, ma è *sablon* regime del soggetto maschile oytano *li sables*, od *il sabbio*.

E per tali minute avvertenze possiamo noi solamente risalire alla vera origine delle differenti uscite della parola medesima, e però vedervi nelle variate desinenze un ricordo tuttavia di quelle fogge latine, che rendevano, singolarmente nella terza declinazione imparissillaba, tanto diverso il caso retto dagli obliqui. Seguitando le quali ecco che noi riscontreremo nella lingua d'oil come, in ispezialtà pei nomi che nei regimi avevano *or* a desinenza caratteristica, il nominativo (non più solamente per dare indizio dell'antica contrazione, ma per opportuno scompagnamento) usciva invece in *eres* od *ers*, e perciò vi si diceva nel soggetto *li emperers,* o *li empereres,* e negli altri casi *de l'empereor*, *a l'empereor* ecc. Onde poi avremo ragione di quell'antica uscita di questa voce che noi troviamo ne'vecchi testi di nostra lingua, cioè *imperiero,* la quale poteva ben prendersi dalle lingue di Francia o dalla comune di transizione, ma non doveva poi trasportarsi da forma puramente nominativa, a forma invece capace di tutti i casi.

E da una tale avvertenza vedremo ancora come prendano lume di origine tante nostre parole terminate in *iero* o *iere,* le quali partitesi da nominativi oytani, o stettero sempre contente a quella forma, oppure da quella medesima deducendosi, si debbono ancora con essa interpretare: talchè *cavalliere* è desinenza nominativa di quella lingua per differenza dai casi obliqui dimenticati che avrebbon fatto *cavallatore; consigliere* nominativo di quei regimi che avrebbon dato *consigliatore, lusinghiere* similmente di *lusingatore; parliere* di *parlatore,* e così va dicendo. *Messere* infatti non avrebbe potuto essere che nominativo o vocativo singolare, e negli altri casi sarebbe stato regolare il dire *Monsignore* o *Messignore;* così *giocoliere* e *troviere* mostravano le loro forme soggettive, e quelle invece dei regimi *giocolatore* e *trovatore,* senza ch'io stanchi l'avvisato lettore con esempi più numerosi: stando invece contento alla conchiusione inculcata che queste diverse uscite non formavano già due voci, ma sì non erano che la voce medesima a varie desinenze per iscompagnare appunto con esse il nominativo dai casi obliqui; servendo così a mostrare, dalla lingua latina scritta o dotta che indicava i casi cogli articoli suffissi, alla latina orale o rustica che si giovò dei medesimi antefissi, un trapasso ed una condizione quasi mezzana in tale differenza di terminazione in quel caso appunto a cui era meno consueto il pronome articolare dimostrativo, ed al quale poi non si conveniva l'aggiunta di alcuna preposizione che valesse a prefiggerne, o segnalarne la direzione.

Ancora la regola di dover sempre posporre al soggetto singolare una *s* faceva sì che quei nomi i quali sarebbero radicalmente finiti in *m,* per non ammettere il poco pronunciabile *ms,* mutavano la *m* nella *n* facendo *ns.* Però soggetto di *fum* era *funs* non *fums;* di *flum, fluns* non *flums;* di *nom, nons;* di *raim, rains;* di *faim, fains;* e per conseguente di *hom* od *om, hons,* od *ons* da cui può prendere maggior chiarezza l'*on* de' Francesi odierni, a persuadere viemmeglio che il loro *on dit,* non sia che l'antico *hons* od *ons dit,* cioè, *uomo dice.*

È pure osservabile che certi sostantivi participiali, o vogliam dire certi participii divenuti sostantivi, mantenevano nel soggetto la forma originaria de'participii latini: e perciò *infante*, che era *enfant* negli altri casi, era anzi *enfes* od *anfes* nel nominativo, ricordando l'*infans* della madre, e per simiglianza *diamante*, *aimant*, era *aimas* nel soggetto ritraendo dall'*adamas* donde si originava.

Nel Poemetto sopra Cristo Salvatore attribuito al Boccaccio, si legge:

> *Essendo in croce la eterna Maésta*
> *Abbandonata da ogni persona,*
> *Il Sole, chiuso in ombra dalla sesta*
> *Ora, ecc.*

Il Boccaccio poi certamente nel Decamerone, siccome avvertiva il Bembo nel III delle Prose, aveva scritto: *Giudice della Podésta di Forlimpopoli*, e Dante nel VI dell'Inferno al v. 96.

> *Quando verrà la nemica podésta:*

e dura tuttavia viva e verde questa voce ne'nostri dialetti ne'quali: *essere o non essere in podésta di fare una cosa*, vale: *avere o non avere podestà di farla*. Ora in ciò non è da credere un cieco arbitrio degli scrittori o de'parlatori, ma è da vedere piuttosto in queste voci le due differenti uscite che nella formazione delle lingue volgari diversificano dal soggetto singolare i regimi. Dai nominativi infatti materni *potestas* e *majestas*, non avvertita la *s* finale dal romanzo Italico, rimanevano in esso le vedute *podésta* e *maésta*; ed avvertita la *s* dal romanzo Oytano, vi si trovavano

poosteis e *majesteis*. All' incontro dagli obliqui
materni *potestatem, majestatem* prendevano corso
nel primo romanzo, spentasi la *m, potestate,* o *po-
destade,* e *maestate* o *maestade,* e, per iscorcio
compensato dall'accento, *podestà* e *maestà;* e nel
secondo romanzo uscivano prima *poosteitz* e *maje-
steitz,* e poi *pooisté* e *majesté.* Finalmente, ri-
ducendosi onninamente agli articoli, per distinzione di tutti i casi, tutte le lingue neolatine, e per
ciò le forme contratte dei nominativi, che prima
valevano a scompagnarli, divenendo un inutile in-
gombro, cominciarono esse ad essere abbandonate
o si trovarono invece accomunate e confuse nel gran
corpo della lingua senza indizio di loro ufficio, e
non dando più alcuna ragione della differente lor
desinenza; sino a tanto che poi, risalendo per entro la formazione dei linguaggi neolatini, non si
fossero con pazienti ricerche trovate quelle filia-
zioni, a cui dirittamente ed istoricamente s'attengono le varie e distinte forme esteriori delle parole [1].

La voce latina *dominus* era dalla lingua d'*oil*
variamente mutata in *damres* o *dambres* o *dams,*
ed in *doms.* Da quest'ultimo correttamente pronun-

---

[1] Ed a questo tratto è luogo di dire come in lingua d'oil, *poote,*
non *poole,* era contrazione di *poosteiz;* per cui *hons de poote* si
chiamavano gli uomini liberi, *sui juris,* cioè che avevano podestà di sè medesimi. Ecco pertanto come la voce *Potta,* pel Ma-
gistrato che era detto *Potestas,* non era poi così singolare a noi
modenesi quanto taluni han voluto far credere, ed ecco ancora
come essa sarà stata contrazione, non di *podestà* ma di *podésta.*
Per accertarsi poi come anche sotto i Cesari i Magistrati delle
minori Città si dicessero *Podestà,* si vedano Giuvenale al v. 100
della Satira X, Svetonio in Claudio al cap. 23 e Plinio al cap. 8
del lib. IX.

ciato per *dons* nel soggetto (stante l'avvertita regola di pronuncia che lasciò a noi, agli Spagnuoli ed ai Provenzali lo scorciato *Don* [1]) usciva *donzelz*, mentre dai primi derivavasi *damoiselz* o *damoisaus*. Ed è qui opportuno di avvertire che gli allungamenti i quali andavano nella nuova lingua accadendo in fin delle voci, o si formavano, come per lo più, sul tema dei regimi, o si formavano come pure talvolta, sul tema del soggetto. Se nel primo caso, allora non si lasciava sentire la *s* caratteristica pel nominativo, se nel secondo, allora invece questa *s* medesima non solo si lasciava intendere distintamente, ma per ciò stesso doveva sprolungare maggiormente e modificare l'accrescimento della parola. Ed ecco, premessa questa notizia importantissima per la formazione de' nostri diminutivi, accrescitivi, vezzeggiativi e simili, che scegliendo ad esempio la voce *damesels* o *damsels*, noi dalla sua forma in cui appare internamente la *s* caratteristica, indovineremo anche prestamente

[1] Si legge nella Preghiera alla Vergine. Rayn. T. 2 facc. 136.

> E c'el non la 'n crees,
> E deu frut no manjes,
> Ja no murira hom
> Chi ames Nostre Don.

cioè — E s'egli (Adamo) non ne la credesse, e del frutto non mangiasse, già non morrebbe uomo che amasse Nostro Signore. — Da questo *Don* vocalizzato avemmo *Donno*, per riscontro a *Donna* quando, vale *Domina*, non *fœmina*. Così nell' antico poema su Boezio :

> Dons fo Boecis ; corps ag bo e pro,

— Signore, cioè Patrizio, fu Boezio, corpo ebbe buono e prò — Da questo *donz* uscì poi col solito aumento quel *dongione* che, applicato a torre, valse torre maestra, o *dominicale*, nella quale cioè si teneva il *Donno* od il Castellano.

essersi dessa svolta non dal regime *dame* o *dam*,
ma dal soggetto *dames* o *dams;* e però quell'italico *damigello*, di cui difficilmente avremmo potuto
rendere ragione genealogica abbastanza appurata,
venirci ora chiarissimo per la toscana pronuncia,
la quale muta la *s* interiore in *g* per acconcio migliore ad orecchie italiane. Similmente, secondo
prima vedemmo, *donzello* viene dal nominativo
dons, non dall' obliquo *don*; e così *jovencels* anti-
camente *jovensels*, viene dal soggetto *jovens*, e
dal solito aumento minorativo *els*, e non mai dal
regime *joven*, da cui esce per contrario *jovenet;*
talchè il nostro *giovincello*, che ha rimutato la *s*
in *c* per l' avvertita proprietà loquelare toscana di
prediligere un più distinto scolpimento di profferenza, ci riescirà definibile assai chiaramente in
tutti i suoi elementi di formazione insieme alle voci
simili, che saprà, dietro questo poco d' invio, trovare da sè ogni intendente di nostra lingua.

Abbandonando dunque un tale argomento alle
altrui più lunghe disquisizioni, dopo che avrò detto
come, per confronto al nostro *Catalina*, si trovi
scritto in francese antico tanto *Catherine* quanto
Catheline, e come il dialetto Piccardo dica coi Toscani *Rousignol* quello che il Borgognone scrive
Rossegnol e *Russinol* il Normanno, passeremo ad alcune più brevi avvertenze sopra i nomi di numero.

E cominceremo dal riferire che il dialetto Borgognone scrive *ambedoi* e *andoi,* ed il Normanno
ambedui, amdui e *andui,* quella voce stessa che
da noi si trova scritta ora *ambeduoi,* ora *ambedui*

e *ambedue,* ed *amendue* ed *ammendue,* ed altrimenti ancora, a mostrarci appunto colla varietà della sua scrittura, la varietà delle forme dialettali alle quali appartiene. Ma sulla voce medesima non è da preterire che, tanto in lingua d'oil, quanto nella nostra, vuole essa, accompagnandosi con un sostantivo, l'articolo dopo e non mai prima di sè. Così nel solo Gerardo de Viane:

En l'ile furent *ambedui li* guerrier....
Lai se combatent *ambedui li* bairon....
De la ville issent *amdui li* chevalier....

di che volendo averne un'istorica ragione, e di tutte insieme le forme ed i valori di questo pronome numerale, ecco cosa mi pare si potesse dire.

In latino *bis* era *duis,* sicchè *ambo* od *am-duo,* valse piuttosto *l'uno e l'altro,* ossia *tutti i due,* o vogliam dire *insieme i due* che *due* solamente. Dal Greco ἀμφὶ erano un'antica preposizione *ambe* ed una loquelare *am* che valevano *intorno, tutto in giro,* e ciò che è tale, essendo ancora tale da ogni parte, ne conseguiva necessariamente che ed *ambe* ed *am* davano atto di compimento alle voci alle quali si anteponevano [1]. Prefissosi infatti questo *am* a *plus,* e declinatosi, se ne fece l'aggiuntivo *amplo,* che valse conseguentemente *più d'ogni intorno, eccedente per ogni parte,* ossia *tutto più:* aggiuntosi *am* od *ambe* a *duo,* se ne fece in lingua d'oil *amdui* ed *ambedui,* i quali dovettero significare *insieme i due, tutti i due,* levando per

---

[1] In Occitanico *am* tutto solo fece l'ufficio di *ambo:* perciò, *tug silh d'ams los regnatz,* significò tutti quelli d'ambi i regni.

modo il numero *due* dalla sua sede nella serie nu-
merica indefinita, dandogli invece in sè medesimo
compimento, e coll'avvincerne le due unità di che
si compone, od attribuirgli riferimento agli antecedenti, o costituirne una precedenza di unione pei
susseguenti ch'esso reggerebbe.

Ecco pertanto come nell'italiano vennero *ambedue* ed *amendue* con pari significazione, e come
ne'due Romanzi l'articolo dovette sempre susse-
guirli, non precederli mai, a quello stesso modo che
si dee dire *tuttadue i cavalieri* non *i tuttadue cavalieri;* ed ecco come in antico si disse *ambedue*,
e per simigliante *amendue* ed *ammendue*, non
ambidue; perchè cioè il nostro pronome numerale
non si formava da *ambo, ambae, ambo* e da *duo,*
il che avrebbe fatto una duplicazione, ma bensì
dalle preposizioni *ambe* od *am* unite ad esso *duo.*
Fu solamente da poi, quando ai volgari si volle por
opera di osservazione, che certe flessioni figlie di
voci già antiquate e ossolète si vennero a nuove
guise modificando, e si credette che sul pronome
ambo e non più sulla preposizione indeclinabile di-
menticata si dovesse foggiare il pronome com-
posto della lingua nuova, e si scrisse accordandosi
per generi: *ambidue i cavalieri, ambedue le dame.*
Que'vecchi poi che si lasciarono scrivere *amenduni*
parve che introducessero nella voce la epentesi facendo *amenduni* da *amendui,* se pur non mirarono
a gittare il pronome entro le note forme donde e-
rano usciti i *taluni,* i *certuni,* i *qualcuni,* e così
di', non pur troppo curandosi di contenere sempre

una tal quale loro propria discorrevolezza di pronuncia entro i cancelli fissati dalla germana istoria delle parole.

Ancora la lingua d'oil non poteva restar contenta alla voce *prims* da *primus* per numero ordinale, giacchè avendola tratta a significare *fino* e *sottile*, ne nascevano per conseguenza non poche dubbiezze: ricorse essa perciò alla desinenza sua prediletta, e seppe trovare l'altra *primiers* o *primers* (forse soggetto di *primarius*, o *primaio*) alla quale, volendo fare indicati i generi, per un certo inducimento latino, aggiunse il notissimo finimento in *anus*, e ne ottenne *primerain* e *primeraine*, donde poi taluni fra'nostri vecchi trassero le voci *primerano* e *primerana*. E parimente come da *primarius* aveva fatto *primiers*, da *quartarius* fece *quartiers* a valere la *quarta parte*, da cui si derivò in nostra lingua, non solo la frase blasonica *scudo partito a quartieri* per dire *in quattro parti*, e che fu, tra gli altri, comune all'Ariosto; ma si dedusse ancora la voce dell'uso *quartiere* per *appartamento*, a significare quella delle quattro parti, in che si solevano dividere per lo più le case de'nobili, che era abitata dalla persona a cui o su cui si dirige l'intesa del ragionamento [1].

---

[1] Perchè ciò sia chiaro a ciascuno, bisognerà ch'esso rimonti col pensiero a que'tempi poveri, ne'quali l'uso non ancora rinovatosi dei cortili o cavedii lasciava i manieri dei liberi privi di vuoti nel mezzo e senza palchi sovrapposti. Una lunga e spaziosa camminata li attraversava, e quattro porte aperte in essa a riscontro, due per ogni lato, menavano appunto alle quattro parti in che si divideva tutta l'abitazione; rassomigliando così senza molta differenza alla maggior parte dei presenti nostri *Casini di campagna*. V. il Dialogo del Tasso intitolato: *Il Padre di famiglia*.

Da ultimo su questi nomi numerali qui mi gioverà ricordare che puntualmente come noi da *primus* e da *ver* femmo *primavera* ed i francesi da *primus* e da *tempus, prin-temps;* così questi stessi dissero *primsoir* perciò che noi pure diciamo *prima sera* nelle frasi: *ci vedremo in* od *a prima sera* ecc. e *prinson* perciò che, essendo ai Latini *prima vigilia*, è pure per noi *primo sonno* [1].

Passando ora ai pronomi personali di possesso, diremo (toccandone leggermente com'è nostr'uso alcune particolarità per notizia opportuna o convenienti confronti coll'italiano) come erano non solo nell'antico francese le sottili forme di regime *mi, ti, si, li*, somiglianti alle nostre, invece delle più vaste *moi, toi, soi, lui* che invalsero dappoi; ma come, singolarmente nel dialetto Borgognone era una distinzione, la quale merita d'essere pazientemente rilevata da chi fa soggetto de' proprii studii tali minute osservazioni linguistiche, e da chi ha appreso dalle Grammatiche comparate che la desinenza casuale del possessivo o genitivo soleva essere in *us* o nel suo assottigliamento *is*, ed in *i* quella del dativo e del locativo. Vi si diceva cioè *me* il regime diretto ed il regime proprio de' verbi,

---

[1] Il discorso delle voci numerali mi fa sovvenire, e porre qui per *fuor d'opera*, come Virgilio scrivesse nel X dell'Eneide *quam quisque secat spem*, per *sequat;* dalla quale antica scrittura del verbo vennero poi *sectores* e *secta* per *sequitores* et *sequuta;* che però, stante lo scambio avvertito, il *sequior* latino sarà lo stesso di quel *secior* comparativo di cui non si conosce il positivo, il quale forse potrebbe essere stato non dissimile dal *sezzo* de' Toscani per *ultimo,* cioè per cosa al seguito e non mai principale

vi si diceva *mi* il regime indiretto e quello proprio delle preposizioni [1].

Vi si scriveva per ciò *glorifie me;* non *mi,* ossia *glorifica me,* non *glorificami; fai me salf, fà me salvo,* non *fammi; c'un me mat davant, ch'uno me uccida prima,* non *mi uccida:* al contrario si scriveva *por mi, a mi, de mi, dedenz mi.* E da ciò si dee trarre per conseguenza come nel ritoccare l'antica lezione de'nostri stessi testi più antichi, ne'quali può essere pure un ricordo di queste tali avvertenze (forse più comuni di quello si creda, perchè dipendenti dalla lingua di transizione, la quale s'atteneva più al romano parlato che allo scritto) si debba andar riguardoso per non affliggerli di forme posteriori, e per non lasciarvi smarrire quelle tenui memorie di artifizii opportunissimi ai tempi, e che giova sempre all'istoria della lingua il porre in nota. Per differenza dal Borgognone

---

1 L'antico Romano aveva avuto *mu* o *mi* per *ego*: ora avvertendo, come fu già indicato superiormente, che la desinenza casuale del possessivo o genitivo era in *us* od *is* (*ejus, hujus, illius, istius, ipsius, cujus*) ne consegue che il pronome primitivo di persona prima poteva lasciarsi intendere così: N. *mu* o *mi*: G. *mius* o *mis*: D. *mii* (*mihi*): A. *me*. Siccome poi i pronomi possessivi di forma aggiuntiva sogliono derivarsi appunto dal caso possessivo del relativo pronome personale primitivo, così è che dal genitivo *mius* o *mis*, usciva *mius* o *meus, mea, meum,* che tanto vale quanto *di me* od *a me*. Dicasi il simigliante di *Tu* o *Ti,* che avrà fatto: N. *Tu* o *Ti* : G. *Tuus* o *Tius* o *Tis*: D. *Tii* (*Tibi*): A. *Te,* e di *Su* o *Si* che si sarà svolto in N. *Su* o *Si*: G. *Suus* o *Sius* o *Sis*: Dat. *Sii* (*Sibi*): A. *Se*. Dai casi genitivi de'quali avevamo poi *Tius,* o *Tuus, tua, tuum* (*di Te* o *a Te*) e *Sius* o *Suus, sua, suum, di sè* o *a sè*). Una prova poi che i possessivi personali escono dai genitivi dei loro pronomi primitivi, l'abbiamo dal rustico *cuius, cuia, cuium,* conservatoci da Virgilio nelle Ecloghe, e che esce evidentemente dal genitivo *cujus,* di *qui, quae, quod*.

il dialetto Piccardo che non conosceva queste *e* radicali, mutava il *me* sempre in *mi* da principio, poscia nella forma che gli si fece prediletta *moi;* forma poi di regime che passò da ultimo a valergli ancora per soggetto, seguendo un andazzo popolare dopo che i temi della avvertita lingua di transizione *jo, je, jeu, ju, jou,* dovuti solo al latino scritto, scaddero dalla loro esclusiva e privilegiata significazione nominativa.

Quello che si è detto delle distinzioni tra *me* e *mi*, poi divenuto *moi*, si ripeta tra *te* e *ti*, poi divenuto *toi*, ossia che la prima guisa era quella dell'accusativo, e che per lo più s'accompagnava coi verbi che il richiedevano; l'altra era dei regimi indiretti, e che, salvo pochi casi eccezionali, venìa sempre accompagnadosi alle preposizioni.

In antico Francese vedemmo che *li* valeva *lui*, invalse che *li* divenisse regime indiretto dei verbi (aferesi del dativo latino *illi*) e *lui* regime delle preposizioni; e però Maria di Francia N. Fav. 36. scrisse:

> *Que de sa keuve li prestat*
> *Se li pleust.*

cioè — Che di sua coda *gli* prestasse se *gli* piacesse. — E Villarduino: *E por reprover lou servise que il li avoient fait,* ossia: che *gli* avevano fatto. E questo *li* fu puntualmente il nostro *gli* che ebbe gli stessi servigi; e se pure qualche maestro scrisse. *Io dissi lui, Risposi lui,* dando ai verbi quello che era delle preposizioni, mostrò ancora come l'usanza si rendea licenziosa, e come, piuttostochè dell'antico modo, egli si sovvenisse del più moderno uso delle lingue di Francia [1].

Nè mi sembrano da trascurarsi dall'istorico delle lingue queste tali distinzioni sebbene minute e fuggevoli, giacchè per esse si può render conto istorico di talune apparenti anomalìe. E per esempio *lor*, *lour*, *lur* furono regimi dei verbi, mentre

[1] Quest'uso trova però le sue ragioni nelle voci *lui* o *lei*, che regolarmente avrebbero dovuto designare soltanto i regimi indiretti di *egli* e di *ella*, sebbene poi in fatto, massime ne'dialetti nostri, servissero e servano per tutti i casi, movendo allora per aferesi non dalla forma comune *eille* od *ille* ma dalla composta *eillus* (od *eille-is*) *eilla* (*eille-ea*) *eillud* (od *eille-id*). *Lui* e *lei* si trovano anche in altri romanzi dopo i verbi come forme speciali del caso attributivo, e quindi non bisognose di segnacaso, giacchè il dativo comune a tutti i generi *illi* od *illii* sembra che nel volgare, per distinzione e per ricordo del genitivo *illius* si pronunciasse più chiusamente *illui* nel maschile, rimanendo *illei*, (da *ille-ei*) pel femminile. Leggiamo infatti in lingua d'oc: (Adelaide di Porcairague.)

> *Vas Narbona portatz lai*
> *Ma chanson ab la fenida*
> *Lei cui jois e jovens guida.*

cioè — Verso Narbona portate là la mia Canzone, colla Licenza, *a lei* cui gioia e giovinezza guida.

(PONZIO DI CAPODOGLIO:)

> *Mas liey non cal si m pert, per qu'ieu no m duelh.*

cioè — Ma *a lei* non cale se mi perde, per che io non me ne dolgo.

(IL MONACO DI FOSSANO:)

> *Cais que non tanh selui chan ni trobars*
> *Cui ten estreg vera religios.*

cioè — quasichè non convenga *a colui* canto nè trovare cui tiene istretto vera religione.

Così presso i nostri ducentisti, e specialmente presso Guittone d'Arezzo, fu della forma *vo-i*, dall'antico *vois* (*vobis*) che valse senz'altro *a voi*; e di *no-i* che anche in Dante non provenne da *nos*, ma da *nois* (*nobis*.)

> Per grazia fa *noi* grazia che disvele
> A lui la bocca tua....
> Non è l'affezion mia tanto profonda
> Che basti a render *voi* grazia per grazia.

regimi delle proposizioni furono pel mascolino plurale *ols* od *els*, che poi si fece *eus* e finalmente *eux*; e pel femminino altresì plurale *eles*. Ora ecco come, ricalcando quest'uso, Dante potè dire: *e suon di man con elle*; giacchè se al seguito dei verbi si scriveva: *Lors lor vint une novelle; lour aivons donneit; mes peres lour vendi*; d'altra parte invece, al seguito delle preposizioni si scriveva: *une d'eles, avec eles*, ossia *una d'elle, con elle*, non *una di loro, o con loro* [1].

Inoltre non vorrò scordarmi di aggiungere come quello che si è detto di *me, mi*, poi *moi*; di *te, ti*, poi *toi*, si dee ripetere del pronome personale riflessivo, *se, si*, poi *soi*; ossia che la prima forma era dell'accusativo ed accompagnatoria dei verbi, e che la seconda era dei regimi indiretti ed accompagnatoria delle preposizioni, e come nell'antico francese, questi istessi pronomi facendovi l'ufficio da prima quasi esclusivo di possessivi, dovesse accadere che *di me* o *a me* valessero *mio; di te* o *a te* valessero *tuo; di sè* o *a sè* valessero *suo*: perchè poi in seguito, allorquando per rispondere ai latini *meus, tuus, suus*, o meglio

---

1 Come *lui*, che può anche considerarsi metatesi di *illius*, e che doveva rappresentare soltanto i regimi d'*egli*, passò, secondo si disse, nei nostri dialetti a far insieme gli uffici di soggetto, così fu di *loro*, che uscito dall'*illorum* latino reso comune a tutti i generi, valse prima *d'elli* e *d'elle*, poi *ad elli* e *ad elle*, e finalmente *eglino* ed *elleno* senza bisogno di segnacasi: talchè sembrò mutarsi in una forma di pronome possessivo proprio della persona terza determinata, ma non presente, completando le relazioni di possesso significate da *mio, tuo* e *suo*. Questa proprietà fe' sì che Dante, il quale avea creato *immiarsi* e *intuarsi*, potè creare anche *inluiarsi*.

per riprodurre le arcaiche desinenze genitive *mis*, *tis*, *sis*, si vollero allungate le prime forme; da *mi* uscì *mis*; da *ti*, *tis;* e da *si*, *sis;* e però, a dire *mio signore*, o *signore di me*, si scrisse con Maria di Francia *Mis Sire*, e poscia *messire*, da cui venne quel nostro *messere*, che ora forse solamente ci rende una ragione men dubbia della sua *s* duplicata.

Volendo ancora dire per ultimo alcune altre poche cose de' rimanenti pronomi, seguiremo aggiungendo come, sempre dal bisogno di distinguere il nominativo dagli altri casi (e ciò tanto più ne' pronomi dimostrativi che non potevano ammettere l'articolo) venne nel nostro volgare la convenienza dello scrivere *questi* nel soggetto, e di lasciar *questo* per gli altri casi, e così nel nominativo singolare *quelli*, e *quello* nei regimi, facendo per tal modo simili fra loro i nominativi dei due numeri singolare e plurale. Infatti parimente i Francesi dicevano nel nominativo singolare *cil*, e ne' regimi pur singolari *cel; cil* di nuovo nel nominativo plurale, e *cels* ne' regimi plurali. Ma, la regola della *s* caratteristica prevalendo, anche *cil* nominativo singolare assunse una *s* e divenne *cils*, e noi pure, invece di *quelli*, potemmo, con ischiacciamento della doppia *l*, scrivere *quegli*, nè diversamente dicevano *cist* tanto nel nominativo singolare quanto nel plurale, e *cest* ne' regimi singolari, e *ces* o *cez* ne' regimi plurali.

Sui quali pronomi insistendo, mi pare possibile che essi *cil* e *cist* non siano dimostrativi semplici e

d

radicali, siccome opinano i Grammatici Francesi da
me veduti, ma sieno invece composti, se pure si vor-
rà aver ragione di quel *c* che vi si trova prefisso
all'*ille* ed all'*iste* latini. E veramente, solo che un
poco si torni addietro per la popolare latinità, e che
non si voglia ricorrere al rovesciamento della sillabica finale *ce*[1], si incontreranno ne' comici quelli
eccilla, ecciste (da *ecce illa, ecce iste* per dimostrare presenzialmente la persona indicata) dai quali
ci parrà facilmente che una spontanea aferesi, voluta dalla velocità del dialogo, avrà fatto uscire
cilla e *ciste* per *quella appunto* o *questi appunto*.
Di qui dunque vennero le vedute forme Borgognone
cil e *cist;* di qui le Piccarde *chil* e *chist;* di qui il
chilla e *chisto* dei così detti regnicoli ; di qui finalmente il *quella* e *questi* più schiacciato della maggior parte d'Italia : mentre per avventura il nostro
neutro *ciò,* che in Normandia e Borgogna era *ceo*
o *co,* e *chou* o *cho* in Piccardia, avrà preso origine
per rovesciamento dal latino *ho-c* od *ho-cce.*

  È pure osservabile come i Borgognoni e i Pic-
cardi amavano di sostituire alla acuta desinenza
Normanna in *i* la più chiusa e vasta *ui* : pertanto
essendosi introdotto l'uso di scrivere e di pronun-
ciare *celi* (puntualmente il nostro *quelli*) in luogo

---

1 La legge del rovesciamento era spontanea nelle lingue ad
antefissi succedenti a lingue a suffissi. Io ho discorso su ciò altrove ampiamente : basterà quindi l'accennare che il latino *inte-
r-im* diventa il volgare *mentre,* l'*inter-dum* od *inter-dom, domentre;* che l'*ipse-met* prendendo forma superlativa in *ipsumus-met,*
si fa *metipsumus,* o *medesimo,* cioè *istessissimo:* che l'*unus-quis-
que* diventa *quisquunus* o *ciascuno ; parum-per* o *paucum-per, per
poco; postidea, dappoi ;* e che l'*ul-tra* e *ci-tra* passa nel dialetto
patrio a *tra-là* e *tra-ché.*

di *cil;* e *cesti* (il nostro *questi*) in luogo di *cist,* questi cotali popoli, per induzione dell'etnica loro pronuncia, dissero e scrissero invece *cestui* e *celui* venendo così, non solo a confrontare coi nostri *costui* e *colui,* ma insieme a svegliare il sovvenimento sia delle chiuse profferenze *istus* ed *illus,* dai regimi delle quali potevano muovere queste forme anche latinamente, sia della insigne varietà di genti che qui presero antichissima stanza e poterono quindi anche fra noi provocare i medesimi fonetici risultamenti.

Così nei pronomi relativi può essere soggetto di brevi parole che in lingua d'oil *ki* o *qui,* conservando il valore del *qui* latino, fu sempre significativo il solo soggetto maschile; e *ke* o *que,* recente dal *quae* materno, valse unicamente il soggetto femminile, e che soltanto dopo il milledugento cominciò quella mescolanza la quale attribuendo tutto a tutto indistintamente, lasciò poi a noi Italiani il *che* a far tanti servigi, quanto lunga opera sarebbe il solo ricordarli distintamente. Ma inoltre in esso Franzese è notevole che regime diretto di questo pronome era *cui* o *cuy (quem, quam, quod),* e regime indiretto comune era *dont*, a valere cioè *di cui (cujus), a cui (cui), da cui (a quo, qua. quo),* così singolarmente come pluralmente, e così per l'un genere come per l'altro; dal qual modo prendendo lume di fratellanza i vecchi usi simili del nostro *don* o *donde*, mi pare ancora che si possa fissare il paradigma di questo pronome presso noi in antico come segue:

Singolare e Plurale.

Soggetto. . . . . *chi* e *che*

Regime indiretto . . *donde*, o *di cui* o *che*,
                           a cui o *che, da cui*
                           o *che*

Regime diretto. . . *cui* o *che*

E non è anche da preterire come questo *donde*, prediligendo forse per la preposizione anteposta, il caso genitivo, venisse spesso a farsi, nelle lingue neolatine, *istrumentale*, o ciò che altrimenti direbbesi *causativo:* di che poi ne uscirono tanti usi tenuti per eleganti presso noi, ai quali non è più chiaro il valore pronominale di questo avverbio, ma che erano però naturalissimi in quel tempo in cui si trovavano volgari tutte le sue nozioni, e nei quali può essere tradotto in *di che* o *di cui* più comunemente.

Era pure nell'antico francese una voce, la quale prima fu *alkes* od *alques*, e valse (secondo opina M^r. Fallot, che io seguito più da presso) *qualche cosa*, poi significò *qualche poco di cosa, alcun che*, da ultimo variamente od *un poco*, od *assai*. Per origine una tal voce fu un pronome indeterminato, dappoi si impiegò avverbialmente applicandola per lo più all'aggiuntivo, al modo che diciamo: *assai largo, molto bene, ben vasto*. Sembrò dunque al ripetuto ch. Fallot che questo *alkes* si derivasse da *aliquid ;* e però se, applicato a quantità od a misura di cose, valse quanto si è detto, applicato a tempo significò qualche tempo antecedente o susseguente secondo poi portava il discorso. Per quella quasi generale modificazione che nella Lingua Oytana subirono le sillabe desinenti in *l*, le voci *alkes* od *alques* divennero in seguito *aukes* od *auques*, e poi, secondo i dialetti, *aques, acque, aike, aikes, aiques, auques, aulques* ecc. Vediamone alcuni esempii: — ju ki ne sai aissi cum niant, et ki aikes cuyde savoir. — *(Serm. di S. Bernardo)*, cioè: — io che ne so così come niente, e che *qualche cosa* penso sapere. — Non sarà però, a quanto io stimo, che il lettore non desideri nella mia traduzione un non so che di più preciso, dovendogli sembrare che l'*aikes* sia meglio indeterminato ed assoluto che non sia il *qualche cosa,* il quale viene forse a minorar troppo la presumente ed oltraggiosa baldanza del nostro amor proprio. Potrà egli dunque in suo capo prestamente supplire colla voce *anche*, e tradurre; *e che anche penso sapere.* Così nella nuova Racc. di Fabl. et Cont. 1. 37, si legge:

> *A tant une plainne a veue,*
> *Si est auques aseurez.* . . . . . .

ossia — allora una pianura ha visto, si è alquanto assicurato, — dove pure *auques* è bensì per *aliquid* od *alcun che,* ma dove ancora è patente la possibilità di tradurre così: *si è assicurato anche.* E più innanzi:

> *Mout ot la dame bon talent*
> *De lui faire auques de ses biens,*

cioè: — Molto ebbe la dama buon talento di fargli alquanto de' suoi beni, — oppure: *di fargli anche de' suoi beni,* che è similmente reso con fedeltà e concisione. Da tutto ciò mi pare potersi dedurre

d

senza violenza che quanto da noi si disse della voce
alkcs oytana possa essere ripetuto altresì della italica *anche,* cioè che questa potrebbe venir considerata come un residuo di antico pronome indeterminato, il quale, dal volgare *alquis*[1] per *aliquis*,
era forse *alchi* od *alco* e che poi divenne, allun-
gandosi e componendosi, *alcuno :* da *aliqua* od *al-*
qua era per avventura *alca,* divenuto poscia pel
modo anzidetto *alcuna;* da *aliquid* finalmente fu
alche, ed indi (ricordando quel di Donato a Teren-
zio — habet enim *n* littera cum *l* communionem)
si fece *anche* tenendo una neutrale significazione,
e per questa passando prontamente a far gli ufficii
di avverbio. Nè è perciò appunto che di tale sua
primigenia nozione non ne conservi qua e colà apparenti gl'indizii , giacchè quando Dante scrisse:

> *Mettetel sotto ch' io torno per anche....*
> *Io direi anche, ma io temo ch'ello*
> *Non s'apparecchi a grattarmi la tigna....*
> *. . . . . io sono Oreste,*
> *Passò gridando, ed anche non s' affisse.*

lasciò, a quanto mi sembra, intravedere nell'*anche*
l'*aliquid* dal quale usciva, riferito a quantità, a
numero od a tempo. E quando Giovanni Villani pose
e con anche genti venne da Lucca, parve traspo-
nesse la voce a disegno perchè ne trasparissero i
primitivi servigi: e quando finalmente Matteo Villani, insistendo sulla frase Dantesca, disse: *e a-*
vendo i primi mandò per anche, non fece che au-

---

1 V. il Vol. I delle mie *Lez. Accad.* a facc. 221, 222.

torizzare sempre meglio in *anche* la possibilità dell'accennata derivazione [1].

E poichè siamo su tali pronomi non mancherò di far osservare due cose. La prima che *altrui*, e poi *autrui*, non era nell'antico linguaggio di oil altro che regime indiretto del soggetto *altres*, giacchè derivatosi dal latino *alterius* per mezzo di quella facile metatesi che, da *alter* facendo *altre*, da *alterius* faceva *altreius* ed *altruius*, non poteva avere significazione diversa dalla genitiva. Di più, essendo ristretto così a questo solo servigio, non abbisognava di segnacaso o di articolo, poichè la speciale sua desinenza non lo lasciava confondere cogli altri casi. E da ciò pure si deriva che parimente presso noi non ne abbisogni, dicendosi: *le cose altrui, la donna altrui*, per dire: *le cose* o *la donna d'altri*; e che poi, come già vedemmo di *mio, tuo, suo, loro*, passasse spontaneamente a divenire, sulla forma stessa genitiva del pronome discretivo *alter*, un vero aggettivo possessivo di persona indeterminata, cosicchè *l'altrui* fu lo stesso che *lo d'altri*, ossia *quello d'altri* [2]. La seconda che da *alius* essa lingua d'oil, cui erano prediletti gli scorti nella pronuncia, fece pure in antico *al* ed *el* nel puntuale significato di *altro;* dalla quale semplice forma radicale ne vennero similmente fra

[1] Non ommetto però di avvertire come la voce *an-co* venga o-riginata per altri da ἄν e da *hoc* quasi che, riferendosi a quantità, misura ecc. valga quanto *ad hoc*, e riferendosi a tempo quanto *ad huc. Unquanco* sarebbe *adhuc unquam*, ed *ancora, ad hanc horam.*

[2] Ed ecco, in questa frase italiana *l'altrui*, chiaramente l'articolo venire dal pronome di cui conserva il valore stesso.

noi le composte *alsì* per *altresì, altanto* per *altrettanto* e simili , da ricercarsi ad agio dagli archeofili, a'quali mi basta colla presente lezione di aver almeno svegliato l' appetito delle ricerche.

Finalmente aggiungerò come il nostro pronome coálito *ciascheduno,* si componga evidentemente di *ciasche,* della *d* epitettica o intercalare, e del complemento individuante da noi prediletto ne'pronomi, cioè *uno.* Dal che poi chiaramente s'induce come noi pure Italiani dal *quisque* latino femmo da prima *ciasche,* siccome fecero *kaske* o *casque* gli Oytani , e come indi *ciascuno* non fosse per conseguente che una forma composta di quello che potè essere radicalmente soltanto *ciasco* e *ciasca* e *ciasche,* stringnendo così sempre meglio i legami che unirono strettamente da prima, e che uniscono tuttavia abbastanza le due più vicine fra le lingue sorelle dell' Europa latina.

Parecchie altre antiche particolarità del linguaggio oytano potrei venire io qui raccogliendo, le quali non tornerebbero per avventura inutili alla storia della lingua nostra volgare e de' suoi principali dialetti; come sarebbe la formazione dei futuri nel dialetto Borgognone, e l' altra dissimile nel dialetto Normanno, l'uso nei verbi elegante dell'infinito invece dell' imperativo [1], e l'arcaica scrittura di tante parole, dalla quale dipendendo appunto la

---

1 Ciò accade similmente presso noi, in ispezialtà quando l'atto comandativo viene preceduto da una negazione, la quale minorando la rattezza del comando, o lo oscura, o lascia incerta l' intenzion personale della proposizione. Diciamo perciò, *ama la gloria, temi la vergogna,* e : *non amare la gloria, non temer la vergogna.*

germana loro nozione, dipende ancor quella di molte nostre voci tuttavia controverse nella origine, e per conseguenza nella rispettiva loro più vera significazione. Ma stimando di essermi per ora adoperato bastevolmente intorno la utilità di codeste indagini grammaticali ed istoriche, per invogliar pure i miei connazionali allo studio dell' antico francese, tenterò ancora un altro modo, e poi con esso imporrò fine alla mia lezione.

Vorrei cioè persuader loro coll'inducevole argomento degli esempii che questo istesso francese antico, non solo può giovare agli etnografi ed ai filologi, ma può aprire a tutti i nostri scrittori una miniera inesausta di bellezze italiane, le quali essendo da prima comuni alle lingue cognate, ora si sono andate od intralasciando o rimutando così da non aver più libero corso in ammendue le favelle. Vorrei insomma ch'essi stimassero come quella fortuna istessa degl'idiomi, la quale li scompagnò in seguito e li mandò per vie diverse alla gloria, così che lo imitarsi al presente scambievole sarebbe in loro un voler perdere la bellezza individuale acquistata; com'io diceva quell'istessa Fortuna, considerata nel buio del Medio-Evo, ci durò invece ad autorevole testimonio che tanti popoli antichi quanti erano intorno al mille dalle correnti del Reno al flutto che flagella Calpe e Pachimo poteano ben dirsi fratelli, stretti siccom'erano dal potente vincolo del neolatino, elargito loro da Roma, perchè prima v'imparassero a riverire il temuto nome degli Au-

gusti, poscia vi apprendessero ad amare a comune
il santo nome di Gesù Cristo.

Ma come potrei io qui far conoscere a' miei italiani, anche solo per cenno, una parte almeno di
quei moltissimi autori, i quali scrivendo:

Versi d' amore e prose di Romanzi

in lingua d' oil, sono pure tanto istruttivi per noi,
quanto certo qualsivoglia di quella onorata schiera
di Siculi, a' quali i Toscani non lasciarono forse
altro onore che quello d' essere stati tra i primi
trovatori in lingua di sì? Certo che un' opera così
lunga non può essere nè del tempo presente, nè del
luogo: per la qual cosa non volendo pure ch'essa
sia interamente desiderata dall'argomento, cercherò
ora di supplirvi in qualche modo collo estrarre dalla
Vita che di Luigi IX il Re Santo di Francia scrisse
il Signore di Gioinville suo contemporaneo, alcuni
fatticelli, i quali possano trovare in sè medesimi
compimento, e traducendoli fedelmente, colla giunta
di solo quanto basti ad integrarli, rendere per guisa
tale ricalcata in nostra lingua l' immagine dell'antica lingua francese.

Se da questo mio fatto ne sorgerà poi nei lettori il giudizio che pure la stretta mia traduzione
ricordi la prosa del buon secolo della nostra favella,
sia allora finalmente che la lingua d' oil abbia l' a-
more di molti italiani, e sia che il volgarizzamento,
di cui io appena esibisco un indizio, venga condotto
a termine da qualcuno, il quale conoscendo inti-
mamente la natura dei due linguaggi, sappia, col
rendere fedelmente quello del buon Siniscalco di

Sciampagna, dare ancora al suo libro quel nativo colore di italica antichità che possa farlo pienamente gradevole agl'intendenti.

———·———

Questo stampava io nel 1843, e ponea al seguito della Lezione sei brevi racconti, a maniera di novelle, che furono poscia riprodotti a parte per occasione di nozze. Le suddette Novelline non dispiacquero, e fui eccitato da alcuni amici a compiere la traduzione di tutta la prosa originale del pio e valoroso Barone di Francia. La impresi svogliato, e poi, fattomi innanzi nel lavoro, l'ultimai di buona voglia, ed essa è quella appunto che seguirà qui tutto appresso.

———o◦◦◦◦◦o———

LA SESTA CROCIATA.

PROLOGO

DELL' ISTORIA.

—

In nome della santissima e sovranissima Trinità, io Giovanni Sire di Gionville, Gran Siniscalco di Sciampagna, vuo' scrivere e redigere in memoria la vita e' fatti e' detti di Monsignor San Luigi che fu Re di Francia, ciò è quanto io ne vidi ed udii nel tempo ed ispazio di sei anni intieri [1] istando in sua compagnia nel santo viaggio e pellegrinaggio d'oltremare, e di poi appresso che ne fummo rivenuti [2]. E questo Libro è divisato in due parti. La prima parte parla ed insegna siccome il detto Signore Re San Luigi si resse e governò secondo Dio e nostra Madre Santa Chiesa, al profitto e utilitade di suo Reame. La seconda parte parla di sue grandi cavallerie e fatti d'arme, a fine di ritrarre l'una

1 Partì da Gionville per l'Egitto dopo la Pasqua del 1248. Partì da Acri per la Francia dopo la Pasqua del 1255, e così stette assente sette anni. I *sei interi* si riferiscono dunque, non alla assenza, ma alla *compagnia* col Re. Entrò esso al soldo del Re solo in Cipri.

2 Dirà altrove che la sua compagnia col Re è durata 22 anni: e così dal 1248 al 1270, anno in che il Re santo morì.

1

appresso l'altra, e così ischiarare e scaltrire lo intendimento di coloro che le leggeranno o udiranno. Per le quali cose si potrà vedere e conoscere chiaramente che giammai null'uomo di suo tempo vivente, dal cominciamento di suo regno insino alla fine, non ha vissuto sì santa e giustamente come egli fece. Pertanto mi sembra ch'uomo non gli ha mica sin qui fatto a bastanza, non essendo stato messo nel novero de' Martiri per le grandi pene ch'elli sofferì nel pellegrinaggio della Croce [1], perchè in così come Nostro Signore Iddio è morto per lo umano lignaggio in sulla Croce, a simigliante morì crociato a Tunisi lo buon re San Luigi. E perciò che nullo bene è a preferire all'anima ragionevole, per tale cagione comincerò io dalla prima parte che parla de' suoi buoni insegnamenti e sante parole indiritte allo nutricamento dell'anima.

---

[1] Fu posto tra i Santi, e non tra i Martiri, da Papa Bonifacio VIII nel 1297.

PARTE PRIMA

DELL' ISTORIA.

———

CAPITOLO I.

Di alcune sante parole che il buon Re disse a me e ad
altri.

Quel santo uomo che fu Re San Luigi tutta sua
vita amò e ridottò Dio di tutto suo podere, siccome bene apparve nelle opere sue, poi che, siccome
Dio è morto per lo suo popolo, altresì ha messo il
buon Re più volte suo corpo in dannaggio ed avventura di morte per lo popolo di suo reame come
sarà tocco qui appresso. E come il buon Signore
Re amasse il suo popolo di fino amore bene apparve
in ciò che, istando una fiata in grande malattia che
avealo sorpreso in Fonte-bell'-acqua, che l'uomo
dice Fontanabelò, disse a Monsignor Luigi suo figliuolo primo nato [1]: « Bel figliuolo, io ti priego
« che tu ti faccia amare al popolo di tuo rea-
« me, perchè veramente io amerei meglio che uno

———

[1] Questi nacque nel 1244, e morì di sedici anni nel 1260.

« Scozzese venuto d'Iscozia [1] o qualunque altro
« lontano straniero governasse il popolo del Rea-
« me bene e lealmente, che tu ti reggessi sprovve-
« dutamente e a rimprovero. »

Il santo Re amò tanto verità che ai Saracini
ed infedeli proprii non volle elli giammai mentire,
nè disdirsi di cosa che loro avesse promessa, non
ostante ch'e' fussono suoi nimici, come toccato
sarà qui appresso. Di sua bocca fu egli molto sobrio e casto; chè anche in giorno di mia vita, non
gli udii divisare od appetire nulla vivanda, nè
grande apparecchio di cose deliziose in bere ed in
mangiare, come fanno molti ricchi uomini, anzi
mangiava e prendeva pazientemente, ciò che gli si
apprestava e metteva dinanzi. In sue parole fu egli
sì appensato che giammai non gli udii dire malvagia parola d'alcuno, nè anche gli udii nomare il
diavolo, tuttocchè tal nome sia bene isparso, ed al
presente molto comune per lo mondo, ciò ch'io
credo fermamente non essere punto aggradevole a
Dio, ma anzi molto spiacente [2]. Suo vino attempe-
rava per misura, secondo la forza e virtù che avea
il vino, e ch'e' poteva portar acqua. Di che una
fiata mi domandò egli in Cipri perchè io non mettea acqua in mio vino. Ed io gli risposi che ciò

---

1 Al tempo del buon Re la Scozia, affatto indipendente dal-
l'Inghilterra, era sottoposta alla discendenza de'suoi antichi Re,
e gli Scozzesi si aveano per più rozzi di quello non fossero gli
Anglo-Normanni.

2 Gli antichi Cristiani chiamavanlo il *Malo* o l'*Avversario;*
Maufez, o il *Facimale,* gli antichi Francesi; i moderni *Diantre* per
non dire *Diable:* noi per lo stesso motivo *Diacine; Avversiere.*

faceva per li medici e cerusici, i quali mi dicevano che io aveva una grossa testa ed una fredda forcella [1] sì ch'io non avrei podere d'indurarla. E il buon Re mi disse ch'essi m'ingannavano, e mi consigliò di attemprarlo, e che se io non apprendeva a temperarnelo in giovinezza, e che poi il volessi fare in vecchiezza, le gotte e le malattie ch'io aveva nella forcella mi crescerebbono più forte, ovvero s'io bevessi vin puro in vecchiezza, che ad ogni otta me ne inebrierei, ciò poi che a valentuomo riesce in cosa troppo laida. Il buon Signore Re mi domandò una fiata s'io voleva essere onorato in questo mondo presente, e nella fine di me avere il Paradiso. A che io risposi che sì, e ch'io il vorría bene così appunto. Allora mi disse egli: guardatevi dunque bene che voi non facciate nè diciate alcuna villana cosa a scienza vostra, ma sì vi reggiate che, se tutto il mondo sapesse e conoscesse vostro fatto o vostro motto, voi non aveste onta e vergogna di dire: io ho ciò fatto, io ho ciò detto. E mi disse parimente ch'io giammai non ismentissi nè disdicessi nulla di ciò ch'elli direbbe davanti a me, se pur così fosse ch'io per ciò non ne avessi a sofferire onta, dannaggio o peccato: e aggiungeva che soventi volte del disdire alcuno surgono dure parole e rudi, donde spesse fiate gli uomini s'intraferiscono e diffamano sino a restarne molti morti e disfatti.

---

1 La *bocca dello stomaco* per tutto lo *stomaco,* sicchè *fredda forcella* è quanto *stomaco debole.*

Egli diceva altresì che l' uomo si dovea portare, vestire ed adornare secondo suo stato e condizione, e tuttavia di mezzana maniera, affinchè li prodi uomini ed antichi di questo mondo non potessono dire nè proverbiare a lui: *tu fai troppo*; e così che li giovani non potessero dire: *tu fai poco, nè fai punto d'onore al tuo stato.* E per ciò mi rimembro io che, toccando una fiata a monsignor lo Re di presente, del buon Signore Re che fu suo padre, intorno alla pompa e burbanza d'abbigliamenti e di cotte ricamate che or comunalmente si portano sull'arme, io gli diceva ch'unque mai, nella via d'oltremare, ov'io fui con suo padre e sua oste, non vidi una sola cotta ricamata, nè quella del Re, nè quella d'altri. Al che mi rispose che a torto egli le avea ricamate di sue armi, e che le eran costate otto lire di parisini; ed io gli dissi che meglio le arebbe impiegate donandole per Dio, e facendo sue cotte di buon zendado rinforzato battuto all'armi sue come lo Re suo padre faceva.

CAPITOLO II.

Di due questioni che 'l buon Santo Re m'indirizzò.

Il buon Re m' appellò una fiata aggiugnendo ch' e' voleva parlarmi per lo sottil senno ch' elli diceva conoscermi; ed in presenza di molti mi disse: io ho chiamati questi Fratelli che qui sono, e vi fo una questione e dimanda di cosa che tocca Dio; e la domanda fu tale: Siniscalco, che è Dio? ed io gli risposi: Sire, egli è sì buona e sovrana cosa che

migliore non può essere. Veramente, disse egli, ciò
è molto bene risposto, perchè questa vostra risposta è scritta in questo libretto che tengo in mia
mano. Ora altra domanda vi fo io, cioè: lo quale vi
amereste meglio, essere misello e lazzero ¹, od a-
aver commesso e commettere uno peccato mortale?
Ed io, che anche non gli voleva mentire, gli risposi, che io amerei meglio aver fatto trenta peccati mortali che essere misello. E quando li Fratelli
si furo dipartiti di là, egli mi richiamò tutto solo,
e mi fece sedere a'suoi piedi e mi disse: Come a-
vete osato voi dire ciò che avete detto? Ed io gli
risposi che ancora io lo diceva: perchè così elli mi
parlò: Ah folle musardo, musardo, voi vi siete in-
gannato, perchè voi sapete che nulla sì laida miselleria non è, come d'essere in peccato mortale,
e l'anima la quale vi è, è simigliante allo avversario dello 'nferno; per che nulla sì laida miselleria
non può essere. E ben è ciò vero, proseguì egli,
perchè quando l'uomo è morto egli è sano e guerito di sua lebbra corporale; ma quando l'uomo,
che ha fatto peccato mortale, muore, elli non sa
punto, nè è certano d'avere avuto a sua vita un
tale ripentimento che Dio gli voglia abbandonare
il perdono. Per che grande paura deve elli avere
che quella lebbra di peccato gli duri lungamente,
e tanto quanto Dio sarà in Paradiso ². Per tutto ciò

¹ I lebbrosi si dicevano *miselli*, o miserabili, per antonomasia,
e *misellarie* i lazzaretti, o spedali spartati che li accoglievano.

² Il nostro Guitto d'Arezzo fece sua questa parità nelle Rime, II, 7.

vi prego, seguitò egli, che, innanzi per lo amore di
Dio, e poi per lo amore di me, vi riteniate questo
mal detto in vostro cuore, e che voi amiate molto
meglio che lebbra ed altri mali ed iscapiti vi venissero al corpo, che commettere in vostra anima un
sol peccato mortale, che è lebbra e ladronaia sì infame [1].

Così in quella m'inchiese s'io lavava i piedi ai
poveri il giorno del Giovedì santo: ed io gli risposi:
bah! alla malora! già li piedi di que' villani non la-
verò io mica. Veramente, diss'egli, ciò è detto oltre male, perchè voi non dovete mica avere in disdegno ciò che Dio fece per nostro insegnamento: chè
elli, il quale era il Maestro e 'l Signore, lavò nel
detto giorno li piedi agli Apostoli, e loro disse che
in così com'egli, che era Maestro, loro avea fatto,
che similmente essi facessono gli uni agli altri. A
tanto dunque vi prego che per l'amore di lui e di
me lo vogliate accostumar di fare quind'innanzi. E
già egli amò tanto tutte genti che temevano ed a-
mavano Dio perfettamente, che per la grande noméa ch'elli udì sonare di mio fratello Sir Egidio il
Bruno, il quale pur non era di Francia, di temere
e amar Dio altresì com'elli facea, sì gli donò la
Connestabilía di essa Francia.

---

[1] *Ladre* in antico francese risponde anche a *mesel* o *mezeau*,
cioè a *misello;* e però nel nostro volgare *cosa ladra*, o *ladronaja*
può valere cosa bruttissima e ributtante.

CAPITOLO III.

Qui conta di Maestro Roberto di Sorbona.

Avvenne un'altra fiata che per lo grande ri-
nômo ch'elli udì di Maestro Roberto di Sorbona
d'esser prod'uomo, egli lo fece venire a lui e bere
e mangiare a sua tavola [1]. Ora eravamo un tal dì
egli ed io beendo e mangiando alla tavola del detto
Signore Re, e parlavamo consiglio a cheto l'uno
all'altro [2]. Il che vedendo il buon Re ci riprese in
dicendo: Voi fate male di consigliarvi qui, parlate
alto affinchè i vostri compagni non dubitino che voi
parliàte d'essi in male; se in mangiando di compagnia voi avete a parlare alcuna cosa che sia pia-
cente a dirsi, sì allora parlate alto che ciascuno vi
intenda, o se non, tacetevi.

Quando il buon Re era in gioia, elli mi faceva
questioni, presente Maestro Roberto, talchè e'mi
domandò una fiata: Siniscalco, or mi dite la ragione per la quale avviene che prode uomo val
meglio che giovane uomo [3]. Allora cominciò briga
e disputazione in tra Maestro Roberto e me. E
quando noi avemmo lungamente dibattuta e dispu-
tata la questione, il buon Re rendette la sentenza,
e disse così: Maestro Roberto, io vorrei bene avere

---

[1] Questo Maestro Roberto, che morì intorno il 1270, fondò in
Parigi il Collegio che dal suo nome venne detto *di Sorbona*.

[2] *Parlar consiglio* od *a consiglio*, vale in credenza, ed a modo
di chi consiglia segretamente.

[3] Qui *prode uomo*, non vale soltanto uomo prode o valente di
sua persona, ma uomo religioso, prudente e valente di suo intendimento, insomma *probo-uomo; probus vir*. V. du Cange alla
voce *Probi homines*.

il nome di produomo, ma ch' e' fusse buon produomo, ed il rimanente vi dimorasse, perchè produomo o probuomo è sì gran cosa e sì buona, che
anche solo nel motto riempie tutta la bocca. Ed al
contrario diceva il buon Signore Re che mala cosa
era l'altrui prendere, poichè il *rendere* era sì grie-
ve che solamente a nomarlo scortecciava la bocca,
e ciò pe' due *r-r* che vi sono, li quali vi stanno a
significanza delli rastri dello avversario, lo quale
tuttodì attira a sè ed arronciglia coloro che vor-
rebbono rendere lo avere od il mobile altrui; ed in
così elli seduce usurieri e rapitori, e li ismuove di
donare in fin di vita alla Chiesa loro usure e rapine
per Dio, ciò ch' e' dovrebbono invece non donare ma
rendere, e ben sanno a cui. Ed istando sovra questo proposito, comandò che io dicessi di sua parte
allo re Tebaldo di Navarra suo genero, ch' elli si
prendesse guardia di ciò ch' e' faceva, e ch' elli non
ingombrasse sua anima, credendo poi esserne quieto
pe' gran danari ch' elli donava e lasciava al Munistero de' Fratelli Predicatori di Provino; con ciò sia
che il saggio uomo intanto ch' e' vive, deggia fare
tutto in così che far dee buon esecutore di testamento, ciò è primieramente e avanti altra ovra restituire e ristabilire i torti e' gravami fatti ad altrui
dal trapassato, e solo del residuo avere proprio di
quel morto fare le elemosine ai poverelli di Dio:
così come il Diritto scritto lo insegna [1].

---

1 « Non probatur largitas, si quod alteri largitur, alteri extor-
queat, si injuste quaerat, et juste dispensandum putet.» S. Am-
brogio. l. 1. de Offic. cap. 30.

Il santo Re fu un giorno di Pentecoste a Corbello accompagnato da ben trecento cavalieri, ove noi eravamo Maestro Roberto da Sorbona ed io. Ed il re appresso desinare si discese alla rinchiostra lasciando la cappella, e andò parlare al Conte di Brettagna, di chi Dio abbia l'anima, padre del Duca che è al presente. E davanti tutti gli altri mi prese il detto Maestro Roberto al mantello, e mi domandò, alla presenza del Re e di tutta la nobile compagnia: Ditemi, per vostro senno, se il Re si sedesse in questo chiostro, e voi andaste sedere in suo banco più alto di lui, sarestene voi a biasmare? Al che io risposi che: sì veramente. Or dunque, riprese egli, siete voi bene a biasmare, quando voi siete più riccamente vestito di mantello che 'l Re nostro Signore. Per che di tratto io gli dissi; Maestro Roberto, Maestro Roberto, io non son mica a biasmare, salvo l'onore del Re e di voi; poi che l'abito ch'io porto, tale che lo vedete, me l'hanno lasciato mio padre e mia madre, e non l'ho io punto fatto fare di mia autorità. Ma il contrario, è di voi, donde siete ben forte a biasimare e riprendere, dacchè voi, che siete figliuolo di villano e di villana, avete lasciato l'abito di vostro padre e di vostra madre, e vi siete vestito di più fino cammellino [1] che 'l Re non è. Ed allora io presi il panno del suo sorcotto e di quello del Re, e giuntili l'uno presso l'altro, seguitai: or riguardate s'io ho detto il vero. Ed allora il buon Re imprese a difendere

---

[1] Stoffa fatta di pelo di cammello, e che più grossolana dicevasi *cammellotto*.

Maestro Roberto di parole, ed a covrirgli suo onore
di tutto suo podere in mostrando la grande umiltà
che era in lui e com'egli era pietoso a ciascuno.
Appresso queste cose il Re si trasse, ed appellò
Monsignor Filippo padre del Re vivente, ed il Re
Tebaldo suoi figliuoli [1] ed assisosi all'uscio della
Cappella, mise la mano a terra e disse ai suddetti
figliuoli: Sedetevi qui presso di me ch'uomo non vi
vegga. Ah! Sire, dissono quelli, perdonateci, se vi
piace, ma egli non ci appartiene di sedere sì presso
di voi. Ed egli allora, rivolto a me: Siniscalco, sedetevi qui. Ed io tosto il feci così da presso che la
mia robba toccava la sua. Ciò fatto, li fece assidere
accanto a me, e allora soggiunse: Gran male avete
fatto, quando voi che siete miei figliuoli, non avete
fatto da prima ciò ch'io vi ho comandato: or guardatevi che giammai egli non vi avvenga. Ed essi
risposero, che non più. Ed elli allora mi va a dire che
ci aveva appellati per confessarsi di ciò che a torto
aveva difeso e mantenuto Maestro Roberto contro
di me; ma diss'egli, io lo feci perchè il vidi così
isbaìto che aveva assai mestieri di chi 'l soccorresse
ed atasse: essere bensì vero che si dee vestire one-
stamente ad esserne o meglio amato da sua donna,
o più pregiato dai minori, ma non così che 'l
vestirsi e il portarsi ecceda misura di proprio
stato: doversi insomma l'uomo mostrar fuora di
tal maniera che vecchiezza non dica: tu troppo

---

[1] Al Re Santo successe il figliuolo Filippo l'ardito, a questi
Filippo il Bello, a cui Luigi il Caparbio. In quanto a Re Tebaldo
di Navarra, esso era genero, non figliuolo di San Luigi, avendone
sposato la figliuola Isabella.

fai, nè giovinezza: fai poco, siccome fu avvertito
d'innanzi.

CAPITOLO IV.

Di due insegnamenti che 'l Re mi diede.

Qui appresso udirete uno insegnamento che il
buon Re mi diede a conoscere. Era il tempo in che
si rivenìa d'oltremare e si stava tutto dinanzi l'i-
sola di Cipri, quando per uno vento, che l'uomo
appella Garbino, il quale non è punto l'uno dei
quattro venti maestri regnanti in mare, ecco che
la nostra nave urtò e donò un gran colpo ad uno
rocco talmente che li marinai ne furono tutti perduti, e disperati, stracciandone loro robbe e loro
barbe. Di ché il buon Re salì fuori del letto tutto scalzato, non avendo più che una cotta, e si andò a
gittar in croce davanti il Corpo prezioso di Nostro
Signore, come colui che non ne attendea che la
morte. E tantosto appresso s'appaciò il fortunale,
e la nave surse disimpedita e rigallò come in giolito.
Alla dimane mi appellò 'l Re e mi disse: Siniscalco,
sappiate che Dio ieri ci ha mostro una parte di suo
gran podere, poichè uno di que' venti piccolini, che
a pena gli sa uomo nominare, ha pensato annegare
il Re di Francia, sua donna, suoi figliuoli e famiglia. E dice Santo Anselmo che ciò è una minaccia
di Nostro Signore, altresì come s'egli volesse dirci:
Ora vediate e conosciate che, s'io l'avessi voluto
permettere, ne sareste stati tutti sommersi. Al che
è da rispondere: Sire Iddio, e perchè ne minacci
tu? se la minaccia che tu ne fai non è punto per

tuo prode nè per tuo vantaggio; poichè, se tu ne
avessi tutti perduti, tu non ne saresti già più povero, ed in così non più ricco se tutti salvati? Certo
dunque il tuo minacciare è per nostro profitto, non
per tuo, quando noi il sappiamo conoscere e intendere. Or bene dunque Siniscalco, seguitò il Re, di
queste tali minacce noi dobbiamo intendere che se ci
ha in noi cosa a Dio dispiacente, che noi la debbiamo rattamente levare e così per simigliante vi debbiamo riporre ciò che sappiamo essergli in piacere
che sia fatto. E se così faremo Nostro Signore ci
donerà più di bene in questo mondo e nell'altro che
non ne sapremmo divisare, e se faremo altrimente,
egli farà di noi ciò che il Signore fa del malvagio
sergente, il quale, se per la minaccia non si cor-
regge, ed il Signore lo fiere nel corpo, ne' beni e
sino a la morte, e a peggio se possibile è anche.
Dunque in così farà Nostro Signore al peccatore
malvagio che per sua minaccia non si vuole ammendare, e lo colpirà in sè e nelle cose sue crudelmente.

Il buon sant'uomo Re si sforzò di tutto suo podere a farmi credere fermamente la Legge Cristiana
che Dio ci ha donato, così come voi udirete qui appresso. Dicevami dunque che noi dobbiamo sì fermamente credere gli articoli della Fede, che per
nullo iscapito che ce ne possa venire al corpo non
ci lasciam trascorrere a fare nè dire il contrario. E
inoltre diceva che lo inimico dell'umana natura che
è il diavolo, è sì sottile, che, quando le genti muo-
iono, egli si travaglia di tutto suo podere a farle

morire in alcun dubbio degli articoli della Fede: chè egli vede e conosce bene ch'e'non può togliere all'uomo le buone opere ch'esso ha fatto, e che ne ha perduto l'anima s'elli muore in secura credenza della fede cattolica. Per ciò dee l'uomo prendersi guardia di questo affare, ed averci tale securtà di credenza ch'e'possa dire all'inimico quando gli dà tale tentazione: Vattene nimico di nostra natura, tu non mi getterai già fuori di ciò che credo fermamente, cioè delli articoli della mia Fede, anzi meglio amerei che tu mi facessi tutte le membra dilaccare; poichè io voglio vivere e morire puntualmente in questa credenza. E chi così fa vince lo inimico di quell'arma istessa, donde esso nimico voleva ucciderlo.

Pertanto diceva il buon Re che la Fede e credenza di Dio era tal cosa a che noi avremmo dovuto accomodarci senza dubbio alcuno, anche se non ne fossimo noi certificati soltanto che per lo udir dire. E su questo punto mi fece il buon Signore una domanda, cioè: Comente mio padre avea nome. Ed io gli risposi ch'elli avea in nome Simone. Or per qual modo il sapete voi? diss'egli: ed io gli dissi che ben n'era certo e lo credea fermamente per ciò che mia madre lo mi avea detto molte volte. Adunque soggiunse egli, dovete voi credere perfettamente gli articoli della Fede per ciò che gli Apostoli di Nostro Signore ve lo testimoniano, in così come voi udite cantare al *Credo* tutte le Domeniche. E su tale proposito mi disse egli che uno Vescovo di Parigi, nomato in suo dritto nome Guglielmo, gli

contò un giorno che uno gran Maestro in Divinità
gli era venuto innanzi per parlare e consigliare sè
medesimo a lui. Ma che, come e' fu per dire suo
caso, si prese a piagnere molto forte e duramente.
Per che il Vescovo cominciò ad ammonirlo dicendo:
Maestro, non piangete punto e non vi togliete di
conforto , perchè sappiate veramente che nullo
non può essere peccatore sì grande che Dio non
sia più possente di perdonargli. Ah! disse il maestro, Monsignor lo Vescovo, che io non ne posso
altro che piagnere, poichè mi dubito di essere mis-
credente ad uno punto, e questo è ch'io non posso
essere asseverato in cuore del santo Sagramento
dello Altare in così come Santa Chiesa lo insegna
e comanda a credere; e veggio bene che ciò mi viene
di tentazione dello inimico. Maestro , disse allora
il Vescovo, or mi dite, quando l'inimico vi invia
tale tentazione, e vi dispone per a tale errore, v'è
egli in piacere? Rispose il Maestro: certamente
non mai, ma al contrario mi dispiace e m'annoia
tanto che più non potrebb'essere. Or bene, disse il
Vescovo, io vi domando se voi prendereste oro nè
argento nè alcuno bene mondano per rinegare di
vostra bocca niente che toccasse al Santo Sagramento dello Altare nè ad alcuno de' Sagramenti
della Chiesa? Veramente, rispose il Maestro, siate
certo che nulla cosa terrena non è, di che io ne volessi aver preso, e che anzi amerei meglio mi di-
stroncassero tutto vivo a membro a membro, che
aver rinegato il minimo dei detti Santi Sagramenti.
Adunque il Vescovo gli mostrò per esempio il grande

merito ch'egli acquistava nella pena ch'e'sofferiva
della tentazione, e gli disse così: — Maestro, voi
sapete che 'l Re di Francia guerreggia contro 'l Re
d'Inghilterra, e sapete che il castello ch'è il più
presso della marca [1] de'detti due Re si è la Roccella in Poitù; dunque rispondetemi: Se lo Re di
Francia vi avesse dato balìa di guardargli il castello della Roccella che è sì presso della marca,
ed a me l'avesse data sopra il castello di Montelery che è nel fino cuore di Francia; a quale do-
vrebbe il Re, nel termine di sua guerra, saper miglior grado, a voi od a me di aver guardati di perdita i suoi castelli? — Certo, Monsignore, disse il
Maestro, io credo che ciò sarebbe a me che gli a-
vrei bene guardata la Roccella, la quale è in luogo
più dubitoso, e ci è la ragione assai buona. — Maestro, disse allora il Vescovo, io vi certifico che mio
cuore, gli è tutto simigliante al castello di Montelery, perchè io del Santo Sagramento dell'Altare,
e così degli altri, ne sono così asseverato che non
me ne viene dubbio neuno. Per tanto vi dico come
per uno grado che Dio nostro Creatore mi sa di
ciò ch'io li creda securamente ed in pace, che
bene a doppio ve ne sa egli grado di ciò che voi
gli guardiate vostro cuore in perplessità e tribola-
zione: donde io vi dico che molto meglio gli piace
in questo caso il vostro stato che non il mio, e sò-
novene di ciò ben gioioso, e vi prego l'abbiate in
sovvenenza, ed egli vi soccorrerà certo al bisogno.
Quando il Maestro ebbe tutto ciò inteso e col cuore

[1] Cioè: della linea di confine.

2

ascoltato, s'agginocchiò innanzi 'l Vescovo, e si
tenne di lui molto contento e ben pago.

Capitolo V.

Anche della istessa materia e del governo della sua vita.

Un'altra fiata il santo Re mi contò che ad
un'otta in Albigese le genti del paese mossero al-
l'incontra del Conte di Monforte, che allora guardava per lo Re la terra di Albigese, e gli dissono
venisse a vedere il Corpo di Nostro Signore, lo
quale era divenuto in carne ed in sangue entro le
mani del Prete offerente, donde essi erano al tutto
meravigliati. Ed il Conte rispuose loro: Andatevi
voi altri che ne dubitate, perchè, quanto a me,
io credo perfettamente e senza dubbio il Santo Sagramento dello Altare, siccome nostra madre santa
Chiesa ne lo testimonia ed insegna; talchè io spero,
in credendolo così, averne corona in Paradiso più
che gli Angioli, i quali creder lo deggiono poichè
il vedono a faccia a faccia.

Ancora mi contava il buon santo Re, che una
volta avvenne che nel Munistero di Cluny ebbevi
grande disputazione di Cherici e di Giudei; e che
là si trovò un Cavaliero vecchio ed antico, lo quale
richiese finalmente allo Abbate di quel Munistero,
ch'elli pure avesse un poco d'udienza e congedo di
parlare; il che per Messer lo Abbate, il quale non
sospicava a dove volesse uscire, gli fu a gran pena
ottriato. E allora il buon Cavaliero si lieva ritto di
sopra la gruccia ch'egli portava a sostegno, e dice
che gli si faccia venire appresso il più gran Maestro

di que' Giudei. E come questo gli fu assentito, il Cavaliero gli va fare questa dimanda: Maestro, rispondete; credete voi nella Vergine Maria che portò il nostro Salvatore Gesù Cristo nel fianco suo e poscia nelle sue braccia, e credete voi ch'ella l'abbia Vergine partorito, e sia madre di Dio? A che il Giudeo rispose che di tutto ciò egli non credeva neente. E il Cavaliero gli disse: Molto follemente avete risposto, e siete pazzamente ardito quando voi, che non lo credete, siete entrato per negarla in suo Munistero ed in sua magione; e che ciò sia veramente voi di presente lo apparerete; ed in così dicendo, egli leva sua gruccia, e fiere il Giudeo bene stretto sopra l'orecchio, tanto ch'egli lo stende a terra del colpo. E ciò veggendo gli altri Giudei, lievano il lor Maestro, e se ne fuggono così che ne dimora finita la disputazione de' Cherici e de' Giudei. Allora venne lo Abbate turbato in viso a quel Cavaliero, e gli disse: Sir Cavaliero, voi avete fatto strana follía di ciò che avete colpito e non argomentato. E il Cavaliero gli rispose: Ma voi avete fatto ancora più grande follía dello avere così assembrata e sofferta una tale e sì lunga disputazione di errori; perchè qui entro ci avea gran quantità di Cristiani buoni ma grossi, i quali se ne sarebbono andati miscredenti e torbi per lo argomentoso gergo delli Giudei. — E così vi dico io, soggiunsemi di suo il Re, che nullo, se non è gran Cherco e Teologante perfetto, non dee disputare con Giudei; ma sì dee l'uomo laico, quando elli ode male dire della Fede Cristiana, difendere la

cosa non già solamente di parole, ma a buona
spada pugnente e tagliante, non a vincere l'errore dello intelletto, ma ad attutire lo scandolezzo
della bocca.

Il governamento della vita ebbe tale, che tutti
li giorni udiva le ore canoniche in nota, ed una
Messa bassa di *requiem*, e poi l'officio del giorno
di Santo o Santa. Appresso desinare sempre in letto
si riposava, e poi, quando n'era surto, dicea le
preci de'morti con uno de'suoi cappellani, e poi
Vespro, indi tutte le sere udía la Compieta.

CAPITOLO VI.

Di un insegnamento che un buon Cordigliere diede al Re,
e come 'l Re non l'obbliasse punto.

Un giorno fu che uno buon Cordigliere venne
tutto dinanzi il Re al castello di Yeres, ove noi
discendemmo di mare, e gli disse per maniera d'insegnamento, ch'elli avea letta la Bibbia ed altri
buoni libri parlanti de'Principi miscredenti, ma
che giammai elli non trovò che Reame si perdesse,
foss'egli in tra credenti o scredenti, fuorchè per
diffalta di drittura. Si prenda or dunque, disse il
Cordigliere, ben guardia il Re ch'io qui veggio e
che se ne va in Francia, sicchè faccia ammini-
strare buona giustizia e drittura diligentemente al
suo popolo, a ciò che Nostro Signore gli soffra e
permetta gioire di suo Reame e tenerlo in pace e
tranquillitade tutto il corso della sua vita. Ed egli
si dice che questo buono e pro'Cordigliere, il quale

insegnò il Re sì adrittamente, giace a Marsiglia là ove Nostro Signore fece per lui molti buoni miracoli. E ben sappiate ch'esso buon Cordigliere non volle anche dimorare col Re, per preghiera e richiesta ch'e' gliene facesse, più che una sola giornata!

Il buon Re non obbliò punto l'insegnamento del Cordigliere, anzi ha governato suo Reame bene e lealmente secondo Dio, ed ha sempre voluto che Giustizia sia fatta ed amministrata, come voi udirete. Perchè di costume, dopo che il Sire di Neelle, e il buon Signore di Soissone, io, ed altri de' suoi prossimani, eravamo stati a la Messa, egli bisognava che noi andassimo udire li *Piati de la Porta*, ciò che di presente suol dirsi *Le richieste del Palazzo* a Parigi. E, quando il buon Re era al mattino venuto della Chiesa, elli ci inviava cherére, e ci domandava com'era ita nostra faccenda, e s'egli ci avea alcuna cosa che non si potesse spacciare senza di lui. E quando alcuna ne avea, noi gliel dicevamo, ed egli allora mandava le parti innanzi a sè, e chiedea loro a che si tenea che non avessero a grato l'arbitrio offerto da' suoi savi, e, come ne avea contezza, tantosto li contentava e metteva in ragione e drittura; e sempre di buon costume così seguitò a fare il sant'uomo Re.

Molte volte ho veduto ch'esso buon Re, appresso aver udito Messa in Estate, se ne andava a solazzo al bosco di Vincenne, e si sedeva al piè d'una quercia, e ci facea seder tutti accanto a lui, e tutti quelli che si pensavano aver affare con esso Re, veniano a parlargli, senza che alcuno Usciere

o Valetto desse loro impedimento. E domandava
alto di sua bocca s'egli ci avea nullo che si credesse a mal partito; e quando più ce n'avea, egli
dicea loro: Amici, sostate e vi si spaccerà l'uno
appresso l'altro. Poi di sovente appellava Monsignor Pietro di Fontana, e Monsignor Goffredo di
Villetta, e dicea: scioglietemi questi partiti. E
quando avvisava qualche cosa ad ammendare nella
parola di que' che avvocavano la causa altrui, elli
medesimo tutto graziosamente di sua bocca li ri-
prendea. Così molte fiate ho veduto che al detto
tempo d'Istate, il buon Re veniva nel Giardino di
Parigi vestito d'una cotta di camellino, di un sorcotto di bucherame senza maniche, e di un mantello sovraposto di zendado nero, e faceva là stendere de' tappeti perchè vi ci assidessimo accanto a
lui, e là pure spacciava diligentemente il suo popolo,
com'io v'ho detto innanzi del Bosco di Vincenne.

Capitolo VII.

Come 'l buon Re sapesse all'uopo difendere i laici da ol-
traggio, e come fusse leale e fino guardatore di giusti-
zia e di pace.

Io vidi una giornata che tutti li Prelati di
Francia si trovarono a Parigi per parlare al buon
San Luigi, e fargli una richiesta, e quando egli
lo seppe, si rese al Palazzo per là udirli di ciò che
essi volevan dire. E quando tutti furono assem-
brati, si fu il Vescovo Guido d'Auserre, che fu
figliuolo di Monsignor Guglielmo di Melot, il quale
cominciò a dire al Re per lo congedo e commune

assentimento di tutti gli altri Prelati: — Sire, sappiate che tutti questi Prelati, i quali qui sono in vostra presenza, mi fanno dire che voi lasciate perdere tutta la Cristianità, e ch'ella si perde entro vostre mani. — Allora il buon Re si segnò della Croce, e disse: Vescovo, or mi dichiarate come egli si fa e per quale ragione. — Sire, seguitò il Vescovo, egli è per ciò che l'uomo non tiene più conto delle scommuniche: perchè oggidì un uomo amerebbe meglio morire tutto iscommunicato, che di farsi assolvere, nè vuol nullamente dare soddisfazione alla Chiesa. Pertanto, Sire, elli vi richiedono tutti a una voce, per Dio e perchè così dovete farlo, ch'egli vi piaccia commandare a tutti i vostri Bailivi, Prevosti ed altri amministratori di giustizia, che, ove egli sia trovato alcuno in vostro Reame, il quale sarà stato un anno e uno giorno continuamente iscommunicato, ch'essi il costringano a farsi assolvere col mezzo dell'apprensione de' beni. E il Sant'uomo rispose che molto volentieri il commanderebbe fare di coloro che si trovassono essere tortosi ed iniqui verso la Chiesa ed il prossimo. A che il Vescovo, soggiunse ch'e' non apparteneva a' laici a conoscere di loro causa. Ma a ciò rispose il Re ch'egli non farebbe altramente; e diceva che ciò sarebbe contro Dio e Ragione ch'egli facesse costrignere a farsi assolvere coloro, a chi i Cherici per avventura facessero torto, sì che non potessero essere uditi in loro buon diritto. E di ciò loro donò esempio del Conte di Brettagna, il quale per sette anni ha piatito contro i Prelati di Brettagna, tut-

tochè scommunicato, e finalmente ha sì ben condotto e menato sua causa, che il nostro Santo Padre il Papa li ha condannati inverso il medesimo
Conte. Per che, seguitava dicendo, se dal primo
anno io avessi voluto costringere esso Conte a farsi
assolvere, avrebbe egli dovuto lasciare a que' Prelati contro ragione ciò ch' essi gli domandavano
oltre suo volere; il che facendo avrei io grandemente misfatto in verso Dio ed in verso il detto
Conte di Brettagna. Appresso le quali cose udite
per tutti que' Prelati, loro convenne satisfarsi della
buona risposta del Re, sicchè non udii più anche che
ne fosse parlato o dimandato pel tempo avvenire.

La pace ch' egli fece col Re d' Inghilterra fu
contra la volontà di tutto suo Consiglio, il quale di-
cevagli: — Sire, egli ci sembra che voi facciate un
gran male al vostro Reame de la terra che voi donate e lasciate a questo Re, e ben ci sembra ch' e-
gli non ci ha alcun diritto per ciò che suo padre la
perdè per appensato giudicamento. — A che rispose il buon Re ch' egli sapeva bene come 'l Re
d' Inghilterra non ci avesse nessun diritto, ma, diceva egli, che a buona causa egli bene doveva do-
nargliela, poichè soggiungeva: Noi due abbiamo
ciascuno l' una delle due sorelle a donna, donde i
nostri figliuoli ne sono cugini germani: egli si conviene dunque che tra noi sia pace ed unione: ed e-
gli anche m' è grato di aver fatto in così la pace
col Re d' Inghilterra, per ciò ch' egli è al presente
mio uomo ligio, ciò che non era punto davante.

Finalmente la grande lealtà del Re fu assai conosciuta nel fatto di Monsignor Rinaldo di Tria, il quale apportò a quel sant'uomo talune lettere patenti, per le quali dicevasi ch'elli avea donato agli eredi della Contessa di Bologna (la quale non ha guari tempo era morta) la Contea di Dammartino. Ora su tali lettere il suggello del Re ch'altra fiata c'era stato, era tutto rotto ed infranto, sicchè di detto suggello non ci avea più che la metà delle gambe della imagine del Re e lo sgabello sul quale essa imagine tenea li piedi. Ora il Re mostrò le dette lettere a noi che eravamo di suo consiglio, per consigliarlo sopra ciò. E tutti fummo d'opinione che 'l Re non era tenuto a mettere in esecuzione quelle lettere esautorate, e che per ciò gli eredi non doveano gioire di quel Contado. Ma egli, pur dubitando, appellò tantosto Giovanni Saracino suo Ciambellano, e gli disse che gli apportasse una lettera patente che innanzi gli avea commandato fare. E quando egli ebbe la lettera veduta, riguardò attentamente al suggello che vi era ed al rimanente del suggello delle lettere del detto Rinaldo, e ci disse: — Signori, vedete qui il suggello del quale io usava innanzi la partenza pel mio viaggio d'oltremare, e vedrete anche che questa rimanenza di suggello rassomiglia a punto all'impressione del suggello intero, per che non oserò io, secondo Dio e Ragione, ritenere la suddetta Contea di Dammartino. Ed allora appellò il nominato Monsignor Rinaldo di Tria, e gli disse: Bel Sire, io vi rendo la Contea che voi dimandate.

PARTE SECONDA

DELL'ISTORIA.

—•—

CAPITOLO I.

Della nascita e coronazione del buon Re, e come portò
arme primamente.

Qui comincia la seconda parte del presente libro, nella quale come ho detto dinanzi, voi potrete
udire li grandi fatti e le Cavallerie del buon Re.
Questi, secondo quanto più volte udii dire, fu nato
il giorno e festa di Monsignore San Marco Apostolo ed Evangelista[1]. Quel giorno portavansi le
croci a processione in molti luoghi di Francia, e vi
eran dette le croci nere[2] il che accennò quasi pro-
feticamente alle genti che in gran moltitudine morirono crocesignate durante li santi viaggi d'oltremare in Egitto ed in Cartagine; donde molto gran

[1] Il 25 Aprile 1215.
[2] Accenna alle processioni istituite in tal giorno da S. Gregorio
Magno per occasione della fiera pestilenza, che desolò Roma, le
quali sono anche volgarmente dette *Cruces nigrae*, quoniam in
signum mœroris ex tanta hominum strage, et in signum pœniten-
tiæ, homines nigris vestibus induebantur, et Cruces et altaria
nigris pannis velabantur.

duolo ne è stato fatto e menato in questo mondo,
ed ora se ne mena gran gioia in paradiso di coloro
che, a gloria della Croce, hanno saputo acquistarlo.

Egli fu coronato la prima domenica di Avvento [1] della cui Domenica la Messa si comincia a
queste parole: *Ad te levavi animam meam*, il che
vale a dire: Bel Sire Iddio, io ho levato mia anima
e mio cuore in verso te, e in te mi fido. Nelle quali
parole aveva il buon Re gran fidanza, in dicendole
di sè, e ciò per lo carico grande ch'elli veniva a prendere. Egli ebbe in Dio molto gran fidanza dall'infan-
zia sua sino alla morte; perchè alla fine de' suoi ultimi dì sempre invocava Dio i suoi Santi e Sante, e
specialmente aveva egli per intercessori Monsignore
San Iacopo, e Madama Santa Genevieva. Per le
quali cose fu elli guardato da Dio, dalla sua infan-
zia sino allo ultimo punto, quanto all'anima sua.
E così per li buoni insegnamenti di sua Madre, la
quale ben l'insegnò a Dio credere, temere, ed a-
mare in giovinezza, egli ha dippoi bene e santamente vissuto secondo Dio. Sua Madre gli attrasse
tutte genti di religione e gli faceva udire nelle
Domeniche e Feste, Sermoni riferenti la santa parola di Dio. Donde più volte rammentò che sua
Madre gli aveva spesso ripetuto che ella amerebbe
meglio ch' e' fusse morto ch' egli avesse commesso
un sol peccato mortale.

E ben gli fu bisogno che di sua giovine età Dio
l'aiutasse, perchè sua madre era d'Ispagna, paese

---

[1] Il primo giorno di Decembre del 1226, non avendo anche
compito 12 anni, e ciò per la morte avvenuta in quell'anno di suo
padre Luigi VIII figlio di Filippo l'Augusto.

istrano talchè dimorò senza nullo parente nè amico nel Reame di Francia [1]. E perciò che li Baroni di Francia videro lui e sua Madre come stranieri senza sopporto fuorchè di Dio, essi fecero del Conte di Bologna, che era zio del Re suo padre ultimamente trapassato, il loro capitano, e lo teneano come per loro Signore e Maestro. Onde avvenne che, appresso che il buon Re fu coronato giovincello, per cominciamento di guerra, alcuni dei detti Baroni di Francia richiesero a sua Madre, ch'ella loro volesse donare certa gran quantità di terre nel reame. E per ciò ch'ella nol volle, non appartenendole di diminuire il Reame oltre il volere del figliuol suo ch'era già Re coronato, quei Baroni si assembrarono tutti a Corbello. E mi contò il santo Re ch'egli e sua Madre, i quali erano a Montelery, non ne osarono andare sino a Parigi, tanto che quelli della Villa li vennero cercare in arme in molto gran quantità. E mi disse anche che da Montelery sino a Parigi il cammino era pieno ed allistato di genti d'arme e di popolo, che a Nostro Signore gridavano tutti ad alta voce, che gli donasse vita e vittoria guardandolo e mantenendolo contra tutti i nemici suoi; il che veramente Dio fece in alquanti luoghi e passaggi, come voi udirete qui appresso.

Avvenne che i Baroni di Francia si assembraro a Corbello, e macchinarono intra loro di comune assentimento ch'e' farebbono sì che 'l conte di Brettagna si leverebbe contra il Re. E puosero tra loro per

---

1 La non men famosa che bella Bianca di Castiglia.

gran tradigione, che se il Re li volesse inviare contra
esso Conte, andrebbono bensì al comandamento,
ma non vi menerebbero con loro che due Cavallieri ciascuno, affinchè più agiatamente il Conte
potesse vincere il buon Re Luigi e sua Madre che
era donna di strania nazione come avete udito. Ed
in così che que' Baroni promisero al detto Conte di
Brettagna, e così fecero: ed ho udito dire a molti
che il Conte avrebbe distrutto e soggiogato il Re e
sua Madre, se non fusse stata l'aita di Dio che
giammai non gli fallì. Perchè, come per permissione divina, al grande bisogno ed alla grande stret-
tezza del buon Re, il Conte Tebaldo di Sciampagna
si sentì ismosso a voler soccorrerlo [1], e di fatto si
partì con ben trecento Cavallieri molto bene in
punto di battaglia, ed arrivarono a buon ora colla
grazia di Dio. Sicchè per lo soccorso di quel Conte
di Sciampagna convenne al Conte di Brettagna
rendersi al suo Signore ed a lui gridare mercè. Ed
il buon Re, che nullamente ne appetiva vendetta,
considerò che la vittoria avutane era stata per la
possanza e bontà di Dio ch'avea promosso il valente
Conte di Sciampagna a venirlo vedere, e ricevve
quello di Brettagna a mercè, ed allora andò il Re
securamente per le sue terre.

E qui è a dire siccome talvolta insorgano in alcune materie delle incidenze, le quali pur si deggiono

---

1 Questi è quel Conte Tebaldo di Sciampagna che, al dire di
taluno, in Bianca di Castiglia riverì la Regina ed amò la Dama,
sicchè potè lasciarne scritto un cronista:

Maintes paroles en dist en
Comme d'Iseut et de Tristan.

isporre per servir meglio il proposito, tuttocchè
vi si mostri di lasciar per poco il principale dell'i-
storia. E qui è appunto l'occasione di recitarvi
alcune cose che in mestieri tornano a poter bene
intendere il trattato nostro. Perchè diremo tuttò
per lo vero così. Il buon Conte Errico di Sciampagna, detto il Largo, ebbe dalla Contessa Maria
sua donna, che era sorella del Re di Francia e della
fidanzata di re Riccardo d'Inghilterra, due figliuoli,
de'quali il primogenito ebbe nome altresì Errico,
e l'altro Tebaldo. Errico se n'andò crociato in
Terra Santa col Re Filippo Augusto di Francia e
col Re Riccardo d'Inghilterra, li quali tre asse-
diarono la città di Acri e la presero. E tantosto che
ella fu presa lo re Filippo se ne rivenne in Francia,
donde elli fu molto biasmato. Dimorò il Re Riccardo
in Terra Santa e là fece grandissimi fatti d'arme
sui miscredenti, e Saracini; tanto che il ridotta-
rono sì forte, ch'egli è scritto ne'Libri del Viaggio
della Santa Terra, che, quando i piccoli fanciulli
de' Saracini gridavano, le madri dicevan loro: *Vè
quà Re Riccardo che ti vien caendo,* e tantosto,
della paura che que'piccini traevano dal solo udirlo
nomare, essi cagliavano e ammutolivano. E a simiglianti quando Saracini e Turchi erano al campo,
e ch'e'cavalli loro, aombrando, barberavano e si
gittavan per paura in sinistro, dicevan loro friz-
zandoli: *che? credi forse che sia costà Re Riccardo?* Il che tutto sta chiaramente a dimostrare
ch'egli facea su loro di gran fatti d'arme, e ch'egli
n'era a dismisura temuto. Ora quel Re Riccardo

tanto procacciò per sue prodezze e bontadi ch'egli
fece dare in donna al Conte Errico di Sciampagna,
ch'era dimorato con lui, Isabella reina di Gerusalemme. E questo Errico, innanzi sua morte, ebbe
dalla detta Reina sua moglie due figliuole Alice e
Filippa, delle quali la prima fu reina di Cipri, e
l'altra andò in donna a Messer Airardo di Brienne,
donde grande lignaggio è uscito, siccome appare in
Francia e in Sciampagna. Ma di Filippa di Brienne
non vi dirò io nulla al presente, anzi vi parlerò
della Reina di Cipri, per ciò ch'egli licitamente
si conviene a continuare mia istoria, e dirovvene
appunto così.

CAPITOLO II.

Qui conta come seguitò la guerra de' Baroni di Francia, e
come 'l Re la menò a suo prode, e ne seguì pace.

Appresso che il buon Re ebbe soggiogato e vinto
il Conte Piero di Brettagna all'aiuto del Conte Tebaldo di Sciampagna, i Baroni di Francia furono
molto indignati contra quest'ultimo, ed entrarono
in opinione di diseredarlo, come quegli ch'era figliuolo del secondo genito Tebaldo, chiamando a
ciò la Reina di Cipri, ch'era invece prima figliuola
d'Errico stato il primogenito di Sciampagna. La
qual cosa, se loro apparve moltissimo profittevole,
non fu a tutti parimente in grado, per che alcuni
di quei Baroni, e per non trovarvi pronto guadagno, e per non iscovrirsi commettitori di male, si
fecero intraprenditori di far la pace tra li duo Conti

e fu la cosa tanto menata in trattato d'una e d'altra parte, che, per lo appuntamento d'essa pace, il Conte Tebaldo di Sciampagna promise prendere a donna la figliuola del Conte Piero di Brettagna. E fu la giornata assegnata a ciò fare, e che si devesse la damigella ammenare per le sponsalizie ad una Badìa de'Fratelli Predicatori che è presso Casteltierry, in una villa che l'uomo dice Valserra. Ed, in così com'io intesi dire, il Conte Piero di Brettagna coi Baroni di Francia, che gli erano quasi tutti consorti, si partirono insieme per voler la damigella ammenare al Munistero di Valserra; e mandarono dicendo al Conte Tebaldo, che era a Casteltierry, che venisse a impalmar la donzella secondo la promessa. Ed egli bene il volea fare, quand'ecco arrivare a lui Messer Goffredo de la Cappella, che gli presenta lettere da parte il Re, per le quali gli scriveva così: — Sire Tebaldo di Sciampagna, io ho inteso che voi avete pattuito e promesso di prendere a donna la figliuola del Conte Piero di Brettagna. Pertanto vi mando che, sì caro come avete tutto quanto amate nel Reame di Francia, sì nol facciate punto. Lo 'mperchè di ciò voi ben vel sapete, poichè non ho io trovato giammai chi m'abbia voluto peggior male di lui. — E quando il Conte Tebaldo ebbe ciò inteso, tuttocchè si fosse mosso per andare a sposare la damigella di Brettagna, nullameno se ne ritornò a cheto in Casteltierry donde s'era partito.

Or come il Conte Piero di Brettagna, e li Baroni di Francia contrari al buon Re, i quali erano

in attesa a Valserra seppero e videro che il Conte
Tebaldo li aveva ingannati e delusi, per subito dispetto ed ira grandissima ch'e' concepirono contra
il detto Conte di Sciampagna, mandarono prestamente alla reina di Cipri; e questa venne a loro
senza tardanza, e sì tosto ch'ella fu venuta, tutti
d'uno comune assentimento, dopo aver fatto loro
posture e conventi, inviarono cercare, ciascuno da
sua parte, tanto di genti d'arme come ne poterono
avere, e partironsi la bisogna intra loro per entrare
di verso Francia nel paese del detto Conte, e così
in Bria come in Sciampagna. E così menarono loro
intelligenza col Duca di Borgogna, che aveva in
donna la figliuola del Conte Roberto di Dreues, che
da sua parte egli entrerebbe nella Contea di Sciampagna. Ed alla giornata assegnata ch'essi si dovevano tutti trovar insieme davanti la città di Troye
per prenderla, il buon Re Luigi lo seppe, il quale
parimente mandò tutte sue genti d'armi per andare al soccorso del Conte Tebaldo di Sciampagna.
E di fatto li Baroni ardevano e bruciavano da loro
parte tutto il paese per ove essi passavano, ed altresì faceva il Duca di Borgogna dal canto suo che
s'intendeva con loro. Or quando il buon Conte Tebaldo si vide così fortemente assalito d'una parte e
d'altra, bruciò elli medesimo e distrusse alquante
ville di suo paese, e per ispeciale Esparné, Vertù e
Sezanna, affinchè li Baroni e il Duca di Borgogna
non le trovassono assai fornite come l'altre ville
e cittadi, e così gli tornassono a nocumento. Or
quando li borghesi di Troye videro ch'essi avean

perduto il soggiorno del loro buon maestro e signore Conte di Sciampagna, di subito mandarono a Simone signore di Gionville, padre di quel Sire di Gionville che al presente è, e di cui è questo dittato, perchè li venisse soccorrere. Nè il buon Signore mancò all'invito, che anzi fu egli sì prestamente dinanzi la cittade a tutte sue genti, e sì vi fece d'arme a meraviglia che li Baroni fallirono a prendere la buona cittade, e fu lor forza passar oltre e andar a tendere gli alloggiamenti alla scoverta insieme col Duca di Borgogna. Or quando il buon Re di Francia seppe ch'essi furono là, egli con sue genti mosse dritto verso loro per combatterli. Il che veggendo i Baroni, gli mandarono per preghiera e richiesta che suo piacer fosse di tirare indietro suo corpo, ch'essi allora andrebbono combattere contra il Conte di Sciampagna e il Duca di Lorena e tutte lor genti d'arme, con trecento Cavalieri meno di quelli che il Conte e'l Duca non avrebbono. E il Re loro rispose, che nullamente essi si combatterebbono alle sue genti, s'egli pure non vi fusse di sua persona. Il che udendo i Baroni, incontanente presso che confusi gli mandarono che assai volontieri farebbono intendere la Reina di Cipri a far pace col Conte Tebaldo di Sciampagna. Ma il buon Re mandò loro che a nulla pace non intenderebbe nè soffrirebbe che vi intendesse il Conte di Sciampagna, sino a che essi si tenessero armati nella Contea di Sciampagna. Perchè, dopo la risposta udita, se ne partirono di là, e senz'arrestarsi presero loro alloggiamenti sotto July. Ed il Re s'andò alloggiare

ad Ylles donde elli li avea cacciati. Quando li Baroni
videro che il Re li perseguiva così da presso, islog-
giarono essi da July, e s'arrestarono a Langres
che era nella Contea di Nevers, la quale parteg-
giava con loro. E così il buon Re San Luigi, dopo
avere isgombra la Sciampagna accordò la pace tra
quel Conte e la Reina di Cipri oltre il grado e il
consiglio de' Baroni. E la pace fu fatta tra loro in
tal maniera che per partaggio e diritto di successione, il Conte donò alla Reina in tutto duo mila lire
di terre e rendite, oltre a quaranta mila lire che il
Re pagò a una sol fiata pel Conte di Sciampagna,
per gli dispendii della detta Reina. Per le quali
quaranta mila lire il Conte vendette al Re li feudi
e signorie seguenti, cioè il fio del Conte di Blois,
quello della Contea di Chartres, e della Contea di
di Sanserre, e 'l fio del Viscontado di Castelduno.
E sebbene in quell'ora alcuni dicessero che il Re
teneva li detti feudi in solo gaggio, pur ciò non
è verità, perch'io il dimandai al buon Re, istando
con lui oltremare, ed e' mi rispose, che ciò era
stato per piano accatto.

CAPITOLO III.

Ove per inframmessa si tocca del Conte Errico di Sciam-pagna, e di Artaldo di Nogente il ricco borghese.

La terra, che il Conte Tebaldo donò alla Reina
di Cipri, tiene al presente il Conte di Brienne
che ora ci vive, ed il Conte di Ioingny, per ciò
che l'avola del Conte di Brienne fu figliuola della
Reina di Cipri e donna del gran Conte Gualtieri

di Brienne. Ed affinchè sappiate donde vennero li feudi che il Signore di Sciampagna vendette al Re, di cui qui innanzi v' ho fatto menzione, io vi fo assapere che 'l gran Conte Tebaldo, il quale giace a Legny, ebbe tre figliuoli, di cui il primo ebbe in nome Errico, il secondo Tebaldo, e Stefano il terzo. Or quello Errico, che era il primo nato fu dappoi Conte di Sciampagna e di Bria, e fu appellato il Largo Conte Errico, perchè largo ed abbandonato fu egli tanto inverso Dio che inverso il mondo. Inverso Dio fu egli largo ed abbandonato com'egli appare alla Chiesa di Santo Stefano di Troix ed all'altre Chiese ch'elli fondò, ed ai gran doni ch'e' vi faceva ogni giorno, come assai enne di memoria in tutta Sciampagna. In verso il mondo fu elli largo come bene apparve al fatto d'Artaldo di Nogente, ed in molte altre occasioni che troppo lungo sarebbe il voler raccontare. Ma del fatto del detto Artaldo farò ben io qui menzione. — Quell'Artaldo era il borghese in chi di quel tempo il detto Conte Errico credeva il più; e fu il detto Artaldo sì ricco uomo che di sua moneta fe' far di levata tutto il castello di Nogente. Ora sì avvenne che 'l Conte Errico volle un giorno discendere del suo palazzo di Troix per andare udir messa a Santo Stefano il giorno d'una Pentecoste. Ed a piè delle gradora della Chiesa si trovò a ginocchi un povero Cavaliere, il quale ad alta voce gridò e disse: Sir Conte, io vi richiedo al nome di Dio ch'egli vi piaccia donarmi di che maritare le mie due figliuole che qui vedete, perch' io son diserto e sì non ho di che farlo per me. — E

Artaldo di Nogente, ch'era di drieto il Conte, disse
a quel Cavaliere: Sir Cavaliere, voi fate male di
domandare a Monsignore che vi doni, poi ch' egli
ha tanto donato che non ha più di che. E quando
il Conte ebbe ciò udito, egli si tornò verso Artaldo
e gli disse: Ser Villano, voi non dite mica vero dicendo ch' io non ho più che donare, perchè ho io
anche voi medesimo, ed ecco ch'io vi dono a lui:
tenete, Cavaliere, io lo vi dono, e bene ve lo sa-
prò guarentire. Di ciò il povero Cavaliero non fu
punto isbaìto, ma impugnò subito il ricco borghese
per sua cappa bene strettamente, e gli disse ch'egli
nol lascerebbe partire insino a che non gli avesse
finito di suo riscatto. E così fu veramente, che, se
volle uscirne, convennegli pagare sino a cinquecento
lire di moneta, e renderne in questo modo servite
le due figliuole del Cavaliere. Il che lasciando, se-
guiterò dicendovi che il secondo fratello di quel-
l'Errico il Largo fu Tibaldo, il quale fu Conte di
Blois, ed il terzo fu Stefano, il quale fu Conte di
Sanserre. E questi due fratelli tennero loro Contee
e Signorie dal loro fratello primo nato Errico il
Largo, e appresso lui dagli eredi suoi che tenevano
il paese di Sciampagna sino a che il Conte Tebaldo,
di che femmo menzione, le vendette a Re San Luigi,
come detto è qui davanti.

Capitolo IV.

Della gran Corte che 'l Re bandì a Salmuro, poi della fellonìa del Conte della Marca, e come questi ne fu punito.

Ora ritorneremo a nostro proposito e materia, e diremo che, appresso queste cose, il Re tenne una gran corte e magione aperta a Salmur in Angiò, e ciò ch'io ne dirò sarà di tutta verità per ciò ch'io vi era. E ben vi certifico che ciò fu la più impareggiabile cosa ch'io vedessi anche, e la più adorna ed apprestata. Alla tavola del Re mangiavano il Conte di Poitieri, cui egli avea fatto novellamente Cavaliere il giorno di Santo Giovanni che non ha guari era passato, il Conte Giovanni di Dreux ch'egli avea fatto altresì Cavaliere novello, il Conte della Marca e il Conte Piero di Brettagna. E ad un'altra tavola davanti il Re all'indiritto del Conte di Dreux, mangiava il Re di Navarra che molto era parato ed adorno di drappi d'oro in cotta e mantello, la cintura, il fermaglio e la corona d'oro fino, davanti il quale io trinciava. Davanti il Re San Luigi servivano del mangiare il Conte d'Artois e suo fratello, ed il buon Conte di Soissone, il quale trinciava del coltello: e per la tavola del Re guardare erano Messere Umberto di Belgioco, che poi fu Connestabile di Francia, e Messer Onorato di Coucy, e Messer Arcimbaldo di Borbone. E ci avea dietro questi tre Baroni ben trenta de'loro Cavalieri in cotte di drappo di seta per buona guardia, e dietro questi Cavalieri ci avea gran quan-

tità di Uscieri d'arme e di sala, che erano al Conte
di Poitieri e che portavano sue armi battute sopra zendado. Il re' si era abbigliato orrevolmente
il più ch'egli avea saputo farlo, sicchè saria cosa
meravigliosa e lunga a raccontare; a tanto che
udii dire a molti della compagnia che giammai essi
non avean veduto tanto di sorcotti nè d'altri
guarnimenti di drappo d'oro a una festa, com'egli
ci avea a quella là.

Appresso quella Festa il Re condusse il Conte
di Poitieri sino al detto loco di Poitieri per riprendere suoi feudi e signorie; ma uno inconveniente
arrivò allora al Re dal Signore della Marca, che
pure avea mangiato alla sua tavola a Salmur. Perchè assembrò egli segretamente gran genti d'arme
tanto quanto potè incontra il Re, e le rattenne a
Lesignano presso Poitieri. Il buon Re avrebbe ben
voluto essere a Parigi; e gli fu forza di soggiornare a Poitieri quindici giorni senza ch'egli ne
osasse sortire. E si diceva che il Re e 'l Conte di
Poitieri aveano fatto malvagia pace col Conte della
Marca. Perchè egli convenne che 'l Re, per accor-
darsi, andasse parlare al Conte della Marca ed alla
Reina d'Inghilterra sua donna, la quale era madre dello Re d'Inghilterra.

E tantosto appresso che 'l Re se ne fu ritornato di Poitieri a Parigi, non tardò guari che il
Re d'Inghilterra e il Conte della Marca si allearono insieme a guerreggiare contro il buon Re San
Luigi colla più gran compagnia di guerra ch'essi
poterono ammassare e soldare; e si recaro di

Guascogna davanti il castello di Taglieborgo, che è assiso sopra una molto maschia riviera che ha in nome Carenta, sulla quale non avea là presso che uno piccolo ponte di pietra assai stretto per ove si potesse passare. E quando il Re lo seppe, mosse e s'addirizzò verso loro a Taglieborgo. E sì tosto come le nostre genti appercepiro quelle dell'oste nimica che aveano dal loro lato il detto castello di Taglieborgo, incontanente molto perigliosamente si presero a passare gli uni per di sovra il ponte, gli altri per battelli, e cominciaro a correr sovra gli Inghilesi, ed a donare ed a ricevere grandi colpi. Il che veggendo il buon Re, se ne va egli in gran periglio a mettersi per mezzo gli altri. E bene ci avea il periglio molto grande perchè, per un uomo che 'l Re aveva quando e' fu passato, gl' Inghilesi ne aveano ben cento. Ma ciò non ostante quando essi Inghilesi videro il Re passato si cominciaro ad isbigottire così come Dio volle, e se n'entraro di dentro la città di Saintes. Ed egli avvenne che nella mislea ci ebbe alquanti di nostre genti per mezzo gl' Inghilesi che entraro con essi nella cittade e vi furono presi.

Donde poi ho udito dire ad alcuno di loro che in quella nottolata il Re d'Inghilterra e il Conte della Marca ebbero grande discordia l'uno all'altro nella detta cittade di Saintes, secondo che poterono intendere. E dicea lo Re d'Inghilterra che il Conte della Marca lo avea inviato chiedere dietro promessa ch' e' troverebbe in Francia grande favore e soccorso; il che non essendo, e facendone dibattimento, si mosse il Re d'Inghilterra della città di Saintes, e se ne andò in Guascogna d'onde s'era partito; sicchè vedendo il conte della Marca ch'egli era solo dimorato, e conoscendo ch'e' non poteva ammendare il mal fatto, si rese prigioniero del Re con sua donna e figliuoli. Donde poi avvenne che 'l Re n'ebbe gran quantità di terre dal Conte donandogli pace, ma io non so bene appunto chente e quali, per ciò ch'io non c'era presente, giacchè non avea allora vestito anche usbergo [1], e solo ho per udita che insieme alle terre il Conte quetò al Re ben diecimila lire di parigini di rendita che ciascun anno esso riceveva da lui.

CAPITOLO V.

Perchè e come il buon Re si crociò, e come con esso presi io anche la Croce.

Appresso queste cose avvenne che 'l Re cadde in una molto grande malattia istando a Parigi, e funne talmente al basso, siccome poscia gli udii raccontare, che l'una delle Dame che lo guardava in sua malattia, credendo ch'e' fusse trapassato, gli volle coprire il viso di uno lenzuolo, dicendo ch'egli era morto. E dell'altra parte del letto, in così come a Dio piacque, ci ebbe un'altra Dama, la quale non volle soffrire che gli fosse coverto il viso, e se gli desse sepoltura, ma sempre diceva che an-

---

1 Questa pace fu fermata nel 1242. I possessori di *feudo d'usbergo,* lo vestivano a 21 anni, cioè quando avevan raggiunta la maggiore età; dunque il n. a. sarà nato intorno il 1222.

cora gli bastava la vita. Sul che, durando il discordio di quelle Dame, di tratto il Signore operò in lui e gli donò la parola. E questa fu per dimandare che gli si apportasse la Croce, il che fu fatto. Or quando la buona Dama sua Madre seppe ch'egli avea ricovrato la parola, ella n'ebbe gioia sì grande che più non potea essere, ma quando, accorsa, il vide crociato, ne venne a meno così come s'ella l'avesse veduto morto [1].

E in quel tanto che 'l buon Re si crociò, si crociarono anche Roberto Conte d'Artois, Alfonso Conte di Poitieri, Carlo Conte d'Angiò che fu dappoi Re di Cicilia, i quali tutti tre erano fratelli del Re, ed Ugo Duca di Borgogna, Guglielmo Conte di Fiandra, suo fratello Guidone che poi non ha guari morì a Compiègne; il valente Conte Ugo di San Polo, Messer Gualtieri suo nipote, lo quale molto bene si portò oltre mare, ed avrebbe molto valuto, se avesse vissuto lungamente. Altresì fecero il Conte della Marca, di cui non ha guari parlammo, e Messere Ugo il Bruno e suo figliuolo il Conte di Salebruche, Messer Gualberto d'Aspromonte e' suoi fratelli. Nella compagnia del quale io Giovanni di Gionville, per ciò che eravamo cugini, passai il mare in una piccola nave che noi allogammo. Noi eravamo in tutto venti Cavalieri, de' quali di sua parte egli era il decimo, ed io il decimo di mia parte, e fu ciò appresso Pasqua l'anno di grazia 1248. Ma avanti la mia partenza io mandai a' miei

---

[1] La malattia del Re vien riferita all'anno 1243. I preparativi della Crociata durarono poi per più anni.

uomini e suggetti di Gionville che venissero tutto
dinanzi a me la vigilia della detta Pasqua, che
fu il giorno in che nacque Giovanni mio figliuolo
Signore di Ancarville, che fu della prima mia donna,
sorella del Conte di Gran Prato[1]. Io fui tutta la
settimana a fare feste e banchetti con mio fratello
Gioffredo Sire di Valcolore, e tutti li ricchi uomini
del paese che là erano, ed appresso che avevamo
bevuto e mangiato, dicevamo canzoni gli uni dopo
gli altri, e dimenavamo gran gioia ciascuno di sua
parte. Ma quando venne il Venerdì io dissi loro:
Signori, sappiate ch'io me ne vo oltre mare, e sì
non so s'io ritornerò giammai o no. Pertanto se
ci ha nullo tra voi a chi per avventura abbia fatto
alcun torto, e che si voglia lagnare di me, si
tragga avanti, perch'io lo voglio ammendare qual-
mente ho in costume di fare a coloro che si dol-
gono di me o di mie genti, siccome a voi tutti
è noto. Ed affinchè non avessi appoggio o vantaggio alcuno, durante il loro consiglio, mi tirai in
disparte, e ne volli credere tutto ciò ch'essi me ne
rapporterebbono senza nulla contraddizione[2]. E sì

---

1 Il n. a. s'era sposato giovinetto nel 1240 ad Alice sorella
d'Errico Conte di Gran Prato, e ne avea avuto due figliuoli prima
del suo passaggio per la Guerra Santa.

2 Si veda il Serventese di Guglielmo di Muro. Ray. Choix ec.
T. V. f. 203 ove tra l'altre cose si dice ai Crocesignati:

> Però ciascuno guardi come v'andrà guernito,
> Perchè Dio non vuole che coll'altrui guernimento,
> Di che altri a torto sia stato spossessato,
> Là passi null'uomo senza farne innanzi soddisfazione.
> Perch'io non credo che a tal uomo prometta
> Dio suo regno nè che suo amor gli doni,
> Sebbene là vada con arco e con saette
> Perchè il soldo che prende supera il suo guiderdone.

il faceva per ciò ch'io non voleva importare a torto
un solo danaio: talchè per fornire il mio caso
ingaggiai agli amici gran quantità di mia terra,
tanto ch'egli non mi dimorò punto più di mille dugento lire in rendita di terre, perchè Madama mia
Madre[1] viveva ancora, la quale teneva la più parte
delle mie cose in suo dotamento. Così partii io decimo de'Cavalieri miei, come vi ho detto dinanzi, con
tre bandiere: e questo vi ho raccontato io, per ciò
che se non fosse stato l'aiuto ed il soccorso di Dio,
che giammai non mi obbliò, io non avrei saputo
portare tal fascio quale fu il mio per lo tempo di sei
anni in che fui per la Terra Santa in pellegrinaggio.

Quando fui presto di partire, e tutto in quella
ch'io voleva movere, Giovanni Sire d'Aspromonte
e il Conte di Salebruche inviarono verso me a sapere s'io voleva che noi andassimo insieme, da che
essi erano tutto pronti coi Cavalieri loro. Ciò ch'io
avendo consentito molto volontieri, femmo, come
ho predetto, allogare una nave a Marsiglia, che ci
portò e condusse tutti insieme arnesi e cavalli.

E ben sappiate che avanti il partire il Re mandò
a Parigi tutti li Baroni di Francia, e loro fece fare fede
ed omaggio e giurare che lealtà essi porterebbono

Non credo già da Dio bene accolto,
Quel ricco che passi con li altrui doni,
Nè quegli che a torto ha li suoi spogliati,
O fa rubare per quell'occasione.
Perchè Dio sa tutto che porta nella sua bisaccia,
E se con torti va, travagliasi in vano,
Chè Dio vuol cuor fino con volontà netta
E che l'uomo passi per Lui, non per doni.

[1] Beatrice figlia di Stefano Conte di Borgogna e di Auxonne.

a' figliuoli suoi se alcuna mala cosa avvenisse di sua persona nel santo viaggio d'oltre mare. E similmente mandò egli a me; ma io che punto non era suggetto immediatamente a lui, ma rilevava dal Conte di Sciampagna, non volli fare alcun sagramento. E quando io volli partire e mettermi alla via, inviai cercare l'Abbate di Cheminone, che di quel tempo era tenuto il più produomo che fusse in tutto l'Ordine bianco [1] per riconcigliarmi a lui. Ed egli, poi che m'ebbe ascoltato, mi diè e cinse la mia scarsella, e mi mise il mio bordone alle mani. E tantosto io me ne partii di Gionville, senza che rientrassi unqua poi nel castello sino al ritorno del viaggio d'oltre mare; e me ne andai primamente a santi peregrinaggi che erano lì presso, cioè a Blecorte, a Sant'Urbano, ed in altri santi luoghi tutto a piè, scalzato e in pannucci. Ed in quella che, andando da Blecorte a Sant'Urbano, mi convenne ripassare d'appresso al castello di Gionville, io non osai anche tornar la faccia verso di quello per troppa paura d'averne siffatto cordoglio che il cuore mi s'intenerisse di ciò ch'io lasciava i miei due figliuoli e il mio bel castello dove era tutto de'miei e di me. Ma subito tirai oltre col Conte di Salebruche e con nostre genti e Cavalieri, e andammo desinare a Fontana-l'Arcivescovo davanti a Dongiò. E là lo Abbate di Sant'Urbano, a chi Dio faccia perdono, donò a me ed a'miei Cavalieri de'bei gioielli. [2] E poi prendemmo congedo da lui, e ce n'andammo dritto ad Ausonne, e colà mettemmo noi e

---

1 l.'Ordine Cisterciense.

2 *Gioiello* è piccolo e caro dono.

nostri arnesi in battello sulla Saonna sino a Lione,
e nostri cavalli e destrieri ammenavansi a mano
costeggiando la riviera. E quando fummo a Lione
noi là entrammo nella riviera del Rodano per andare in Arles il Bianco. Ed ho ben sovvenenza che,
di lungo la via sovra il Rodano, trovammo uno castello che l'uomo appellava Rocca vischiosa, lo
qual castello il Re avea fatto abbattere, per ciò che
il Sire di quello, che avea in nome Roggero, tenea
malvagio rinòmo di rubare e spogliare tutti li mer-
cadanti e pellegrini che passavano per colà.

CAPITOLO VI.

Come prendemmo il mare a Marsiglia, e come si navicò sino a Cipri.

Noi entrammo nel mese d'Agosto di quell'anno
nella nave alla Roccia di Marsiglia, e quella nave
era detta Uscieri, sicchè ne fu aperto l'uscio per
farvi entrare i nostri cavalli che dovevamo menare
oltre mare. E quando tutti furono entrati, l'uscio
fu rinchiuso e istoppato e impeciato, così come si
vorrebbe fare ad una botte da vino, per ciò che
quando la nave è in alto mare, tutto quell'uscio è
nell'acqua. E tantosto il Maestro della nave si gridò
a sue genti ch'erano al becco della nave [1]: Vostra
bisogna ènne presta, e siam noi al punto? Ed essi
rispuosero, che sì veramente. E quando li Preti e
Cherci furo entrati, egli li fece tutti montare nel
cassero della nave, e li pregò cantassero e lodassero

---

1 Al rostro, od a prua.

il nome di Dio sì che ci volesse tutti condurre
a bene. E tutti ad alta voce cominciaro a cantare
quel bell'inno *Veni Creator Spiritus* di motto in
motto; ed in cantando così li marinai fecero vela
da parte di Dio. E incontanente il vento s'imbottò
nella vela, di che la nave abrivando ci fè perder
di vista la terra sì che non vedemmo più che cielo
e mare: e ciascun giorno ci allontanavamo più del
luogo donde noi eravamo partiti, e più cresceva il
periglio. E per ciò io voglio ben dire che colui è
matto e folle, il quale sa avere qualcosa dello altrui od alcun peccato mortale nell'anima sua, e si
butta in tale risicoso dannaggio, perchè, se l'uomo
s'addorme a sera, egli punto non sa se al mattino
egli si troverà anche sulla nave, o sotto tutte
l'acque del mare.

Ora vi dirò la prima cosa meravigliosa che ci arrivò in mare. Ciò fu una gran montagna tutta ro-
tonda che noi trovammo davanti Barberìa intorno
l'ora di Vespro, e quando noi l'avemmo passata,
tirammo oltre tutta quella notte. Quando venne il
mattino noi pensavamo aver fatto ben cinquanta leghe e più, ma chè è che non è, noi ci trovammo
ancora davanti quella gran montagna. Chi funne
isbaìto ne fummo noi, e tantosto navigammo a gran
forza siccome innanzi tutto quel giorno e la notte
seguente; ma ciò fu tutt'uno, perchè noi ci trovammo ancor là. Allora ne fummo più di prima i-
smarriti, e temevamo esser tutti in forte periglio di
morte, perchè e' marinai dicevano che tantosto li
Saracini di Barberìa ci verrebbono a correr sopra.

In quella ci ebbe un prod'uomo di Chiesa assai buono che venia detto il Decano di Maurù, il quale ci disse: Signori, giammai in parrocchia alcuna io non vidi persecuzione per forza o per diffalta d'acqua, o per altro bisogno od inconveniente, che, quando lo si avesse fatto devotamente a Dio la processione per tre volte in dì di Sabbato, che il buon Dio e la Santa sua Madre non le deliverasse di male e non le rammenasse a ciò appunto che domandavano. Or sappiate che quel dì era Sabbato, perchè tantosto cominciammo a far processione allo 'ntorno degli alberi della Nave. E ben mi sovviene ch'io stesso mi fei menare sorreggendomi sotto le braccia per ciò ch'io era molto fievole per malattia. E incontanente cominciammo a perdere la vista di quella montagna, e fummo in Cipri il terzo Sabbato da che fu fatta nostra terza processione.

CAPITOLO VII.
Di ciò che avvenne nel nostro soggiorno in Cipri.

Quando fummo arrivati in Cipri, il buon Re San Luigi era già là, e vi avea fatto fare provvisione di viveri a grande abbondanza. Perchè voi avreste detto che quei cellieri, quand'uomo li vedeva da lunge, fossero anzi grandi magioni, tanto s'ammontavano le une sulle altre le botti e le carrate di vino che le sue genti aveano acquistate da due anni innanzi, e che ora si levavano per mezzo i campi. E similmente era dei granai di frumento, orzo ed altre biade che erano altresì ammonticellati

4

ne' campi, i quali granai alla vista rendean sembianza di poggi tanto n'eran larghe ed alte le biche. E saper dovete che bene avreste creduto che fussero stati poggi, giacchè la pioggia, che avea battute le biade da lungo tempo, le avea fatte germinare tutto al di sopra, talmente che non ne parea che la verdezza dell'erba. Ed egli avvenne che quando si volle levare il biado di là per menarlo in Egitto ove andava tutta l'oste del Re, se ne abbattè al di sopra la crosta erbosa, e si trovò il biado al di sotto sì bello e fresco come se e'non ha guari fusse stato trebbiato. Frattanto il buon Re avea tal desiderio di andare in Egitto senza soggiornare che s'e' non fussono stati li Baroni, e gli altri suoi prossimani, che là gli fecero attendere l'accolta di sue genti che erano tuttavia attardate, egli sarebbesene partito solo od a ben poco di compagnia.

Mentre che 'l Re soggiornava in Cipri, il Gran Re di Tartarìa inviò verso lui un' Ambasciata, e li Ambasciadori gli dissero di molte buone parole, non ostante che per avventura non ne fusse l'intenzione altresì dibonàre. Tra le quali parole mandavagli il Re di Tartarìa ch'egli era tutto presto ed al suo comando per atarlo a conquistare la Terra Santa e deliberare Gerusalemme delle mani de'Saracini e de'Pagani. Il Re ricevve benignamente tale Ambasciata, ed inviò parimente di sue genti in Ambascieria verso quel Re di Tartarìa e questi furono due anni avanti ch'e'ritornassono. Ed inviò il Re al Tartarino una tenda fatta alla guisa d'una Cappella, la quale era molto ricca e ben fatta tutta di

buono scarlatto fine. E ciò faceva per vedere s'egli
potesse attrarre esso Re e sue genti alla nostra fede
e credenza. Perchè e' vi fece intagliare e ritrarre
per imagine l'Annunciazione della Vergine Madre
di Dio con tutti gli altri punti principali della Fede.
E portarono la detta tenda duo Fratelli Minori che
intendevano il linguaggio Saracinesco, che furono
scelti dal Re perchè potessono confortarlo, ed inse-
gnargli comente e' doveva credere la buona fede
di Dio. E ben sappiate che quando finalmente li due
Fratelli Minori ritornarono di verso il Re, s'addiriz-
zarono ad Acri credendo trovarvelo, ma poi ch'egli
era già a Cesarea, se ne rivennero in Francia sen-
z'altro. Ora il sapere siccome gli altri messaggeri,
che 'l Re insieme coi detti Fratelli avea trammessi
in Tartarìa, vi furono ricevuti, sarebbe meraviglia
a raccontare, in così come l'ho udito narrare al
Re, ed a quegli stessi dappoi molte volte secondo
ch'io li inchiedeva; ma non ne dirò qui niente, per
tema d'interrompere il principale della mia inco-
minciata materia.

Voi dovete dunque sapere che del tempo che
partii di Francia per venire oltre mare, io non teneva allora punto più di mille dugento lire di rendita, e sì mi caricai di nove Cavalieri, di cui io era
il decimo, con tre bandiere, come v'ho detto qui
innanzi. E quando fui arrivato in Cipri io non avea
più che dugento quaranta lire tornesi che in oro
che in argento, dopo che n'ebbi pagato il naulo
dell'Uscieri. Talmente che alcuni de' miei Cavalieri
mi dissero ch'e' mi abbandonerebbono se non mi

provvedessi di moneta. Allora fui qualche poco i-
smarrito in mio coraggio, ma pur mantenni sempre
fidanza in Dio. E n'ebbi pro, perchè quando il buon
Re San Luigi seppe la mia distretta, sì inviò che-
rendomi, e ritenutomi a lui, mi donò il buon Signore ottocento lire tornesi, di che ringraziai Dio,
perch'io avea già più moneta ch'egli non me ne
facesse bisogno.

Capitolo VIII.
Dove si parla per inframmessa dei Soldani d'Oltremare.

E a questo luogo, poich'egli sarà occorrenza in
seguito di parlare de'Principi d'oltre mare, sì vi
dirò io alcuna cosa di loro stato e possanza, e primieramente del Soldano d'Iconio. Questo Soldano
era il più possente Re di Paganìa, e fece fare una
cosa molto meravigliosa; perch'egli fe' fondere una
parte di suo oro, e ne fe' empire de' gran vaselli alla
guisa di quegli orci di terra là ove si mette il vino
oltre mare; e poi appresso egli fe' ispezzare detti
vaselli che bene avrebbon tenuto tre o quattro mog-
gia di vino, e lasciò il tutto a scoverto in un suo
castello, sicchè ciascuno che vi entrava poteva vedere e toccare le masse dell'oro sovrastare lo in-
frantume degli orci. E si diceva ch'egli avea ben
sei o sette di cotali grandi vaselli d'oro. E di vero
la sua molta ricchezza apparve bene in un padiglione che 'l Re d'Armenia inviò al Re di Francia
che allora era in Cipri. Il padiglione era stimato
valere cinquecento lire, e gli mandò dicendo il Re
d'Armenia che l'uno de' Sergenti del Soldano d'I-

conio glielo aveva donato. E dovete sapere che questo Sergente era quello che avea in guardia e governo li padiglioni del Soldano, e che avea il carico di fargli rinettare ciascun dì le sue sale e magioni.

Ora quel Re d'Armenia, poichè era quasi in servaggio verso il Soldano d'Iconio, se n'andò al Gran Re di Tartaria, e gli contò comente senza posa quel Soldano d'Iconio gli faceva la guerra e lo teneva in grande servaggio, ed il venne pregando che nel volesse soccorrere ed atare. E qualora gli donasse balìa su grossa mano di sue genti d'arme, gli disse ch'egli era contento d'essere suo uomo assoggettato. Ciò che'l Re di Tartaria volle fare assai volentieri, e gli cedè gran numero di genti d'arme. Allora se n'andò il Re d'Armenia a tutte sue genti combattere col Soldano d'Iconio e avevano assai possanza l'uno per l'altro. Ma gli Armeniani ed i Tartarini disfecero a fondo l'oste del Soldano, e talmente fece lo re d'Armenia, seguitando il corso della vittoria, ch'egli si tolse quind'innanzi di sua servitù e suggezione. E per la grande nomèa ch'era in Cipri di quella battaglia, ci ebbe molti di nostre genti che passarono in Armenia per andare in quella guerra a guadagnare e profittare, ma di coloro unqua più non se ne udiro novelle.

Anche del Soldano di Babilonia vi dirò io. Egli si pensava che 'l Re andasse guerreggiare il Soldano di Hamano, ch'era suo antico nimico; e così attese sino al tempo novello*per volersi giungere con lui ad andare contra il detto Soldano di Hamano. Ma quando il Soldano di Babilonia vide che'l Re non veniva verso lui, si partì egli e andò assediare l'altro Soldano davanti la città di Hamano medesima ove elli era. E questi come si vide così assediato, egli non seppe troppo bene di qual modo venirne a capo, perchè ben sapeva che se il Soldano di Babilonia vi durasse lungamente, certo il conquisterebbe e il confonderebbe. Ma egli fece tanto per doni e promesse ad uno de' Valletti di Camera del detto Soldano di Babilonia, a chi egli parlò, che il fece avvelenare. E la maniera del farlo fu che questo Valletto di camera, il quale, secondo lor modo, era detto in tale officio il Sergente, conoscendo come soventi fiate, appresso che il Soldano avea giucato agli scacchi, egli s'andava a stendere sur una stuoia che era al piè del suo letto, tanto si procacciò destramente che la invelenì tutta di tossico. Ora avvenne che il Soldano tutto scalzato si mise su quella stuoia attossicata, e stornossi sovr'una scalfittura malignosa ch'egli avea ad una gamba, e incontanente il veleno gli entrò pel mal scalfitto nel corpo talmente ch'egli divenne tutto attrappito di quel lato del corpo a cui era la gamba offesa, e quando finalmente il veleno lo punse al cuore egli era ben istato duo dì senza bere, senza mangiare e senza dir motto. E per tal modo il Soldano di Hamano dimorò in pace, e bisognò che il malescio Soldano di Babilonia fusse ammenato per sue genti in Egitto.

CAPITOLO IX.

Come ci ismovemmo di Cipri, e venimmo in vista di Damiata in Egitto.

Tantosto che fummo al buon mese ¹ egli fu gridato e fatto comandamento, da parte il Re, che
tutti i navigli fussero ricaricati di viveri per esser
presti a partire quando esso Re indicherebbelo. E
quando la cosa fue fatta e compiuta, il Re, la Reina
e tutte sue genti, si ritiraro ciascuno nella sua
nave. Ed il proprio Venerdì innanzi la Pentecoste
di quell'anno, il Re fece gridare che tutti tirassono
appresso lui la dimane, e che si ferisse dritto in
Egitto. E la dimane appunto giorno di Sabbato
tutte le navi si partirono e fecer vela, il che era
piacevole e insieme mirabil cosa a vedere, perch' e-
gli sembrava che tutto il mare, tanto che si poteva
vedere, fusse coverto di tele per la gran quantitade
di vele ch'erano donate al vento, e ci avea ben
mille ottocento vascelli che grandi che piccoli.

Il Re arrivò il giorno di Pentecoste ad un pro-
montorio che si appellava la Punta di Limessone
cogli altri vascelli dintorno a lui, e discesero a terra ed udiro la Messa. Ma grande isconforto arrivò a
quella volta, perchè di ben duemila ottocento Cavalieri ch'erano partiti per andare appresso il Re,
non se ne trovaro con lui a terra che settecento, e
tutto il dimorante uno vento orribile, che a modo
di scïone o di remolino, venne di verso Egitto, li
separò di loro via e della compagnia del Re, e li

¹ Nell'Aprile del 1249.

gittò in Acrí ed in altri strani paesi, e non li rivide
il Re da lungo tempo. Donde elli e sua compagnia furono tutta quella giornata molto dolenti e isbaìti perchè li credevano o tutti morti od in grande periglio.

La dimane dappoi la Pentecoste il mal vento
era bastato e spirava a grado, perchè il Re e noi
tutti che eravamo con lui femmo vela da parte di
Dio per tirar sempre avanti. Ed egli avvenne che, in
andando, noi rincontrammo il Principe della Morea
e il Duca di Borgogna insieme, li quali aveano parimente soggiornato in un luogo della Morea. Ed
arrivò il Re e sua Compagnia a Damiata il lunedì
appresso la Pentecoste, là appunto ove ad atten-
derci era gran compagnia; perchè sulla riva del
mare noi trovammo tutta la possanza del Soldano
che era molto bella gente a riguardare.

Lo Almirante che comandavale portava armi
di fino oro lucentissime così che quando il Sole le
colpiva, il ridonavano agli occhi tanto da farlo pa-
rere un altro Sole, ed il tumulto che menavano
con loro corni e nacchere era una cosa molto spa-
ventevole ad udire e molto strania a' Franzesi.

Ciò veggendo il Re appellò tutti suoi Baroni e
Consiglieri per sapere ciò che si dovea fare, ed essi
lo consigliarono che attendesse sue genti a rivenire, per ciò che di sua oste non gli era rimasa la
terza parte per la fortuna del vento di che v'ho
detto di sopra. Ma il Re non volle di ciò niente u-
dire nè credere, anzi diceva che pur ciò facendo
egli donerebbe coraggio a' nemici suoi, ed avvertiva insieme come non v'avesse colà alcun porto

di mare al quale discendere per attendervi sue genti
a sigurtade, sicchè aggiugneva che bene una nuova
rapina di vento ci poteva sorprendere, e sbandarci
e gittarci lunge qua e là in istrani paesi, come egli
era avvenuto de' suoi Cavalieri l'ultima Pentecoste.
Sicchè fu accordato, al suo avviso e piacere, che
il venerdì innanzi la Trinità il Re scenderebbe, ed
andrebbe combattere contro a' Saracini se pure ardissono di fronteggiarlo. E comandò il Re a Monsignore Giovanni di Belmonte ch'e' facesse dare a
Monsignore Airardo di Brienne, con chi io era, una
galea per discendervi noi e nostre genti d'arme,
perciò che gli uscieri non potevano, per la sotti-
gliezza del mare, attingere alla terra. Ed in così
come Dio volle io mi lasciai della mia nave calare
in una piccola galea che mi pensava aver perduta,
ove stavano otto de' miei cavalli. La qual galeotta
m'avea donato Madama di Bairuth, la quale era
cugina germana del Conte di Montebelial: ed al
venerdì Monsignore Airardo di Brienne ed io tutti
armati movemmo di verso il Re per domandargli
la detta galea ch'egli ci aveva innanzi ottriata. Ma
Messer Giovanni di Belmonte ci rispose, presente
il Re, che noi non n'avremmo punto. Il che vi ho
voluto dire perchè sappiate che il buon Re aveva
altrettanto affare a trattenere in pace sue genti
come egli n'avea a sopportare sue fortune e sue
perdite.

Quando le nostre genti videro che noi non
ammenavamo punto di galee, essi si lasciarono cadere nella galeotta a gran forza, di che i marinai

veggendo ch'ella affonderebbe a poco a poco nel
mare, si ritirarono nella nave, e ci abbandonarono
coi Cavalieri nella piccola barca. Allora io m'isgridai
e domandai al Maestro di quanto egli avea troppo
di gente nella galeotta, ed egli mi disse ch'egli ce
n'avea troppo di diciotto uomini d'arme. Perchè
tantosto ne la scaricai d'altrettanti e li misi nella
nave ove erano i miei cavalli. Ed in quella ch'io facea eseguire un tal tramenìo, un Cavaliero fu, che
era a Monsignor Airarto di Brienne, nomato Plu-
chetto, il quale per seguirci, volle al tutto discendere della gran nave nella barca, ma la barca
s'allontanava, ed il Cavaliero cadde armato in
mare e annegò.

Capitolo X.

Come si ferì alla terra contro lo sforzo de' Saracini, e perchè questi fuggironsi e ci lasciaron Damiata.

Allora noi cominciammo a navigare per di dietro la barca della gran nave del Re e andammo alla
terra. E tantosto che le genti del Re, le quali feri-
vano alla terra come noi, videro che noi andavamo
più tosto ch'elli non facevano, ci gridarono di sostenere sì che arrivasse l'insegna di San Dionigi;
ma io non ne li volli credere, anzi ci lasciammo
correre davanti ad una grossa battaglia di Saracini
e di Turchi, là ove egli ci avea bene sei mila uomini a cavallo. Li quali, sì tosto che ci videro
ferire alla terra, toccarono degli sproni diritto a
noi. E noi ficcammo il calcio delle nostre lancie a
terra nella sabbia, e rivolgendo loro le punte e

covrendoci degli scudi ne attendemmo l'impeto:
ma come essi videro ciò, e che noi prendevamo
terra 'tuttavia, tornarono di tratto le briglie e
fuggirono,

Il buon produomo Messer Baldovino di Reims,
tosto ch'e' fu sceso a terra, mi mandò dicendo per
l'uno de' suoi Scudieri ch'io l'attendessi; ed io gli
mandai pel suo messaggero medesimo che assai
volentieri il farei, e che un sì valente uomo quale
egli era valeva bene d'essere atteso: donde egli mi
seppe grado tutta sua vita. E tantosto arrivò egli
in nostra compagnia con gran numero di Cavalieri. E ben sappiate che per gl'inconvenienti ch'io
vi ho messo in conto, quando fui a terra non avea
meco allora di tutte le genti che avea menato di
mie terre, nè pedone nè cavaliere: ma non perciò
Dio m'ebbe sempre atato di sua grazia, donde io
ne lo lodo e ringrazio.

Alla nostra mano sinistra arrivò il Conte di Giaffa, il quale era cugino germano del Conte di Monbe-
lial e del lignaggio della Casa di Gionville. Questo
Conte di Giaffa arrivò molto nobilmente a terra,
perchè la sua galea era tutta pinta di dentro e di
fuora agli scudi dell'armi sue, le quali armi son
d'oro ad una croce di rosso appastato. Egli avea
ben trecento marinai nella sua galea, de' quali
ciascuno portava una targa a sue armi, ed a ciascuna targa ci avea su un pennoncello de' suoi colori, sicchè quando correva sul mare era bello a
vedere e ad intendere, a cagione dello sbattìto che
menavano i pennoncelli e così del bombo di nacchere

taballi e corni saracineschi ch'egli aveva in sulla
galea. E sì tosto che questa ebbe ferito nella sabbia
il più avanti che vi potè essere impinta, egli e suoi
cavalieri e genti di guerra ne uscirono molto bene
armati ed in punto, e vennero ad arringarsi di costa
a noi. E prestamente fece il Conte di Giaffa tendere
suoi padiglioni; perchè i Saracini, quando li videro
tesi, si assembraro in gran numero e rivennero
correndo contro di noi a gran battuta di sproni: ma
come e' conobbero che noi punto non ce ne ispa-
ventavamo, e che anzi li attendevamo di piè fermo
e in silenzio, ed essi da capo ci tornarono il dosso e
se ne fuggirono a dreto.

Alla man destra arrivò allora la galea della ri-
verita insegna di San Dionigi, a bene una portata
di ballestra da noi. Ed egli avvenne che, siccome
ella toccò terra, un Saracino si mosse a furia contro le genti di quella galea, il facesse egli o per
non potere suo bizzarro cavallo arrestare, o perchè
pensava aver soccorso da' suoi: ma certo è bene
che il poveretto ne fu tantosto morto e ispezzato.
Quando il buon Re San Luigi seppe che la insegna
di San Dionigi già era sulla terra, egli sortì del
suo vascello che era già presso della riva, e non si
diè tanto d'agio che il vascello ove egli era mor-
desse piaggia, anzi, oltre il grado del Legato che
era con lui [1], se ne gittò fuora nel mare; e fu
nell'acqua sino alle spalle, e montò all'incalzo suo
scudo al collo, suo elmo in testa e sua lancia in
pugno. E quando ebbe aggiunte sue genti, scorse

[1] Odone Vescovo di Tusculo.

dal suo lato una battaglia d'armati, e domandò chi fussero, e poi che gli dissero ch'erano Turchi e Saracini, ed egli pensò d'incorrer lor sopra tutto solo, ma le sue genti il fecero dimorare sino a che tutti i suoi cavalieri fossero ai luoghi loro ed apprestati alla mislèa.

Tantosto inviarono li Saracini verso il Soldano di Babilonia un loro messaggero, per fargli assapere che il Re era arrivato. Per tre volte ripeterono il messaggio, ma anche risposta non ne ebbero perchè il Soldano era fieramente malato. Il che vedendo li Saracini, e pensando che il loro Soldano fusse morto, abbandonaro la città di Damiata. Quando il Re ne udì la novella egli inviò un suo Cavaliero per saperne il vero sino a Damiata. E ben presto ritornò il Cavaliero di verso il Re e gli rapportò ch'egli era il vero ch'e' fusse morto, e che se n'erano fuggiti li Saracini, e ch'egli era stato sin dentro loro magioni. Allora il Re fece appellare il Legato, e tutti i Prelati dell'oste e fece cantare *Te Deum laudamus* tutto al lungo, e poi montò a cavallo insieme con noi, e ce n'andammo ad alloggiare davanti Damiata. I Turchi male avvertiti partirono troppo subitani, sicchè non ci tagliaro i ponti delle navi ch'essi avean fatto, donde gran dispiacere ci avrebbon recato; ma bene per altra via essi ci fecero molto gran male e dannaggio, di ciò ch'essi buttaro il fuoco per tutti i lati della *Fonda*, là ove tutte loro mercatanzie erano e il loro avere di pregio, ch'essi fecero cautelosamente abbruciare, di paura che noi ce ne fussimo in modo

alcuno avanzati [1]. E fu una cosa stessa come chi
buttasse domani il fuoco nella ruga del Piccol Ponte a Parigi, di che Dio ci guardi.

Capitolo XI.

Dell'obblio in che fu lasciata la grazia fattaci da Dio nel donarci Damiata.

Ora diciamo in noi medesimi qual grazia ci fece
Dio nostro Creatore quand'egli ci difese di morte e
di periglio allo arrivare che femmo, allorchè noi
tuttavia a piè, corremmo a gioia sovra i nostri nimici che bene erano a cavallo? E qual altra più
grande grazia ci fece il buon Signor Nostro, quan-
d'elli ci liverò [2] Damiata senza danno de' nostri
corpi, la quale giammai non avremmo potuto a-
vere, se non l'avessimo ottenuta per affamare?
Certo la grazia è molto grande, e bene il possiamo
dire e vedere tutto chiaramente.

Il Re Giovanni ben l'avea altra fiata presa per
fame al tempo de' nostri predecessori; ma nel fatto
nostro io dubito che il buon Signore Iddio possa

---

1 Se *Funda* si trova usato per *Borsa* dai neolatini, donde la
fonda de' nostri antichi per *crumena* (ora ristretta a denotare la
custodia delle pistole), è certo altresì che presso i Saracini *Al-
fondiga* valse ciò che presso noi il *Mercato*, o la *Borsa dei Mer-
canti*. Di qui il nostro *Fondaco*, il franzese *fondics*, così spiegato
nell'Itinerario Turcico — Les Fondics sont Magazins ou se serrent
les marchandises qui sont apportées des Indes et de Perse par la
voie d'Alep..... les Marchands y logent aussi — Il *fondachiere* od
il *fondacaio* de' nostri trecentisti risponde dunque al *fundicarius*
od al *fundegarius* delle Carte anteriori Siciliane o Marsigliesi.

2 *Liverare* per *abbandonare*, usato nel Volgarizzamento delle
Decadi di Livio ed altrove.

altrettanto dire di noi come egli disse de' figliuoli
d'Israello, quando li ebbe condotti e menati nella
Terra di promissione, perchè elli rimproverò loro,
dicendo: *et pro nihilo habuerunt terram deside-*
rabilem, con ciò che segue. Ed e'lo diceva perciò
ch'essi l'aveano obbliato, ed egli loro avea tanto
fatto di bene, poichè li aveva salvati e messi fuora
della cattività di Faraone, e donati della Terra
promessa: ed altresì potrà egli aver detto di noi,
che tosto l'obbliammo come sarà detto qui appresso.

E comincerò nella persona stessa del Re, il quale
fece convocare e appellare tutti suoi Baroni, e
Prelati ch'erano venuti con lui, e loro domandò
consiglio sul che dovea fare dei beni ch'avea trovati nella città di Damiata, e com'essi si doveano
dispartire. Un Patriarca, che là era, parlò il primiero e gli disse[1]: Sire, e'mi sembra ch'egli è
buono che voi riteniate tutto il frumento, orzo,
riso ed altri viveri, affinchè la cittade non ne di-
mori isguernita, e che voi facciate gridar nell'oste
che tutti gli altri mobili sieno apportati nella magione del Legato sotto pena di scomunicazione. Al
quale consiglio si accordaro tutti li Baroni e gli altri: pel che fu fatto così. E ne furo trovati valere
li beni mobili apportati presso il Legato intorno a
sei mila lire. E quando tutto fu assembrato nella
magione del detto Legato, il Re ed i Baroni inviarono chiedere il buon produomo Messer Giovanni
di Valeri. E quand'elli fu venuto, il Re gli disse
ciò ch'egli avea fatto, e come gli era stato trovato

---

[1] Guido di Puglia Patriarca di Gerusalemme.

pel suo Consilio che il Legato darebbegli le sei mila
lire che valevano i mobili apportati al medesimo, affinchè egli le dispartisse là ove stimasse doversi ciò
far per ragione, e fussero il meglio impiegate. Sire,
disse allora il prod'uomo, io vi ringrazio molto u-
milmente dell'onore che mi fate: ma ciò non vi
spiaccia, chè l'offerta non prenderò io punto. Già
se a Dio piace, non disfarò io li buoni costumi antichi, e tali che li han tenuti i nostri predecessori
in Terra Santa. Perchè quando essi avean preso sugli inimici alcuna cittade o guadagnato alcun grosso
bottino, di tali beni che si trovavano in tale città
il Re non ne dovea avere che il terzo, e le due
parti ne doveano avere i pellegrini. E questa costuma tenne molto bene lo Re Giovanni quando altra fiata elli prese Damiata [1]. Ed in così ch'io ho
udito dire a'miei antenati, il Re di Gerusalemme
che fu davanti lo Re Giovanni tenne questa costuma altresì senza fallirvi d'un punto. Ora avvi-
sate; e se voi mi volete assegnare le due parti del
frumento, orzo, riso, e delle altre cose che avete
ritenute, ed io assai volentieri le dispenserò ai pellegrini per lo onore di Dio, e per mantenenza del-
l'antica costuma. Il Re non ebbe per aggradevole
questo consiglio, e dimorò la cosa così, donde
molte genti si tennero assai mal contente del Re,
di che egli avea rotte le buone antiche costumanze.

Le genti del Re, quando furono a loro agio e bene
alloggiate; esse, che avrebbon dovuto intertenere

---

1 Giovanni di Brienne Re di Gerusalemme prese Damiata nel
Novembre del 1219.

dibonarmente li mercatanti e' seguenti l'oste con loro derrate e mercatanzie, allogarono invece e appaltaro ai medesimi le stazzone e li fondachi per vendervi le mercatanzie loro così care come fare il poteano. Donde avvenne che la noméa di ciò si sparse nelle istranie terre, e giunse a coloro che volean di lontani paesi menar viveri all'oste, i quali perciò dimoraronsi del venire, il che apportò un molto gran male e dannaggio.

Li Baroni, Cavalieri ed altri ch'avrebbon dovuto guardare diligentemente il lor bene, e farne sparagno per soccorrersene in luogo ed in tempo, si presero a far grandi banchetti gli uni agli altri in abbondanza di deliziose vivande. Ed il comune popolo scapestrandosi si prese a forzare e violare donne e donzelle, donde uscinne gran male. Perchè egli bisognò che 'l Re ne donasse congedo a tutto spiano di sue genti ed officiali, poichè, siccome esso buon Re mi disse, egli trovò sino a uno gitto di pietra, presso e allo intorno del suo padiglione, molti bordelli [1] che le sue genti teneanvi, ed altri mali assai più che in oste egli avesse mai visto.

---

1 Il Signore di du Cange scrive a questo luogo — Le mot de *Bordel,* pour designer un lieu infame, *lupanar,* vient de ce qu'ordinairement les garces et autres gens de cette farine habitoient les petites maisons, qu'en vieux langage François on nommoit *bordels,* du diminutif de *Borde,* qui signifie *maison;* et probablement a estè empruntè du *Bord* des Saxons-Anglois, ou ce mot a la même signification. —

Capitolo XII.

Di ciò che avvenne sino a che stemmo a campo presso
Damiata.

Ma or riveniamo al principale di nostra materia
e diciamo così. Quando noi fummo così stati in questa città di Damiata, il Soldano, con esso uno grosso
esercito, assalì nostr'oste di verso terra. E incontanente lo Re e sue genti d'arme s'armaro e misono
in punto. Ed a fine di difendere che li Turchi non si
mettessero negli alloggiamenti che avevamo al campo, io andai verso il Re tutto armato, lo quale io
trovai parimente armato, e così tutti suoi Cavalieri che sedevano appancati d'intorno a lui. E
gli richiesi umilmente ch' e' mi donasse congedo
d'andare colle mie genti sino fuora dell'oste a
fedire sui Saracini. Ma tantosto che Messer Giovanni di Belmonte ebbe udito la mia richiesta, egli
isgridò molto forte, e mi comandò da parte lo Re,
ch'io non fossi sì ardito d'uscire del mio alloggiamento sino a che esso Re mel comandasse. E qui
dovete sapere che col Re ci avea otto buoni Cavalieri e valenti, i quali aveano avuto e guadagnato
molte fiate lo pregio dell'armi tanto di qua il mare
che oltre mare, e solevali l'uomo appellare li buoni
Cavalieri. Dentro li quali eravi Messer Gioffredo
di Sargines, Messer Matteo di Marly, Messer Filippo di Nantolio, e Messere Imberto di Belgioco
Connestabile di Francia, li quali non c'eran mica
a quel giorno, ma erano al campo fuora dell'oste,
e così il Maestro de'Ballestrieri con gran quanti-

tade di genti d'arme per guardare così che li Turchi non s'approcciassero di nostr'oste. — Ed egli avvenne che Messer Gualtieri d'Autreche si fece armare di tutto punto e donare suo scudo e sua lancia e montò a cavallo, e tantosto fece sostenere le cortine del suo paviglione, ed uscitone, ferì degli sproni correndo contra li Turchi. Ed in così ch'elli partì del paviglione tutto soletto, all'infuori d'un suo uomo nomato Castillione, ecco il suo cavallo di battaglia provare il vento colle nari, e sbuffare e barberare, e gittarlo a terra tutto disteso, e fuggire a furia coverto di sue armi verso i nimici. E ben sappiate come, sendo la più parte de' Saracini montati sovra giumente, per ciò fu che il cavallo guaragno fiutolle, e volle correre a quelle in caldo ed in bizzarria. Ed udii dire a coloro che ciò avean visto che quattro Turchi vennero al Signore d'Autreche che giaceva a terra stordito, ed in passando e ripassando davanti a lui gli diedero sopra dei gran colpi di mazza, di che talmente ne fu in periglio che là ne sarebbe stato morto, se il Connestabile di Francia non lo fusse andato soccorrere con alquanti delle genti del Re che avea alla sua guida. Fu egli rimenato a braccia nel suo paviglione donde era partito pur dianzi, e talmente era naverato e pesto de' gran colpi di mazza che avea sofferto, ch'elli non potea più parlare. Tantosto furongli addirizzati alquanti Medici e Cirugiani [1], i quali, poi che non parve loro in fin di vita, gli

---

[1] Così per *Cerusici* ha Ser Zucchero Bencivenni nel suo Volgarizzamento di Rasis.

trasser sangue del braccio, donde male ne prese;
perchè, quando venne la sera, taluno mi pregò che
noi l'andassimo vedere per ciò ch'egli era uomo di
gran rinòmo e valenza. Ciò ch'io feci assai volentieri e andammo verso di lui. Ed entrando nel suo
paviglione, l'uno de'suoi scudieri ci venne dire allo
incontra che noi sostenessimo il piede di paura di
risvegliarlo. Ciò che noi femmo, ed appressandoci
bellamente il trovammo giacente sul suo covertoio
di vaio minuto di cui era tutto inviluppato, perchè
allora noi tirammo tutto a cheto verso dove tenea
la faccia, ed affiatatolo, il trovammo morto. Di che
noi e molti fummo tutto dolenti di aver perduto un
così produomo. E quando fu detto al Re, egli rispose, che non ne vorrebbe mica avere alquanti che
altresì fussero caparbii e disobbedienti a'suoi comandamenti come era stato quel Signore d'Autreche, il quale per suo difetto medesimo s'era fatto
uccidere.

Ora sappiate che il Soldano donava di ciascuna
testa di Cristiano, a chi gliela portava, un bisante
d'oro; donde codesti traditori Saracini entravano
la notte a furto nell'oste nostra, e là dove trovavano genti che dormiano spartate tagliavan loro la
testa: sicchè avvenne ch'e'sorpresono ed uccisero
la guaita o scolta del Signore di Corcenay, e ne
asportaro la testa e lasciarono il corpo giacente
sovra una tavola. E dovete anche sapere ch'essi
conoscevano a punto l'andazzo dell'oste nostra,
perchè le varie battaglie di nostre genti per compagnie agguatavano, ciascuna la sera sua, tutto

intorno l'oste a cavallo l'una appresso l'altra; ed i
Saracini che conoscevano questo andazzo, entravano nell'oste appresso che il guaraguato a cavallo
era passato, e facevano segretamente molti mali e
molti micìdi. E quando il Re fu di ciò avvertito, e-
gli ordinò che da quell'ora innanzi, coloro che solevano fare il guato a cavallo, sì il farebbono a piede:
di che la nostr'oste ne venne poi molto serrata e
tenuta sì unita che ciascuno vi s'intrattoccava
senza che vi vaneggiasse uno spiazzo solo.

E fummo così lungamente a Damiata perchè il
Re non trovava punto in suo Consiglio ch'egli dovesse tirar oltre, sino a che fusse venuto suo fratello il Conte di Poitieri, che il vento avea ammenato
in Acri come vi ho detto qui davanti, perciò ch'elli
aveva con lui tutto il retrobando di Francia. E di
paura che li Turchi non si ferissero e traforassero
per mezzo l'oste coi cavalli loro, il Re fece chiudere il parco dell'oste di grandi fossati, e sui ter-
ragli ci aveano ballestrieri a forza ed altre genti
che agguatavano la notte com'io vi ho detto.

La festa di San Remigio fu passata avanti che
alcune novelle venissero del Conte di Poitieri e di
sue genti; donde il Re e tutti quelli dell'oste ne furono in gran misagio e sconforto, perciò che dubi-
tavansi, nol vedendo venire altrimenti, ch'ellino
fusser morti od in grave pericolo. Allora mi sovvenne del buon Decano di Maurù, e raccontai al
Legato come per tre processioni ch'egli ci avea
fatto fare sulla nave, noi fummo liberati del grande periglio in che eravamo. Il Legato accolse il

consiglio, e fe'gridare tre processioni nell'oste che si farebbono per tre Sabbati. La prima processione cominciò dalla magione d'esso Legato e andarono al Tempio di Nostra Donna in Damiata, ed era il Tempio nella Meschita de' Turchi e Saracini, e l'avea quel Legato fatta dedicare di novello nell'onore della Madre di Dio la gloriosa Vergine Santa Maria. E così per due Sabbati fue fatto, ed in ciascuno il Legato facea sermoni, ed appresso il sermone udito, dava esso al Re ed agli altri gran Signori di larghi perdoni. Di dentro il terzo Sabbato arrivò il buon Conte di Poitieri colle sue genti, e bene gli fu mestieri di non esser venuto entro il tempo dei primi due Sabbati, perchè io vi prometto che davante quel tempo, egli vi regnò senza cessare sì gran tormenta nel mare davanti Damiata, ch'egli vi ebbe più di dugento quaranta vascelli, che grandi che piccoli, tutti ispezzati e perduti, e le genti che li guardavano sommerse: perchè se il Conte di Poitieri fusse allora venuto, egli sarebbe stato in pronto risico di morirvi di mala morte, e così al fermo sarebbe stato, se il buon Dio non gli avesse fatto sua aita.

Capitolo XIII.

Come movemmo da Damiata per a Babilonia, secondo l'avviso malurioso del Conte d'Artese.

Or quando esso Conte di Poitieri fratello del Re fu arrivato, grande gioia s'ismosse in tutto lo esercito, ed il Re mandò cherendo suoi Baroni più prossimani, e l'altre genti di suo Consiglio, e loro domandò qual via egli doveva prendere o ad Alessandria o a Babilonia. Il Conte Piero di Brettagna col più degli altri Baroni furono d'opinione che 'l Re movesse ad Alessandria, perciò che davanti la cittade avea porto buono ad arrivarvi navi e battelli per vittovagliar l'oste. Ma a questa opinione fu contrario il Conte d'Artese, e disse che già non andrebbe egli ad Alessandria innanzi che non si fusse stati in Babilonia, la quale era capo di tutto il Reame d'Egitto [1]. E diceva per sue ragioni, che chi volea uccidere il serpente gli dovea schiacciar il capo tutto primiero. Ed a questo consiglio si tenne il Re e lasciò l'altra opinione.

All'entrata dell'Avvento [2] si partì dunque il Re e tutta sua oste per andare a Babilonia, siccome il Conte d'Artese avea consigliato. E nella via assai presso di Damiata trovammo uno fiume che usciva della grande riviera, e fu avvisato che 'l Re soggiornerebbe là uno giorno tanto che s'istopperebbe lo detto fiume a fine che si potesse trapassare. E fue la cosa fatta assai agiatamente, perchè si rinturò il detto fiume a raso a raso della grande riviera, per tal maniera che l'acqua non alzando punto da nissun lato si potè passar oltre a grand'agio. Or che fece il Soldano? Egli inviò inverso

---

1 Si legge nell' Itinerario Gerosolimitano : — Haec Babilonia non est illa quae fuit secus fluvium Chobar, sed dicitur Babylonia Ægypti, quae parvo dividitur intervallo a Chayro. Itaque non duas faciunt civitates, sed unam cujus pars altera dicitur Chayrum, altera Babilonia, et ipsa tota, nomine composito, Chayrum — Babilonia appellatur. — Et creditur quod olim fuerit nuncupata Memphis, deinde Babilonia, et tandem Chayrum.

2 Nel Decembre del 1249.

il Re, pensando farlo a cautela, cinquecento dei
suoi Cavalieri, de' meglio montati ch' e' sapesse
scerre, dicendo al Re ch'essi eran venuti per soc-
correr lui e tutta sua oste, ma ciò era solamente
per dilazionare la nostra venuta. Il giorno di San
Nicolao il Re comandò che tutti montassero a
cavallo, e difese sotto pena di ribellione che nullo
di sue genti fusse tanto ardito che toccasse in male
a l'uno di que' Saracini che il Soldano gli avea inviato incontra. Ora avvenne che, quando essi Saracini videro che l'oste del Re fu ismossa a partire, e seppero ch'esso Re avea fatto difendere che
nullo non li osasse toccare, imbaldanziro, e se ne
vennero di gran coraggio tutti in frotta ai Tempieri, i quali avevano la prima battaglia. E l'uno
di questi Turchi donò della propria mazza un sì
gran colpo a l'uno de' Cavalieri della prima battaglia che lo abbattè innanzi il cavallo del fratello
di Rinaldo di Bichers che era allora Maliscalco dei
Frieri del Tempio. Il che veggendo esso Maliscalco
non si rattenne, ma gridò a' suoi prò Cavalieri:
Ora avanti, compagnoni, addosso dalla parte di
Dio, chè ciò non si potrebbe soffrire. Ed ecco e' fiere
il suo cavallo degli sproni e si libera correndo sui
Saracini, e con esso tutta la valente Compagnia
dei Tempieri sale romendo come groppo di vento
alla guerra. E ben sappiate che li cavalli de' Turchi
erano ismunti e travagliati, e li nostri tutti ripo-
sati e freschi, donde male loro ne arrivò: perchè
io ho di poi assai udito dire che de' Turchi non ne
iscapò punto uno tutto solo, che non ne fusse o.

tagliato o costretto di gittarsi in mare e sommergersi.

Capitolo XIV.

Qui tocca il conto dello fiume meraviglioso d'Egitto che l'uomo dice Nilo.

Qui si convien parlare del fiume meraviglioso che passa per lo paese dell'Egitto, e che viene, secondo ch'uom dice, dal Paradiso terrestre. Perchè queste cose uopo è sapere chi vuol intendere mia materia. Codesto fiume è istrano e diverso da tutte l'altre riviere: perchè quanto più in una grossa riviera ne cadono di minori, ed acque vi convengono da ogni lato, tanto più la medesima si sparpaglia e prende terreno, e vi si dirama entro in ruscelli; ma codesto fiume viene tutto solitario ed unito, e quand'egli è in Egitto, da sè medesmo gitta sue branche qua e là per mezzo il paese, e quando il tempo viene intorno alla San Remigio, egli da sè si espande per le branche sue in sette riviere, le quali cuoprono le terre piane; e poi quando l'acque si son ritirate, i lavoratori del paese vengono a lavorarvi la terra intrisa con aratri senza ruote, e vi sementano frumento, orzo, riso, comino; e tutto vi prova sì bene che nulla v'ha di che ammendare. L'uomo non sa donde venga quella crèscita d'acque fuor che della santa grazia di Dio: e se ella non fusse, egli non verrebbe nullo bene nel paese d'Egitto per li grandi calori che vi regnano, sendo più presso al Sol levante, e non piovendovi come punto, o solo di lungi a lunge. Ancora sappiate che quel fiume è tutto torbato per lo scalpiccio ed il viavai delle genti del

paese che vi accorrono verso la sera per trarne
acqua a bere, ma pur solo che in essa acqua e' vi
schiaccino quattro mandorle o quattro fave, ed
ecco la dimane l'acqua si è tanto buona a bere che
è meraviglia. Inoltre quando quel fiume entra in
Egitto, egli vi ha genti tutte sperte ed accostu-
mate, (come a dir sarebbono li pescatori delle nostre riviere) le quali a sera gittano loro reti incontro le correnti d'essa riviera, ed al mattino sovente
vi trovano e prendono le spezierie che si vendono in
queste parti di qua assai caramente, ed a picciol peso; siccome cannella, gengiovo, rabarbaro, ghero-
fani, legno d'aloè ed altre buone e rare cose: e dicesi
nel paese che cotali cose vengono del Paradiso terrestre, e che il vento le abbatte di buoni alberi che
colà sono, in così appunto come il vento abbatte il
seccume nelle foreste de' paesi nostri: perchè poi
ciò che cade nel fiume, e l'acqua ammena alla chi-
na, e' mercatanti raccolgonlo come vi dissi a gran
reti per rivenderlo poscia ad oncia ad oncia nelle
parti nostre.

E si diceva nel paese di Babilonia che molte
volte il Soldano aveva tentato di sapere donde il
fiume veniva, per genti sperte che ne seguissero
il corso a ritroso, e portassono con loro per vivere
del pane, che vien detto biscotto, perciò ch'essi non
ne avrebbono punto trovato. E queste genti una
fiata gli rapportarono ch'essi avevano seguito quel
fiume contramonte tanto che erano giunti sino ad
una serra di roccia tagliata a picco, sulla quale
serra e roccia non era possibile montare sì per

l'ertezza scogliosa, e sì per l'acque del fiume che, quasi da cateratta aperta, se ne versavano a piombo. E loro era stato avviso che in sull'alto della montagna fussero alberi a fusone, ed aggiugnevano che colassù avean visto gran quantità di bestie salvatiche, e di molte strane fazioni, come lioni, serpenti, elefanti ed altre paurose e diverse, che stavano a riguardarli, se pure ardissono di montare; perchè le genti del Soldano, impauratesi, se ne erano ritornate, senza osare di passar oltre.

CAPITOLO XV.

Come ci arrestammo davanti il fiume di Rosetta, e di ciò che'l Re vi dispose, e lo nuovo Almirante vi contrappose.

Or dunque a proseguire nostra materia, diciamo che quel fiume scende in Egitto, e vi gitta sue branche per mezzo la pianura, com'io v'ho già detto, delle quali branche l'una viene a Damiata, l'altra ad Alessandria, la terza a Tanes, e la quarta a Rosetta. A quella branca che s'addirizza a Rosetta andò il Re di Francia a tutta sua oste, e pose gli alloggiamenti tra esso fiume e quello di Damiata. E là trovammo tutto il podere del Soldano alloggiato sulla riva del fiume di Rosetta per guardare e proibircene il passaggio. Ciò che loro era cosa ben agevole a fare, poichè nullo di noi non avrebbe saputo passare s'egli non si fusse messo a nuoto, non avendovi punto di guado. Il Re ebbe consiglio in lui di far gittare un dicco per a traverso la riviera per passare ai Saracini; e per mettere a salvaguardia quelli che farebbono il dicco fe'costrurre due grossi belfredi che si appellano Gatti incastellati, perciò che ci avea due castelli davanti i gatti e due casematte di dietro per tollerare lo stoscio de' cantoni che i Saracini gittavano con ingegni e difíci, e di questi ne aveano ben sedici tutti a dritto, donde facevano meravigliosi trabocchi. Il Re fece fare altresì diciotto ingegni, de' quali fu mastro trovatore e fattore un Giossellino di Curvante. Il fratello del Re agguatava i gatti di giorno, e noi altri Cavalieri sì gli agguatavamo la notte. E si fu la settimana innanzi Natale che i gatti incastellati furono presti, e poi si cominciò a fare il dicco. Ma quanto se ne faceva, li Saracini altanto ne disfacevano di lor parte. Perchè dal lor lato, tutto di contro l'argine, facean seno della riva e vi scavavano larghi fondacci; sicchè, come l'acqua per lo argine nostro s'arretrava, ed ella tosto piegava a riempiere i fossati opposti; perchè avveniva che ciò che noi ammontavamo a stento in tre settimane o in un mese, essi mantenendo la larghezza del fiume, il frustravano agevolmente in un giorno od in due, guastando tuttavia a grandi colpi di frecce e bolzoni le nostre genti che portavano terra per avanzar la traversa.

I Turchi, quando il loro Soldano fue morto della malattia che gli prese davanti Hamano, fecero lor Capitano di un Saracino che si appellava Sceceduno figliuolo del Seicco[1] lo qual Capitano era stato armato Cavaliere dallo Imperatore Federico.

1 Altri: Facradino, o Farcardino.

E tantosto quel Sceceduno inviò una parte delle sue genti a passare di verso Damiata ad una piccola città chiamata Surmesac, la quale è sul fiume di Rosetta, e vennero a cadere da quel lato sulle nostre genti. E il proprio giorno di Natale, in quel tanto ch'io era a desinare col mio compagno d'armi Pier d'Avalone, e tutti i Cavalieri nostri, li Saracini entrarono nell'oste, e vi uccisero alquanti poveri che se n'erano ai campi sbandati. E incontanente noi montammo a cavallo per andare alla riscossa, donde gran mestieri ne era a Monsignor Perrone nostr'ospite, che si trovava fuora dell'accampamento, perchè avanti che fussimo là li Saracini l'avean già preso, ed ammenavano lui e suo fratello il Signore di Val. Allora noi piccammo degli sproni, e corremmo su i Saracini e riscuotemmo que' due buoni Cavalieri ch'avean già messi per terra a gran forza di colpi, e li rammenammo nell'oste. I Tempieri ch'erano all'erta fecero bene ed arditamente la retroguarda, ma con tutto ciò li Turchi ci venivano sopra di gran coraggio da quel lato guerreggiandoci forte e fermo, sino a che il nostro accampamento non si fu chiuso di fossato di verso Damiata, da quel fiume là insino al fiume di Rosetta.

Quel Sceceduno Capitano de'Turchi, di cui ho parlato qui davanti, era tenuto il più valente e prode di tutta Paganìa. Egli portava nelle sue bandiere le armi dello imperadore che l'avea fatto Cavaliere, ed era la sua bandiera partita in banda, e nell'una banda e'portava armi parecchie a quella del Soldano d'Aleppo, e nell'altra le armi del Soldanato di Babilonia. Suo nome era Sceceduno, com'io v'ho detto, figliuolo del Seicco, che tanto vale a dire in lor lingua, come nella nostra figliuolo del Veglio: ed un tal nome tenevano essi tra loro a gran cosa, perciò che sono le genti che più onorino i vecchi ed antichi, solo ch'essi si sieno guardati in giovinezza d'alcun malvagio rimproccio. Ora codesto Capitano, così come fu rapportato al Re per ispie, si vantò ch'e' mangerebbe nella tenda del Re di Francia innanzi il giorno di S. Sebastiano ch'era prossimano a venire [1].

Or quando il Re ciò intese, egli disse che se ne prenderebbe ben guardia, e serrò sua oste e ne dette l'intesa alle sue genti d'arme. Donde il Conte d'Artese suo fratello fu commesso a guardare i belfredi e gl'ingegni; il Re ed il Conte d'Angiò, che dipoi fu Re di Sicilia, furo stabiliti a guardare il campo verso Babilonia, e il Conte di Poitieri ed io Siniscalco di Sciampagna a guardare il campo di verso Damiata. Ora avvenne tantosto, che quel Capitano de'Turchi, avanti nominato, fece passare sue genti nell'isola che era tra lo fiume di Damiata e lo fiume di Rosetta, ove erano i nostri alloggiamenti, e fece arringare sue battaglie da l'un de'fiumi sino all'altro. Il Conte d'Angiò, ch'era in quella parte, corse sui detti Turchi e ne isconfisse tanti da metterli in fuga, e molti ne furo annegati in ciascuno de'detti fiumi. Ma tuttavia, egli ne dimorò gran parte, a chi nissuna cavalleria osava

1 Il 20 Gennaio 1250.

di urtare per li diversi ingegni ch'elli avevan tra
loro, e de'quali n'uscian per noi grandi mali. E a
quella fiata che il detto Conte di Angiò assalì li
Turchi, il Conte Guido di Forestà che era in sua
compagnia, sdrucì a cavallo lui e suoi cavallieri per
tra la battaglia de'Turchi, e tirò oltra sino a
un'altra battaglia di Saracini, e là fece maravi-
glie di sua persona. Ma ciò non ostante fu egli gittato a terra e n'ebbe la gamba spezzata, ed a
braccia nel rimenarono due de'suoi Cavalieri. E
ben sappiate che a molto gran pena si potè ritrarre
il Conte d'Angiò di quella mislèa, ove egli molte
fiate fu in grande periglio, sicchè dappoi ne fu molto pregiato di quella forte giornata. Al Conte di
Poitieri ed a me accorse un'altra gran battaglia
dei detti Turchi. Ma siate certi che molto bene furono ricevuti ed altrettanto serviti. E ben bisogno
lor fu ch'e' trovassono la via per ove essi erano
baldamente venuti, poichè ne femmo un'abbondosa
tagliata, e ritornammo a salvezza negli alloggiamenti senza avere come niente perduto di nostre
genti.

Capitolo XVI.

Come la Petriera e gl'ingegni de'Saracini, gittando il fuoco greco, abbruciassono due fiate i nostri Gatti incastellati.

Una sera avvenne che i Turchi ammenarono un
ingegno ch'essi appellavano la Petriera, un terribile
ingegno a mal fare, e lo misero a fronte a fronte dei
gatti incastellati, che Messer Gualtieri di Curello

ed io guardavamo in quella notte. Per lo quale
ingegno essi ci gittavano il fuoco greco ad abbondanza e a gran furia, e questo era la più orribile
cosa che unque mai io vedessi. Quando il buon Cavaliero Messer Gualtieri, mio compagno di scolta,
vide questo fuoco, egli si gridò e ci disse: Signori,
noi siamo perduti per sempre senza rimedio, perchè se essi bruciano i nostri gatti incastellati, noi
ne siamo altresì arsi e bruciati; e se noi disertiamo
nostra guardia, noi ne siamo onìti vituperosamente.
Perchè io concludo che nullo non è che di questo
periglio ci possa difendere, se non è Iddio il benedetto nostro Creatore. Sì dunque vi consiglio a
tutti, che tutte e quante le fiate ch'essi ci gitte-
ranno il fuoco greco, che ciascuno di noi cada sui
ginocchi e sui cubiti, e gridi mercè a Nostro Signore, in chi è tutta possanza. E tantosto che i
Turchi gittaro il primo colpo di fuoco, noi ci mettemmo aggombitati e ginocchioni appunto così come il produomo ci avea insegnato. E cadde il fuoco
greco questa prima volta tra i nostri due gatti incastellati in uno spiazzo che loro era davanti, e
che aveano fatto i nostri prolungando il dicco; ed
incontanente quel fuoco fu spento da un uomo che
avevamo proprio a ciò fare. Or la maniera del fuoco
greco era tale ch'egli veniva ben davanti sì grosso
che una botte, e dietro lasciava una coda durante
circa una mezza canna di quattro palmi. Egli al suo
venire di schianto facea tale bruìto da sembrare la
saetta folgore che cadesse dal cielo, e rendea fi-
gura d'uno dragone volante per l'aere, e gittava

sì gran chiarità e spereggio ch'egli ci si vedea entro
il vallo come di giorno, accendendovisi la tenebra
in vivo lume di fiamma. Tre fiate in quella nottata
ci gittarono il detto fuoco colla Petriera, e quattro con la ballestra grossa a tornio[1]; e tutte le fiate
che 'l nostro buon Re San Luigi udiva che ci gittavano così questo fuoco, egli si ponea ginocchioni, e tendendo le mani e levando la faccia al cielo,
gridava ad alta voce a nostro Signore e diceva in
plorando a grandi lagrime: Bel Sire Dio Gesù Cristo, guardate me e le mie genti! E poi che 'l fuoco
c'era caduto innanzi, e' mandava un suo ciambellano per sapere in qual punto noi eravamo, e se il
fuoco ci aveva gravati. E ben credetemi che di sue
buone preci ed orazioni noi ne avevamo mestieri;
poichè l'una delle volte ch'e' Turchi il gittarono,
cadde il fuoco di costa al gatto incastellato che
guardavano le genti di Monsignore di Corcenay, e
ferì nella riva del fiume che era là davanti, e se
ne venne dritto a loro tutto divampante ed ardente: perchè tantosto ecco venire correndo verso di
me un Cavaliere di quella Compagnia, tuttavia
gridando: Atateci, Sire, atateci o noi siamo tutti
arsi, vedete là orrenda stroscia di fuoco greco che
i Saracini ci han tratto, e che viene dritto al nostro castello. Ratto corremmo là, donde il bisogno
era grande, poichè così come dicea il Cavaliere in
così era, ed estinguemmo il fuoco a grande affan-
no e disagio, perchè dall'altra parte i Turchi ci

---

1 Cioè: che si carica girando una manivella.

tiravano attraverso il fiume dardi e verrettoni, di che tutto era pieno.

Il Conte d'Angiò fratello del Re guardava di giorno i gatti incastellati, e tirava nell'oste de' Saracini con ballestre. Ora aveva comandato il Re che appresso che il Conte d'Angiò ci avea fatto il guato durante il giorno, noi altri della mia compagnia il facessimo durante la notte; donde eravamo a gran pena ed a grande sollicitudine, perchè li Turchi aveano già rotte e fracassate nostre tende e nostri ripari. Ora avvenne che codesti Turchi traditori ammenarono di giorno la loro Petriera davanti le nostre parate, quando il Conte d'Angiò le difendea. Ed aveano accoppiati tutti li loro ingegni, donde essi gittavano senza rallento il fuoco greco sul nostro argine traversagno tutto di faccia delle nostre bastite, sicchè nullo si osava mostrarsene fuora e scovrirsi; perchè in allora i nostri due gatti incastellati furo in un momento consumati e bruciati. Per la qual cosa il detto Conte d'Angiò, che li dovea guardare quel giorno, ne uscì quasi fuori del senno e si volea gittare di dentro il fuoco per estinguerlo o morirvi. Su di che i miei Cavalieri ed io dovemmo render grazie a Dio, perchè, se i Saracini avessero atteso a notte a far loro sforzo, noi ne saremmo stati tutti arsi e bruciati.

Il che veggendo il Re, fece egli una richiesta a' suoi Baroni che gli donassono e trovassono modo di aver legname de' vascelli ch' essi avevano sopra mare, ciascuno di sua parte il più che potrebbe,

perchè non ci avea là intorno fusti o selve di che
essi si fosssero potuto atare; e così loro rimostrò
il Re, donde ciascuno gliene servì ciò ch'egli potè.
Ed avanti che il nuovo gatto incastellato fusse compito, il legname che vi fu impiegato venne stimato
valere dieci mila lire e più, perchè potete conoscere che molti battelli ne furono perduti, e che
noi ne eravamo allora in grande difetto. Quando il
gatto fu all'intutto compiuto, il Re non volle punto ch'e' fusse messo e piantato sino a quel giorno
che 'l Conte d'Angiò suo fratello doveva farvi la
guardia, e comandò che fosse rizzato nel proprio
luogo ove li due altri erano stati bruciati. E ciò
faceva egli, a fine di ricovrar l'onore del detto
suo fratello, al guato del quale erano stati bruciati gli altri due gatti incastellati. E siccome lo
Re volle, così fu fatto. Il che veggendo li Saracini
da capo attirarono tutti i loro sedici ingegni, e di
modo li accoppiarono che tutti insieme lanciava-
no al nostro gatto ch'era stato fatto di nuovo. E
quando essi videro che le nostre genti dottavano
d'andare e venire al gatto pel fitto de' cantoni e
pietre grosse e canterute che essi traevano, drizz-
zaro la Petriera tutto di fronte al gatto incastellato, e lo arsero da capo col fuoco greco. E seconda gran grazia fece Nostro Signore a me ed a
mei Cavalieri, perchè s'essi avessero atteso sino
alla notte vegnente in che noi dovevamo tener la
guardia, ne saremmo stati arsi od onìti come per
simigliante vi dissi qui avanti.

Capitolo XVII.
Qui conta del passaggio a guado del fiume di Rosetta.

Ciò vedendo il Re a tutta sua gente ne venne molto turbato in cuore, ed appellò tutti li suoi Baroni per consigliarlo sul che era a farsi. E videro per tra loro che possibile non era di fare un dicco per passare ai Turchi e Saracini, perchè le nostre genti non potevano tanto fare da una parte che più essi non affondassono ed allargassero dall'altra. Ed allora Messer Umberto di Belgioco Connestabile di Francia disse al Re che un uomo Beduino era venuto a lui, e gli avea detto: che se gli si volean donare cinquecento bisanti d'oro, ed egli ci insegnerebbe un buon guado a passare il fiume agevolmente a cavallo. A che il Re rispose che molto volontieri vi si accordava, ma ch'egli [1] tenesse verità di sua parte. E non volle quell'uomo insegnare il guado se primamente egli non ebbe i danari che gli eran stati promessi.

Per lo Re fu disposto che il duca di Borgogna e li Ricchi Uomini del paese d'oltremare, i quali erano accordanti con lui, guarderebbono l'oste e la manterebbono contra Saracini, e ch'elli e li suoi tre fratelli, che erano li Conti di Poitieri, di Artese e di Angiò, il qual ultimo fu poi Re di Sicilia, come ho detto davanti, colle loro genti a cavallo andrebbero vedere ed assaggiare il guado che il Beduino loro doveva mostrare: e ne fu messo

---

1 *Ma che* pur che, soltanto che: e qui: pur ch'egli dicesse il vero.

giorno e fu assegnato a l'uno de' tre dì di Carnasciale. E quando venne quel giorno noi montammo a cavallo, ed andammo al guado di quel Beduino tutti in punto di guerra. Ed in cavalcando, taluni si tiravano a randa della riva del fiume, e sendone la terra labile e intrisa, smucciavano ed avvallavano essi e loro cavalli nell'acque, e vi si annegavano miseramente. Ed il Re se n'avvide, e ne fece dimostranza agli altri, affine che tenendosi in sodo si desson guardia di non cadere. E tra gli altri cadde ed annegò Messer Giovanni d'Orleano il valente cavaliere Banneretto, che spiegava bandiera nell'oste di suo. E quando noi fummo al guado vedemmo da l'altra parte del fiume ben trecento Saracini tutti a cavallo, i quali guardavano quel passaggio. Allora noi entrammo entro il fiume, e vi trovarono i nostri cavalli assai buon guado e ferma terra, e tirammo contramonte l'acqua con buona riva a passar oltra, tanto che la Dio mercè noi passammo tutti senza dannaggio. E quando i Saracini ci videro così passare di forza, essi se ne fuggirono a grande alre [1].

Capitolo XVIII.

Della battaglia che ne seguì oltre il fiume, ove fu morto il Conte d'Artese.

Avanti che partire il Re aveva appuntato che i Tempieri farebbono l'antiguarda, ed il Conte d'Artese suo fratello menerebbe la seconda battaglia.

---

[1] Il testo ha *à grant erre*, cioè: a grande anda od a grand'andare. Si poteva anche tradurre: a grande alna, od agina.

Ma sì tosto che 'l Conte d'Artese ebbe passato il fiume insieme a tutta sua gente d'arme, e ch'e' videro i Saracini fuggire loro davanti, essi piccano li cavalli delli speroni e cominciano a correr sopra li Saracini. Donde la valente Milizia dell'antiguardo ne levò parola di corruccio, ma il Conte d'Artese non le osava rispondere o rattenersi per la paura di Messer Folcaldo del Melle che lo tenea per lo freno del suo cavallo, e che, sendo sordo, non udìa cosa che i Tempieri dicessono al Conte, ma gridava tuttavia a gola: or addosso, or addosso. Quando i Tempieri videro ciò, essi si pensaro essere onìti e diffamati se lasciavano andare il Conte d'Artese innanzi a loro, perchè tutti d'un accordo ferirono degli sproni tanto ch'e' poterono, e perseguirono i Saracini fuggenti per mezzo la Città della Massora sino al campo posto verso Babilonia. Or quando finalmente ristettono e pensarono ritornare addietro, ecco li Turchi lanciar loro per a traverso le strette rughe della cittade gran forza di fromboli e di saettame, sicchè là fu morto il Conte d'Artese e il Sire di Coucy che si nomava Raullo, e tanto d'altri Cavalieri sino al numero di trecento, ed i Tempieri, in così come il loro Gran Maestro mi disse, vi perdettono bene dugento ottanta de'suoi[1].

E i miei Cavalieri, Genti d'arme ed io vedemmo a man sinistra gran quantità di Turchi che s'armavano ancora, e incontanente corremmo sovr'essi. Ed in quella che li cacciavamo per mezzo loro oste, io scorsi un gran Saracino che montava

---

[1] Il dì 8 Febbraio 1250.

sul suo cavallo, e gli teneva il freno un suo cavaliero: e intanto che il Saracino levò le mani alla
sella per voler montare, io gli diedi della spada
sotto le ditella tanto come potei metterla avanti,
e lo freddai di quel colpo. Quando il Cavaliere vide
il suo Sire morto, abbandonò egli signore e cavallo, e m'ispiò al ritornare, e mi venne colpire di
sua lancia un sì gran colpo tra le spalle ch'elli mi
gittò sul collo del mio cavallo, e mi tenne così
pressato ch'io non poteva sguainar la spada che
aveva cinta, ma mi bisognò tirare un'altra spada
ch'io aveva alla sella del cavallo, donde bene mestieri me ne fu; e quando egli vide ch'io aveva
la spada in pugno, elli ritirò di forza la lancia che
io avea afferrata, e s'arretrò da me. Ora avvenne
ch'io e i miei Cavalieri trovammo de'Saracini fuora dell'oste, e ne vedemmo qua e là ben presso a
sei mila che si erano gittati alla campagna e aveano abbandonati gli alloggiamenti: perchè quando essi ci ebber veduti così spartati, ci vennero
correr sopra di gran randone, e là uccisono Messer Ugo di Tricciatello Signore d'Isconflano, il
quale portava la bandiera della nostra compagnia:
e parimente presono Messer Raullo di Guanone della
detta nostra compagnia, lo quale essi avevano abbattuto a terra. E in quella che l'ammenavano i
miei Cavalieri e me il conoscemmo, e lo andammo
arditamente riscuotere e liberare dalle lor mani.
Ed in ritornando di quello affronto li Turchi mi
donarono di sì gran colpi che il mio cavallo s'agginocchiò del gran peso che gli toccò sentire, e

me gittarono oltre per di sopra le orecchie sue. Di
che tantosto mi raddrizzai mio scudo al collo e mia
spada in pugno: ed allora si tirò verso me Monsignor Erardo di Esmerè, che Dio assolva, lo quale
a somigliante essi avevano abbattuto a terra: e noi
ci ritirammo insieme verso una magione, che colà
presso era stata guasta per attendervi il Re che
veniva, e trovar modo di ricovrare un cavallo. Ed
in così che noi ne andavamo a quella magione,
ecco qua una gran bandiera di Turchi, i quali venivano sovra noi correndo e passando oltre verso
un'altra compagnia di nostre genti che colà presso
reggea la puntaglia. Ed in passando essi mi gittano
a terra di tal burìna che lo scudo m'esce del collo,
e mi calpestano per morto, donde guari non ne falliva. E quando furono passati, Messer Erardo mio
compagnone mi venne a rilevar su, e così potemmo andare sino ai muri di quella magione disfatta.
Ed a questi muri si resero a noi Messer Ugo di I-
scossato, Messer Ferrante di Loppeì, Messer Ra-
naldo di Menoncorto, ed altri più. E là ci vennero
assalire li Turchi in maggior forza da tutte parti:
e ne discese una parte d'essi dentro il casalone ove
noi eravamo, e lungamente furono battagliando
contra noi a la puntaglia e da presso. Allora i
miei Cavalieri mi donaro a guardare un cavallo,
ch'essi tenevano per paura ch'e' si fuggisse, e si
dettono a difendersi vigorosamente contra li Turchi, ed in tal maniera che grandemente lodati ne
furo da alquanti produomini che li vedevano. Là fu
ferito Messer Ugo di Iscossato di tre grandi piaghe

nel viso ed altrove. Messer Raullo e Messer Ferrante a simigliante furono naverati alle spalle talmente che il sangue sortiva di loro piaghe tutto così che d'una botte sorte il vino. Messere Erardo d'Esmerè fu naverato per mezzo il viso d'una spada che gli trinciò tutto il naso tanto che gli cadeva sulla bocca. Adunque in quella distretta mi sovvenne di Monsignore San Jacopo, e gli dissi: Bel Sire San Jacopo, io ti supplico aiutami e mi soccorri a questo bisogno. E tantosto ch'io ebbi fatto mia preghiera Messer Erardo mi disse: Sire, se voi non pensaste ch'io il facessi per fuggirmi ed abbandonarvi, io v'andrei inchiedere Monsignore il Conte d'Angiò ch'io vedo là in quei campi. Ed io gli risposi: Messer Erardo, voi mi fareste grande onore e grande piacere se voi ci andaste chiedere aiuto per salvarci le vite, giacchè la vostra è bene in grande avventura. E bene io ne dicea il vero perchè elli ne morì poco stante di quella nàvera. E tutti furono altresì d'opinione ch'elli ci andasse cercar soccorso. Allora gli lasciai andare il cavallo suo ch'io tenea per lo freno, ed egli ratto se ne corse al Conte d'Angiò richerendogli che ci venisse soccorrere nel periglio ove noi eravamo. E là ci ebbe un gran Sire con lui che ne lo voleva guardare, ma il buon Signore non ne volle niente credere, anzi girò il suo cavallo, ed accorse con alquanto delle sue genti piccando delli speroni. E quando li Saracini il videro venire essi ci lasciarono, ma come e'vennero in effetto, scorsero li Saracini i quali tenevano Messer Raullo di Guanone e l'ammenavano tutto ferito, perchè incontanente mossero a ricovrarlo, ma lo riebbero in ben pietoso e miserevole punto.

Capitolo XIX.

Anche della battaglia, e delle grandi cavallerie che vi fece Monsignore lo Re.

Ed in quella io vidi apparire il Re e tutta sua gente, i quali sorvenivano a una terribile tempesta di trombe, di chiarine e di corni. Ed il Re s'arrestò sull'alto del cammino con tutte sue genti d'arme per qualche cosa ch'egli aveva a dire: ed io vi prometto ch'unqua sì bell'uomo armato non vidi mai: perch'egli pareva di sopra tutti dalle spalle in a monte. Aveva sulla testa un elmo tutto inorato e bellissimo, ed una spada di Lamagna in sua mano. E tantosto ch'elli si fu arrestato, molti de'suoi Cavalieri scorsero entro la battaglia dei Turchi gran quantità d'altri Cavalieri e di genti del Re, ed essi senza rattento si vanno tosto lanciare per tra la battaglia cogli altri. E dovete sapere che a questa fiata furono fatti là i più bei fatti d'arme che anche fussono fatti nel viaggio d'oltremare tanto d'una parte che d'altra; perchè nullo non tirava d'arco, di ballestra, nè d'altra artiglieria, ma erano li colpi che l'un si donava sull'altro a belle mazze e spade e fusti di lance tutto mescolatamente l'uno per mezzo l'altro. E di ciò ch'io vedeva, molto tardava ai miei Cavalieri ed a me, tutto guasti come noi eravamo, che non fussimo di dentro la battaglia cogli altri. Ed ecco qui tantosto venire a me un mio Scudiere, che se n'era fuggito a un tratto con tutta la mia bandiera, e mi ammena uno de' miei destrieri fiamminghi; perchè fui prestamente montato, e toccato degli sproni mi tirai a costa a costa del Re. Là fu il buon produomo Messer Giovanni di Valerì, il quale vedeva bene come il Re si volea andare a gittare nel forte della battaglia; e gli consigliò che si tirasse a man destra di verso il fiume, affinchè, se dannaggio ci avesse, potesse egli aver soccorso dal Duca di Borgogna e dagli armati che guardavano l'oste che noi avevamo lassata, ed altresì a ciò che le sue genti potessono rinfrescarsi ed aver a bere, poichè il caldo s'era già molto elevato. Il Re mandò allora inchiedere e far ritirare i suoi Baroni e Cavalieri ed altri di suo Consiglio ch'erano nella battaglia de' Turchi, ed a pena furo arrivati domandò loro consiglio di ciò ch'elli era a fare. E i più risposono che il buon Cavaliere Messer Giovanni di Valerì ch'elli avea con lui, molto bene il consiglierebbe. Allora, secondo il primo consiglio di quel Valerì, che i più accordaro esser buono, il Re piegò a man destra verso il fiume: ed eccovi qui venire Messer Umberto di Belgioco Connestabile di Francia, che disse al Re come suo fratello il Conte d'Artese era a gran pressura in una magione presso la Massora e si difendea a meraviglia, ma ciò non ostante ch'egli avea buon bisogno d'esser soccorso, e pregò 'l Re d'andarlo aitare. Ed il Re disse: Connestabile, piccate davanti, ed io vi seguirò da presso: ed a somigliante io di Gionville

dissi al Connestabile ch'io sarei uno de'suoi Cavalieri e 'l seguirei a tale affare, donde egli me ne
rese mercè di buon cuore. E tantosto ciascuno di
noi cominciò a ferir degli sproni dritto a quella
Massora per mezzo la battaglia dei Turchi; di che
prestamente molti di nostra compagnia furo disce-
vrati e dipartiti de la presenza l'uno de l'altro entro la forza dei Turchi e dei Saracini.

Ed un poco appresso ecco qui venire un Maz-
ziere al Connestabile, con chi io era, e gli dice che
il Re era circondato di Turchi ed in gran periglio
di sua persona. Chi ne fu isbaito fummo noi, e ne
avemmo grande spavento, perchè tra lo luogo ove
era il Re coi Turchi e noi, ci avea bene mille o
mille dugento Saracini, e noi non eravamo che
sei di nostra parte. Allora io dissi al Connestabile:
poi che noi non abbiamo podere di traforare per
quella pressa di nimici, ch'egli ci valea meglio di
andare a passare per a monte al disopra d'essi. E
così tutto subitamente lo femmo ancorchè ci fusse
un gran fossalone pel cammino che prendemmo tra
noi e li Saracini. E sappiate per vero che s'essi si
fussono preso guardia di noi, e'ci avrebbono di
tratto tutti soverchiati ed uccisi; ma essi intendevano al Re ed all'altre grosse battaglie, e forse
ch'elli istimavano che noi fussimo di loro genti.
Ed in quella che noi arrivavamo di verso il fiume
tirando in basso entro il rio suddetto e la riviera,
noi vedemmo ch' 'l Re s'era invece ritirato all'alto
d'esso fiume, e che li Turchi ne ammenavano le
altre schiere. Perchè s'assembraro tutte loro bat-

taglie colle battaglie del Re sulla grande riviera,
e là ci ebbe una molto pietosa disconvenenza. Perchè la più parte di nostre genti, le quali anche e-
rano delle più fievoli, credevano poter passare a
salvamento di verso l'oste ove era a guardia il
Duca di Borgogna: ma egli non era possibile, perchè i loro cavalli erano così lassi e travagliati, ed
il calore era sì estremo, che non ne potevano la
fatica: ed in discendendo a valle il fiume, noi vedevamo l'acqua tutta covrirsi di picche, lance,
scudi, e d'uomini e cavalli che miseramente vi pe-
rivano ed annegavano. Quando noi vedemmo la
fortuna e il pietoso stato che correva sulle nostre genti io cominciai a dire al Connestabile, che
dimorassimo di qua dal fiume per guardare uno ponticello che era colà presso sul rio; perchè se noi lo
lasciamo, io diceva, essi verranno caricare sovra
'l Re per di qua, e se le nostre genti sono assalite
per due luoghi, noi potremmo troppo averne del
peggio. Ed in così dimorammo noi; e siate certani
che 'l buon Re fece quella giornata de' più gran
fatti d'arme che giammai io abbia veduto fare in
tutte le battaglie ove io fui anche. E si diceva che
se non fusse stata la sua persona, noi saremmo
stati tutti perduti e distrutti. Ma ben io credo che
la virtù e la possanza ch'egli aveva gli si addop-
piò allora di vantaggio per la onnipotenza di Dio,
perchè elli si buttava nel mezzo là ove vedeva sue
genti in distretta, e donava di mazza e di spada
colpi sì grandi ch'elli era meraviglia a vedere.
E mi contarono un giorno il Sire di Corcenè, e

Messer Giovanni di Salenay che sei Turchi vennero
al Re quel giorno, e lo presono al freno del suo cavallo e lo ammenavano a forza, ma il valente Principe fu così vertudioso di suo podere, e di sì gran
coraggio donò e colpì sovra questi sei Turchi, che
a lui solo si diliberò e li confuse: così che molti
in veggendo ch'elli faceva sì grandi cavallerie, e si
difendea così valentemente, presono ardire in cuore
ed abbandonarono i passi ch'e' guardavano, ed andarono di randone al soccorso del Re.

Capitolo XX.

Come io, a buona compagnia, difendessi un ponticello perchè il Re non ne venisse accerchiato dai Saracini.

Appresso un poco, ecco qui dritto a noi che
guardavamo il ponticello a ciò che i Turchi non
passassero, muovere il Conte Piero di Brettagna,
il quale veniva di verso la Massora, là ove egli ci
aveva avuto un'altra terribile scaramuccia. Ed era
tutto tagliato al viso, talmente che il sangue gli
usciva in pieno dalle labbra, come s'elli avesse voluto vomitar dell'acqua che tenesse in bocca. Ed
era il detto Conte di Brettagna montato su un
grosso cortaldo [1] basso ed assai ben fornito, e tutte
le brettine gli pendeano rotte dallo arcione della
sella, ed egli si tenea a due mani al collo del cavallo, di paura che i Turchi i quali gli erano dietro, e che il perseguivan da presso, nol facessero
cadere a terra. Con tutto ciò e' sembrava ch'elli
non li dottasse già grandemente, perchè sovente

---

[1] Cavallo cui sien mozzate le orecchie e la coda.

elli si volgeva verso loro, e loro diceva parole in
segno di beffa e di mucceria. E nella fine di questa battaglia vennero verso noi il Conte Giovanni
di Soissone, e Messer Piero di Noille, che l'uomo
appellava Quaderno, i quali assai aveano sofferto
di colpi quella giornata essendo dimorati alla retroguarda. E quando i Turchi li videro, pensarono
ismuoversi e farsi loro davanti, ma quando essi ci
ebbero scorti guardando il ponte e colle facce tor-
nate contro di loro, lasciaronli passar oltre dubitando che li saremmo andati soccorrere, in così
come al fermo avremmo fatto. Dopo di che io dissi
al Conte di Soissone che era mio cugino germano:
Sire, io vi prego che voi dimoriate qui a difendere
questo ponticello, e voi farete bene; perchè se voi
lo lasciate, que'Turchi che voi là vedete davanti
noi se ne faranno via per colpirci, e così il Re
dimorerà assalito per didietro e per davanti. Ed e-
gli mi domandò ov'egli dimorasse, se io volessi altresì dimorare con lui: ed io gli risposi che sì molto
volontieri. Ed allora, quando il Connestabile udì il
nostro accordo, egli mi disse ch'io guardassi bene
questo passaggio senza partirmene, e ch'egli ci andava inchieder soccorso. Ed in così ch'io era là
sul mio ronzone dimorando al ponticello tra mio
cugino il Conte di Soissone a man destra, e Messere di Noille a la sinistra, ecco qui un Turco, che
veniva di verso l'esercito del Re, giungere dietro
il detto Messer Piero di Noille, e donargli d'una
grossa mazza pesante un così gran colpo che lo
abbattè steso sul collo del suo cavallo, e poi prese

la corsa per a traverso del ponte, e si fuggì di
verso sua gente, pensando che il volessimo seguire, e che così, abbandonando noi il ponte, essi il
potessono guadagnare. Ma quando videro che nullamente nol volevamo lasciare, essi si misero a passare il ruscello, e sì dimoraro tra quello e il fiume.
E quando noi li vedemmo, ci approcciammo d'essi
in tale maniera che noi eravamo tutti presti di
correre loro sovra, s'e'si fussono più avanzati del
venire.

Davanti noi ci avea due Araldi del Re, donde
l'uno avea in nome Guiglielmo di Brono, e l'altro
Giovanni di Gaimacio, verso i quali, li Turchi che
erano tra il rio e la riviera, come ho già detto,
ammenarono di piano de'villani a piè, gente minuta del paese, i quali gittavan loro zolloni e pietre puntagute a prova e forza di braccio, ed al postutto ammenaronvi un'altra maladizione di Turco
che loro gittò tre volte il fuoco greco. Ed a l'una
delle volte elli prese alla robba di Guiglielmo di
Brono, che lo ispense tantosto, donde assai bisogno gli fu; perchè se vi fosse bastato tanto da fo-
cheggiare, ne saria venuto tutto abbragiato. E noi
eravamo tutti coverti di verrette e di dardi che i-
sfuggivan dai Turchi, i quali tiravano a codesti
duo Araldi. Ora mi avvenne ch'io trovai lici presso
un farsettone di stoppaccio ch'era stato ad un Saracino, ed apertolo per lo sparato me ne feci scudo
a mio grande uopo e vantaggio, perchè in così io
non fui tocco di lor verrette che in cinque luoghi,
mentre il mio cavallo ne fu in ben quindici. Ed in

quella, tosto come Dio il volle, arrivò colà uno de' miei borghesi di Gionville, il quale mi apportò una bandiera alle mie armi, ed una gran coltella da guerra, di che non ne avea punto; perchè d'or innanzi, visto come quella pedonaglia di villani faceva pressa agli Araldi, le incorremmo sopra, e coloro smucciarono prestamente. E nel mentre che noi eravamo là guardando il ponticello, il buon Conte di Soissone, quando fummo tornati dal correre appresso que' villani, si gabbava meco e dicevami: Siniscalco, lasciamo gridare e braitare questa canaglia, e, *per la Dio creffa,* siccome solea scuratamente sagrare [1], ne parleremo ancora voi ed io di questa giornata donneando in camera colle dame. Avvenne che sulla sera, prima che 'l Sol cadesse, il Connestabile Messer Umberto di Belgioco ci menò i ballestrieri del Re a piedi, i quali, prontando i tenieri di lor ballestre, ci s'arringarono dinanzi; di che noi altri scendemmo di cavallo dietro la parata de' ballestrieri. Il che veggendo i Saracini che colà erano, incontanente se ne fuggirono e ci lasciarono in pace. Ed allora mi disse il Connestabile che noi bene avevamo fatto dell'aver così guardato il ponticello, e soggiunse ch'io me n'andassi di verso il Re arditamente, e che non lo abbandonassi sino a che elli fusse disceso in suo padiglione. Ed in così me n'andai io di verso il Re, e sì tosto come gli fui presso, arrivò a lui Messer Gianni di Valery a fargli una richiesta che era,

---

1 Muta *croce* in *creffa,* siccome noi sogliam mutare Dio, Cristo, Madonna ecc. in Bio, Crispo, Madosca ecc. per reverenza de'sacri nomi.

come il Sire di Castillione pregavalo umilmente
che gli donasse a menare la retroguarda. Ciò che
il Re gli ottriò molto volentieri, e poi si mise a
cammino per ritirarsi ai paviglioni, ed io gli levai
di testa il morione e gli diedi il mio cappello di ferro
assai più leggieri, affinchè prendesse vento e se ne
sciorinasse le tempia. Ed in quella che noi cammina-
vamo insieme, venne a lui il Friere Errico Priore
dello Spedale di Ronnay, il quale avea passato la
riviera, e gli venne baciar la mano tutto armato,
e gli domandò s' e' sapeva novella alcuna di suo
fratello il Conte d'Artese. Ed il Re gli rispose, che
sì bene, poichè sapea fermamente ch'elli era in Paradiso. Di che il Priore, credendo riconfortarlo, gli
disse: Sire, unqua sì grande onore non avvenne a Re
alcuno di Francia come a voi, perchè di gran coraggio voi e tutte vostre genti avete passato a nuoto
una maestra riviera per andare a combattere i vostri nemici; e talmente avete fatto che voi li avete
cacciati, e guadagnatone il campo con esso quegli
ingegni che vi facevano sì mala guerra, e vi di-
portate tuttavia in loro albergherìe ed alloggiamenti. — Ed il buon Re rispose, che Dio fusse a-
dorato del come e del quanto che gli donava, ed in
così dicendo cominciaro a cadergliene sì grosse lagrime, che molti gran personaggi, i quali videro
ciò, furo molto oppressi d'angoscia e di compassione
veggendolo così plorare, e tuttavia lodare il nome
di Dio del quanto gli faceva sì miseramente indu-
rare. — E quando noi fummo arrivati ai nostri al-
bergamenti vi trovammo gran numero di Saracini

a piè, i quali si tenevano alle corde di una tenda, cui essi ammainavano a forza contro molti di nostra gente minuta che la stendevano. Ed il Maestro del Tempio che facea l'antiguarda, ed io corremmo su quella canaglia e la mettemmo a la fuga, sicchè quella tenda dimorò alla gente nostra. Ma non per tanto ci ebbe grande battaglia, nella quale alquanti, ch'erano in burbanza e rinómo, si diportarono molto ontosamente, li nomi de' quali potrei io ben nomare. Nullameno me ne astengo assai di leggieri, per ciò ch'essi son morti, e mal s'affà a chicchessia il maldire de' trapassati. Di Messer Guidone Malvicino, vogliovi io invece ben dire, perchè il Connestabile ed io lo rincontrammo in cammino, venendo de la Massora, ben mantenendosi, e sì era egli assai perseguito e pressato da vicino. E già quanto li Turchi aveano da prima ributtato e cacciato il Conte di Brettagna e sua battaglia, com'io vi dissi qui innanzi, altanto nè più nè meno ributtavano e cacciavano essi Monsignor Guidone e sue genti. Ma non meno per ciò ebbe egli grandi lodi di quella giornata, perchè molto valentremente si portò egli con tutta la sua battaglia. E ciò non era punto di meraviglia, perchè io da poi udii dire a coloro che sapevano e conoscevano suo lignaggio e quasimente tutte sue genti d'arme, ch'e' non ne fallìa guari che tutti i suoi Cavalieri non fussono o di suo lignaggio o suoi uomini di fede ed omaggio ligio, perchè molto più gran cuore e volontà avean essi al lor Capitano, e Maestro.

Appresso che noi èmmo disconfitti li Turchi e cacciati fuori delle albergherìe loro, li Beduini in frotto si ferirono per mezzo l'oste ch'era stata ai Turchi e Saracini, e vi presero ed asportaro tutto quanto essi vi poteron trovare di relitto; donde io fui forte meravigliato, perchè essi Beduini sono soggetti e tributarii ai Saracini. Ma unqua per ciò non udii dire ch'essi ne fussono al peggio per cosa alcuna che loro avessono tolta o furtata. E dicevano che lor costume era tale di sempre correr su ai fievoli, il che è puntualmente la natura de'cani; tra'quali, quando uno n'abbia a chi un altro incorra, ed uomo adizzi questo ed aiuti, ecco tutti gli altri tracorrere sul primo e addentarlo.

CAPITOLO XXI.

Qui per inframmessa si conta de'Beduini e di loro condizioni.

E poi ch'elli s'affà a mia materia io vorrò dirvi alcuna cosa di costoro. Sappiate or dunque ch'e'Beduini non credono mica in Macometto, come fanno li Turchi, ma credono nella legge d'Alì, ch'essi dicono essere stato zio di Macometto; e si tengono in montagne e diserti. Ed hanno in credenza che quando l'un d'essi muore pel suo Signore, o per qualch'altra buona intenzione, che l'anima sua va in altro miglior corpo, ed ha più grand'agio che davanti: e per ciò non fanno essi conto del morire per li comandamenti de'loro antichi. Codesti non dimorano nè in villaggi nè in città, ma giacion tuttavia ai campi e in ermi luoghi. E quando egli

fa mal tempo, essi, loro donne e figliuoli fissano
in terra una maniera d'abituro, che è fatto di do-
ghe e di cerchi legati intorno a pertiche, siccome
fanno le lavandaie a seccare il bucato, e su questi
cerchi e pertiche gittano le pelli di grandi montoni
ch'essi hanno, e ch'e'nominano pelli di somacco,
perchè incroiate e conce in foglie di somacco e in
allume. E li Beduini medesimi hanno grandi pellicce, che sono a lungo pelo, e che loro cuoprono e
guardano tutto il corpo: e quando si vien la sera,
e ch'egli fa mal tempo, essi s'inchiudono ed in-
casano nelle pellicce loro, ed hanno i loro cavalli,
su cui codian le guerre, la notte pascolanti lì intorno, ed altro non fan loro che tor le briglie e la-
sciarli pascere alle stelle o alla pioggia: poi la dimane stendono essi lor pellicce al sole, e le frottano
e mantrugiano poi ch'e' son secche, e non par punto
ch'elle sien state ammollate, tornando abili e ma-
nose come di prima. Quelli.che seguono le guerre
non sono giammai armati, per ciò ch'essi dicono
e credono che nullo non può morire se non che al
suo dì posto. E pertanto hanno in tra loro questa
fazione che, quando maledicono a'figliuoli, soglion
dire: maladetto sia tu come colui che s'arma di
paura di morte. In battaglia non portano essi che
la spada lunata a là maniera turchesca, e sono
presso che tutti vestiti di giubbe line simiglianti a
cotte chericili. Laida gente sono ed ischifevole a
riguardare, perch'essi hanno tutti li capelli e le
barbe lunghi, nere ed irsute. Vivono dell'affluen-
za del latte di loro bestie, che hanno a numero sì

grande che nullo no le potrebbe istimare, ed hac-
cene nel Reame d'Egitto, ed in quello di Gerusalemme, e per tutte le terre e reami de' Saracini e scredenti, ai quali essi sono tributarii ed assoggettiti.

Ed al proposito di cotestoro vi dirò io che ho
veduto, dopo il mio ritorno d'oltremare, alcuni portanti il nome di cristiano, che tengono la legge
de' Beduini; perchè dicono che nullo non può morire che al giorno determinato senza faglia alcuna.
Il che è cosa fallace, poi che tanto io stimo tale
credenza, come s'elli volesson dire che Dio non a-
vesse punto di possanza di farci danno od aiuto, e
di allungarci od abbreviarci la vita, il che è cosa
ereticale. Ma al contrario io dico che in lui debbiamo noi credere, sicch'elli sia onnipossente di
tutte cose fare, e così di inviarci la morte tosto o
tardi a suo buon piacere; ciò che è drittamente
contrario alla credenza de' Beduini, i quali man-
tengono loro giorno di morte essere senza faglia
determinato senza che sia possibile ch'egli possa
essere allungato o abbreviato.

CAPITOLO XXII.
Di ciò che avvenne dopo che ci fummo riparati agli alloggiamenti.

Per rivenire a mia materia e quella perseguire,
dirò come alla sera istessa che fummo ritornati
dalla pietosa battaglia di cui ho parlato dinanzi, e
che ci fummo alloggiati ne' luoghi donde noi avevamo gittati ed espulsi li' Saracini, le mie genti
m' apportaro dalla oste nostra una tenda che il

Maestro de'Tempieri, il quale avea l'antiguarda, m'avea donato, e la feci tendere a destra degli ingegni che avevamo guadagnato sui Saracini. E ciascuno di noi bene si volea riposare, chè ben mestieri n'avevamo per le piaghe e nàvere toccate dei colpi duri e spessi di quella miserevol battaglia. Ma avanti la punta del giorno si cominciò nell'oste a gridare: a l'armi, a l'armi; e tantosto io feci levare il mio Ciambellano, che mi giacea presso, per andar vedere che ciò era. E non tardò guari ch'egli non ritornasse tutto isbalto, gridandomi: Sire, or su, or su, perchè vedete qui i Saracini a piè ed a cavallo che hanno già disconfitto le genti che 'l Re avea ordinato a fare il guato, ed a guardare gl'ingegni dei Saracini che noi avevam guadagnato: ed erano essi ingegni tutto davanti i padiglioni del Re e di noi altri a lui più prossimani. Di che mi levai ratto sui piedi, e mi gittai la corazza indosso e un cappello di ferro sulla testa, ed appellando le nostre genti, che tutte erano magagnate, pur come ci trovammo, ributammo i Saracini fuor della fronte degl'ingegni ch'essi volevano riscuotere; e poscia il Re, per ciò che noi non potevamo vestire nostri usberghi, ci inviò Messer Gualtieri di Castillione, il quale si locò intra noi e li Turchi per essere al davanti degl'ingegni.

Quando il detto Messer Gualtieri ebbe ributtato li Saracini per più fiate, i quali notturni volevano dirubarci ciò che 'l dì avevam guadagnato, e che essi videro come non ci poteano niente fare nè sorprendere, si ritiraro essi ad una forte battaglia di

loro genti a cavallo ch'erano arringati davanti nostr'oste tutto a randa a randa delle proprie lizze,
per guardare che alla volta nostra non sorprendes-
simo per tempo di notte l'oste loro che avean dopo
le spalle. Ed in quella sei Capitani de' Turchi sca-
valcarono, e molto bene armati vennero fare una
paratura di cantoni, affinchè i nostri ballestrieri no
li potessono inaverare, ed essi standovi addopati,
traeano a vanvera per mezzo noi, e sovente colpivano alquanti di nostra gente. E quando li miei Cavalieri ed io, che avevamo a guardare quel tratto,
vedemmo il loro paratlo di pietrami, prendemmo
insieme consiglio, che, riannottando, noi l'andremmo disfare e ne asporteremmo le pietre. Ora
aveva io uno Prete, ch'avea nome Messer Gianni
di Vaysy, il quale, udito il consiglio preso da noi,
di fatto non attese altrimenti, ma si dipartì tutto
soletto ed a cheto di nostra compagnia, e andò
verso i Saracini, sua corazza in dosso, suo cappello di ferro sulla testa, e sua spada sotto l'a-
scella, perch'ella non fusse appercepita. E quando
egli fu presso de' Saracini, i quali non si pensavano
nè dottavano di lui in veggendolo tutto solo, egli
loro corre sovra aspramente e leva la spada e fiere
su que' sei Capitani Turchi senza che, per la sor-
presa, nullo d'essi avesse podere di difendersi, e
forza loro fu di prender la fuga. Di che furono molto isbaìti gli altri Turchi e Saracini; e quando videro così i loro Signori fuggire, essi piccarono degli
sproni, e corsero sul mio Prete che si ritornava a
piccol passo verso nostr'oste: perchè ben cinquanta

de' nostri Cavalieri si partirono movendo all' incontro de' Turchi che il perseguivano a cavallo. Ma i Turchi non vollero giungersi colle nostre genti d' arme, anzi sbiecaron loro dinanzi per due o per tre fiate. Ed arrivò a l' una delle fiate che l' uno de' nostri Cavalieri gittò la sua daga a l' uno di questi Turchi, e gli donò così tra le coste, che il ferito ne importò la daga in suo corpo, e gli convenne morire. Quando gli altri Turchi videro ciò, essi non osaro unqua più accorrere, e si sbandaro; perchè adunque[1] le nostre genti ne asportaro tutte le pietre del paratlo, e da quell' ora fu il mio valente Cappellano ben conosciuto nell' oste, sicchè s' udìa dire quando il vedeano: ecco qua il Prete che a tutto solo disconfisse li Saracini.

Capitolo XXIII.

Come i Saracini fecieno un nuovo Capitano, e come questi li dispose ad assaltare li nostri alloggiamenti.

Le cose sovradette avvennero il primiero giorno di Quaresima, e quel giorno medesimo fecero i Saracini un Capitano novello di un travalente Saracino in luogo e vece del lor Capitano nomato Scececeduno, donde egli è davanti fatto menzione, il quale morì nella battaglia di Carnasciale, là ove simigliantemente fu ucciso il buon Conte d' Artese fratello del Re San Luigi. Ora quel Capitano novello in tra gli altri morti trovò esso Conte d' Artese, che era stato molto valente e pro in quella battaglia, ed era abbigliato riccamente, siccome

[1] Allora.

apparteneva a uno de' Reali di Francia. E prese il
detto Capitano la cotta d'arme del mentovato Conte
di Artese, e, per donar coraggio alli Turchi e Saracini, la levò alta dinanzi ad essi, e. dicea loro
ch'era la cotta d'arme dello Re nimico, il quale era
morto nella mislèa. E pertanto, Signori, parlava
egli, ben vi dovete inardire e farvi più vertudiosi,
perchè, siccome corpo senza capo è niente, altresì
esercito senza maestro Capitano: e per ciò consiglio che noi li debbiamo duramente assalire, e me
ne dovete credere, che per tal maniera venerdì
prossimano li dobbiamo avere al fermo e prendere
tutti, poichè così è ch'elli hanno perduto lo Re
loro. E tutti s'accordaro lietamente li Saracini al
consiglio del Capitano. Or dovete sapere che nel-
l'oste de' Saracini lo Re aveva di molte spie, le
quali udivano e sapevano soventi fiate loro imprese,
e ciò ch'e' volean fare. Donde egli se ne venne tantosto alcuna di tali spie annunciare al Re le novelle e le imprese de' Saracini, e che essi il credean
morto, e che per ciò le schiere fussono senza capo.
Adunque il Re fece venire tutti li Caporali dello e-
sercito, e loro comandò ch'e' fessono armare tutte
lor genti d'arme ed essere in aguato e tutti presti
alla mezzanotte, e che ciascuno si mettesse fuor
delle tende e paviglioni sino al davanti della lizza,
ch'era stata fatta a palanche a bastanza fitte per
proibire l'ingresso allo sforzo de' Cavalieri, e a bastanza rade perchè e' pedoni vi traforassero; e tantosto fue fatto secondo il comandamento del Re.

E non dubitate che, siccome il Capo di quei Saracini aveva ordinato e concluso, altresì parimente si mise egli in diligenza di eseguire il fatto. Ed al mattino di quel venerdì detto, all'ora dirittamente del Sol levante, eccolo qui venire a tutto quattro mila Cavalieri bene montati ed armati, e li fece arringare per battaglie a fronte a fronte di nostra oste che era di lungo il fiume, il quale, movendo da Babilonia, passava presso di noi e tirava sino a una villa che l'uomo dice Rosetta. E quando questo Capitano de' Saracini ebbe in così fatto arringare davanti le lizze i suoi quattro mila Cavalieri, tantosto ci menò un'altra gran frotta di Saracini a piè in tal quantitade ch'essi ci avironaro da l'altra parte per tutto il tenere del nostro accampamento. Appresso queste duo grandi armate così attelate come vi ho detto, egli fece aordinare, e mettere in disparte alle terga tutto il podere del Soldanato di Babilonia per trarne soccorso ed aiuto se bisogno ne fusse. Quando quel Capitano de' Saracini ebbe così disposte le sue battaglie, venne elli medesimo tutto solo su un ronzinello verso nostr'oste per vedere ed avvisare le ordinanze e dipartimenti delle battaglie del Re; e secondo che e' conosceva che le nostre bandiere erano in tal luogo più grosse e più forti, in altretale rafforzava esso le proprie a l'incontra. Appresso ciò egli fece passare ben tremila Beduini, de' quali ho per innanzi parlato così del personaggio come della natura loro, per di verso l'oste che il Duca di Borgogna guardava a parte, la quale era intra li duo fiumi.

E ciò fece egli pensando che il Re avrebbe inviato di sue genti d'arme nell'oste d'esso Duca, e così assottigliate quelle ch'erano con lui, divenendone più fievole, e che i Beduini badaluccando impedirebbono che noi non avessimo soccorso dai Borgognoni.

Capitolo XXIV.

Qui si conta lo assalto dato a tutte le nostre battaglie.

In queste cose fare e apprestare mise il Capitano de' Saracini intorno all'ora di mezzodì, e poi ciò fatto, fece sonare le nacchere e'tamburi traimpetuosamente allo modo dei Turchi, ch'era cosa molto istrana e diversa ad udire per coloro che non l'aveano accostumata. E si cominciaro ad ismuoversi da tutte parti a piè ed a cavallo. E vi dirò io tutto primiero della battaglia del Conte d'Angiò, il quale fu il primo assalito, perciò ch'egli loro era il più vicino dallo lato verso Babilonia; e vennero a lui scaccati e inframmessi a maniera d'uno scacchiero, perchè i pedoni a manipoli staccati incorrevano sulle sue genti bruciandole del fuoco greco che gittavano con istromenti propizii e da ciò, e'cavalieri a piccole torme interposte le pressavano ed opprimevano a meraviglia; talmente che tutti insieme isconfissero la battaglia del Conte d'Angiò, la quale era a piè a grande misagio posta in mezzo dai pochi suoi cavalieri. E quando la novella ne venne al Re, e che sì gli ebber detto il discapito ov'era suo fratello, non ebbe elli alcuna temperanza di arrestarsi nè di nullo attendere, che anzi subitamente ferì degli speroni, e si buttò per mezzo la riotta, la spada in pugno, sino al miluogo ov'era il fratello, e molto aspramente colpiva a dritta e a manca su quei Turchi, e più ove elli vedea più di pressa. E là addurò egli molti colpi, e gli coversero li Saracini tutta la gropponiera del suo cavallo di fuoco grechesco. Ed allora era ben a credere che bene avesse il suo Dio in sovvenenza e desiderio, perchè a la verità gli fu Nostro Signore a questo bisogno grande amico corale, e talmente aiutollo, che per la puntaglia ch'esso Re fece, ne fu riscosso il fratello, e ne furo insieme cacciati li Turchi fuori dell'oste e della battaglia di lui.

Appresso il Conte d'Angiò erano Capitani dell'altra battaglia prossimana, composta dei Baroni d'Oltremare, Messer Guido d'Ibelino, e Messer Baldovino suo fratello, i quali s'aggiugnevano alla battaglia di Messer Gualtieri di Castillione il produomo e valente, il quale aveva gran novero d'uomini altresì prodi e di grande cavalleria. E feciono talmente queste due battaglie insieme, che vigorosamente tennero contro li Turchi senza ch'e' fussero alcunamente nè ributtate nè vinte. Ma ben poveramente prese a l'altra battaglia susseguente ch'avea il Friere Guglielmo Sonnac Maestro del Tempio a tutto quel poco di genti d'arme che gli era dimorato dal giorno di Martedì che era di Carnasciale, nel quale vi ebbero pe' Tempieri sì grossi abbattimenti e sì duri assalti. Quel Maestro d'essi Tempieri, perciò ch'avea stremo d'uomini, fece fare davanti di sua battaglia una difesa degl'ingegni che

s'eran guadagnati sui Saracini; ma ciò non ostante
non gli valse neente, perchè i Tempieri avendoli
allacciati con tavolati di pino, i Saracini vi misono
il fuoco Greco, e tutto incontinente e di leggieri
vi prese il fuoco. Ed i Saracini, veggendo ch'egli
avea poche genti, non attesero che lo incendio stu-
tasse, nè ch'egli avesse tutto abbragiato, ma si
buttarono per mezzo i Tempieri aspramente e li
isconfissero in poco d'ora. E siate certani che dietro i Tempieri ci avea bene all'intorno una bifol-
cata di terra ch'era sì coverta di verrettoni, di
dardi e d'altre arme da gitto, che non vi si vedea
punto di terreno, tanto aveano tratto e lanciato li
Saracini contro i maluriosi Tempieri. Il Maestro
Capitano di quella battaglia avea perduto un occhio alla battaglia del Martedì, ed in questa qui ci
perdette egli l'altro e più, perchè ne fu miseramente tagliato ed ucciso. Dio n'aggia l'anima.

De l'altra battaglia era Maestro e Capitano il
produomo ed ardito Messer Guido Malvicino, il
quale fu forte inaverato in suo corpo. E veggendo
i Saracini la gran condotta ed arditezza ch'egli
aveva e donava nella sua battaglia, gli tirarono
essi il fuoco Greco senza fine; talmente che una
fiata fu che a gran pena lo gli poterono estingue-
re le sue genti a ora e tempo: ma non ostante ciò
tenne elli forte e fermo senz'essere potuto supe-
rare dai Saracini.

Dalla battaglia di Messer Guido Malvicino discendeva la lizza che veniva a chiudere la parte
d'oste ove io era al lungo del fiume per bene la

gittata d'una pietra leggera; e poi passava oltre
per davanti l'oste di Monsignore il Conte Guillelmo di Fiandra, la quale oste mi era a costa a costa, e si stendea sino al fiume che discendeva in lunata per al mare. Perchè, veggendo i Saracini che
la battaglia di Monsignore il Conte di Fiandra li
prendeva per fianco, non osarono essi venir a ferire nella nostra. Donde io lodai Dio grandemente,
perchè nè i miei Cavalieri ned io avevamo punto
un arnese vestito per le ferite che avevam tocco
nella battaglia del dì di Carnasciale, sicchè non
c'era possibile vestir di piastra.

Monsignor Guillelmo e sua battaglia fecero in
quell'ora meraviglie: perchè agramente e vigorosamente corsero su a piè ed a cavallo contro li
Turchi, e fecero di gran fatti d'arme. E quando
io vidi ciò, comandai ai miei ballestrieri ch'e' tirassono a fusone sopra li Turchi che erano a cavallo nella mislèa. Perchè tantosto come si senti-
ron feriti essi e i cavalli loro, cominciaro a fuggire, e ad abbandonare la pedonaglia. E quando il
Conte di Fiandra e le sue genti videro ch'e' Turchi fuggivano, passarono essi per tra la lizza e
corsero su i Saracini ch'erano a piè, e ne uccisono
gran quantità, e guadagnarono molte di loro tar-
ghe. E là intra gli altri si provò vigorosamente
Messer Gualtieri de la Horgna, il quale portava la
bandiera a Monsignore il Sire d'Aspromonte.

Appresso questa battaglia era quella di Monsignore il Conte di Poitieri fratello del Re, la quale
era tutta di genti a piè, e non ci avea che 'l Conte

solo a cavallo, donde male ne avvenne. Perchè li
Turchi disfecionla, e presero il Conte di Poitieri, e
di fatto ammenavanlo; se non fussono stati li bec-
cai e tutti gli altri uomini e femmine che vendevano le derrate e le profende nell' oste, li quali
quando ebbero udito che si ammenava prigione il
fratello del Re, levarono il grido e si ismossero
tutti colle coltella e le manajuole, e talmente corsero in groppo su i Saracini, tuttavia urlando e
sbraitando, che il Conte di Poitieri ne fu riscosso,
e rincacciati li Turchi fuora a forza de l' oste.

Appresso la battaglia del Conte di Poitieri ne
era una piccolina e la più fievole di tutta l'oste,
donde n' era Capo e Maestro uno nomato Messer
Giosserando Branzone, ed aveala menata in Egitto
lo detto Conte di Poitieri. Era quella battaglia di
Cavalieri a piè, e non ci avea a cavallo ch'esso
Messer Giosserando e Messer Errico suo figliuolo.
Quella povera battaglia disfacevano li Turchi a
tutto costo; il che veggendo quel pro Messer Giosserando e il figliuolo salivano per di dietro contro
li Turchi abbandonandosi a grandi colpi di spade, e
sì bene li pressavano alle spalle, che li Turchi e-
rano astretti di rivolgersi contro ad essi due, e di
lasciare in tregua le genti loro. Tuttavia al lungo
andare, ciò non avrebbe lor valso guari, perchè li
troppi Turchi li avrebbon tutti isconfitti ed uccisi,
se non fusse stato Messer Errico di Cona, ch'era
nell' oste del Duca di Borgogna, saggio Cavaliere e
pronto, il quale conosceva bene come la battaglia
di Monsignor di Branzone fusse troppo fievole.

Sicchè tutte le fiate ch'egli vedeva i Turchi correre su al detto Signor di Branzone, egli faceva trarre i ballestrieri del Re contro i Turchi, e tanto fece e tanto s'aoperò, che il Sire di Branzone iscapolò di disfatta quella giornata, sebbene perdesse de'venti Cavalieri che si dicea ch'egli avesse, li dodici, senza l'altre sue genti d'arme. Ed egli medesimo nella perfine, di gran colpi ch'egli ebbe, morì di quella dura giornata al servizio di Dio, che bene ne lo avrà guiderdonato, come dobbiam credere fermamente. Ora quel buon Signore era mio avoncolo, e gli udii dire alla sua morte ch'elli era stato in suo tempo in trentasei battaglie e giornate di guerra, delle quali soventi fiate egli avea riportato il pregio dell'armi. E d'alcune ne ho io conoscenza, perchè una fiata, istando egli nell'oste del Conte di Macone ch'era suo cugino, se ne venne a me e a un mio fratello il giorno di un Venerdì Santo in Quaresima, e ci disse: Miei nipoti, venite aiutarmi a tutte vostre genti, ed a correr su gli Allemanni, i quali abbattono e rompono il Mostieri di Macone. Di che tantosto fummo presti sui piedi, e andammo correre contro i detti Allamanni, e a gran colpi e punte di spada li scacciammo del Mostieri, e molti ne furono o morti o naverati. E quando ciò fu fatto, il buon produomo s'agginocchiò davanti l'altare, e gridò ad alta voce a Nostro Signore pregandolo che gli piacesse avere pietà e mercè di sua anima, e che egli a una fiata morisse per lui e in suo servigio acciò che nella fine gliene donasse il suo Paradiso. E queste cose vi ho rac-

8

contate, affinchè conosciate com' io deggia avere in fede e credere tuttavia che Dio gli ottriò ciò che avete udito qui dinanzi di lui.

Dopo tutte le dette avventure il buon Re mandò cherendo tutti li suoi Baroni, Cavalieri, ed altri grandi Signori; e quando essi furo venuti davanti a lui, egli loro disse benignamente: Signori ed A-mici, or voi potete vedere e conoscere chiaramente le grazie grandi che Dio nostro Creatore ci ha fatto pur non ha guari, e così per ciascun giorno, donde grandi lodi gliene siamo tenuti rendere. Per ciò che Martedì diretano, che era di Carnasciale, noi avemmo all'aiuto suo cacciati e ributtati i nostri nimici di loro alloggiamenti ed albergherie, in che noi teniamo stazio al presente. Così questo Venerdì che è passato noi ci siamo difesi a piè, gli alcuni sendone non armati, contr'essi bene armati a piè ed a cavallo e sovra i lor luoghi. E seguitando di tal maniera molte altre belle parole argomentose loro diceva e rimostrava molto dolcemente il buon Re, e ciò faceva per riconfortarli e donare tutto giorno buon coraggio e fidanza in Dio.

CAPITOLO XXV.
Nel quale s'inframmette discorso delle varie genti d'arme del Soldano, e de'suoi Cavalieri della Halcqua.

Ma per ciò che, in perseguendo nostra mate-ria, egli ci conviene intralacciare alcune cose e ridurle a memoria, a fine d'intendere e sapere la maniera che 'l Soldano teneva nella fazione di sue genti d'arme, e donde esse venivano ordinaria-

mente, così vi dirò io com'egli sia vero che il più
di sua cavalleria era fatta di genti istranie che li
mercatanti, andando e venendo sopra mare, vendevano, le quali genti gli Egiziani da parte il Soldano accattavano. E venivano queste d'Oriente,
perchè quando uno Re d'Oriente avea disconfitto e
conquiso l'altro Re, quegli che avea avuto vittoria e le sue milizie, prendevano le povere genti che
poteano aver prigioniere, e le vendevano a' mercatanti, i quali le menavano rivendere in Egitto,
siccome io ho detto davanti. E di tali genti uscivano
de' figliuoli che il Soldano facea nodrire e guardare.
E quando essi cominciavano a muover pelo, il Soldano lor facea apprendere a tirar de l'arco per
isbattimento e solazzo, e ciascun giorno, quando
elli era dilibero, li facea trarre. E quando si vedea ch'egli ne avea alcuni i quali cominciavano
d'inforzarsi, toglievansi loro gli archi fievoli e pue-
rili e se ne davano di più forti, secondo che ne mostrava balìa. E questi giovincelli portavano l'armi
del Soldano, e l'uomo appellavali li *Bagherizzi* [1]
del Soldano. E tutto incontanente che barba loro
veniva, ed il Soldano li facea Cavalieri, portando
tuttavia sue armi, le quali erano d'oro puro e fino,
salvo che per differenza vi si mettea o sbarre di
vermiglio, o rose, od uccelli, o grifoni o qualche
altra pezza a loro piacere. E tali genti erano ap-
pellate le genti della *Halcqua*, come voi direste

[1] Il testo ha *Bahairiz*, e forse era da tradurre *Giannizzeri*.
Il Sire di Vi'lerval parlando di loro, li chiama *les Esclaves du
Soudan*. Di qui uscì la tremenda Milizia de' Mamalucchi.

gli arcieri della guardia del Re, ed erano tutto
giorno presso del Soldano e guardando il suo corpo. E quando esso Soldano era in guerra, costoro
eran sempre alloggiati presso di lui come guardie
del corpo suo.

Ed ancora più presso di lui aveva egli altre
guardie, com'è a dire Portieri e Ministrieri. E sonavano que' Ministrieri a la punta del giorno il levare del Soldano, ed a la sera la sua ritratta; e
con loro stormenti di più maniere facevano tale
bruìto, che coloro i quali erano colà presso non si
potevano udire, non che intendere, l'un l'altro,
ma ben n'udiva chiaramente il bombo tutt'uomo
per mezzo l'oste. E ben sappiate che in fra 'l dì
essi non sarebbono stati sì arditi d'aver sonato,
se non per lo espresso congedo del Maestro della
Halcqua. E quando il Soldano volea qualche cosa
dallo esercito, o dare qualche comandamento a
sue genti d'arme, egli diceva ciò al Maestro della
Halcqua, lo quale facea tosto venire suoi Ministrieri, e questi sonavano, e di loro corni saracineschi e naccere e tamburi ordinavano l'accolta. Perchè a questo suono assembravansi tutte le
genti davanti il Soldano, ed allora il Maestro della
Halcqua dicea loro il buon piacere del Signore, e
queste incontanente il facevano a lor podere. E
quando il Soldano era colla persona in guerra combattendo, quegli tra Cavalieri della Halcqua che
meglio provavasi e facea d'arme sì era fatto da lui
Almirante [1] o Capitano, od avea carico e condotta

[1] Almirante od Ammiraglio, rende, secondo Guglielmo di Tiro,
il Saracinesco *Al-Emir*, che vuol dire: *Il Signore*.

di genti d'arme, secondo ciò ch'elli lo meritava.
E chi più faceva, più gli donava il Soldano, e per
tutto ciò ciascun d'essi isforzavansi di fare oltre il
poder loro s'essi avessono potuto farlo.

La fazione e maniera di fare del Soldano era
poi questa, che quando alcuno de' suoi Cavalieri
della Halcqua per sue prodezze e cavallerie avea
guadagnato di bene tanto ch'elli non ne avea più
soffratta, e ch'e' si poteva leggermente passare di
lui; ed egli, di paura ch'avea che colui non se gli
rubellasse o l'uccidesse, sì il facea prendere e morire in sue prigioni segretamente; e poi che non se
ne sapean più novelle, s'apprendea tutto il bene
che aveano le sue donne e figliuoli. E questa cosa
bene fu provata durante che fummo nel paese delle
parti di là, perchè il Soldano fece prendere e im-
prigionare coloro ch'avean catturato li Conti di
Monforte e di Bar per loro valenza e arditezza,
poichè in odio ed invidia ch'elli ne ebbe contr'essi,
e poi che li dottava forte, sì li fece morire. Ed a
simigliante fece egli dei Bodendardi, i quali sono
genti soggette al detto Soldano, per ciò che, appresso ch'elli ebbero disconfitto lo Re d'Erminia[1],
uno giorno essi vennero per messaggi di verso il
Soldano raccontargliene la novella, e lo trovarono
cacciando alle bestie selvagge, e tutti discesero a
piè per fargli la reverenza e donargli la salute sì
credendo ben fare, ed essere remunerati da lui. Ed
egli loro rispose maliziosamente che mica non sa-
lutavali, e ch'essi gli avean fatto ismarrire e perder

---

[1] Armenia, donde *ermellino* pel piccol sorcio d'Armenia.

sua caccia, e di fatto lor fece crudelmente tagliare
le teste.

Capitolo XXVI.

Come a Babilonia venne uno nuovo Soldano, e come entrò
nell'oste nostra una fiera pistolenza.

Or riveniamo a nostra materia e diciamo come
il Soldano, il quale diretanamente era morto, aveva
un figliuolo d'età di venticinqu'anni, molto savio,
istrutto e già malizioso. E pertanto che 'l Soldano
si dottava ch'egli lo volesse diseredare, non l'a-
vea punto voluto tenere appresso di sè, ma gli
avea donato un Reame ch'elli aveva in Oriente.
Ora tantosto che lo Soldano suo padre fue morto,
gli Almiranti di Babilonia l'inviaron cherère, e lo
fecero loro Soldano. E quando elli si vide Maestro
e Signore, tolse di tratto ai Connestabili, Maliscalchi, e Siniscalchi di suo padre le verghe dell'oro e
gli offici ch'essi ne aveano, e li donò a quelli che
avea ammenato con lui d'Oriente [1]. Di che tutti
furono ismossi in loro coraggi, e così coloro ch'e-
rano stati del consiglio di suo padre ne ebbero gran
dispetto, e dottavano forte ch'elli volesse far d'essi,
appresso ciò ch'e' gli avesse tolto i lor beni, come
avea già fatto l'altro Soldano, il quale avea morti
coloro che avean presi li Conti di Monforte e di
Bar, di cui v'ho dinanzi parlato. E pertanto furono essi tutti d'un comune assentimento di farlo
morire, e trovaron modo che coloro i quali eran

---

1 Tali verghe erano insegna di Magistratura eminente, e di Officio Palatino anche presso gl'Imperatori d'Oriente.

detti della Halcqua, e che dovevano guardare il corpo del Soldano, loro promisero ch'e' lo uccidrebbono.

Appresso queste due battaglie, donde io vi ho davanti parlato, le quali furono forti e grandi a meraviglia, l'una il Martedì di Carnasciale o di Quaresima entrante, e l'altra il primiero Venerdì di Quaresima, cominciò a venire nell'oste nostra una nuova misavventura. Per che, a fine di nove o diece dì, le genti ch'erano state morte in quelle battaglie sulla riva del fiume che correa intra le due osti nostre, e che vi erano state dentro gittate, tutte rigallaro e vennero al disopra; e si diceva che ciò era appressochè il fiele imporriva loro e scoppiava. E discesono li detti corpi morti a valle del detto fiume sino al ponticello gittato a traverso del medesimo per ove noi passavamo da l'una parte a l'altra: e per ciò che l'acqua, la quale era grande, attingeva a quel ponte, li corpi non potevano trapassare, e ce n'avea tanti che la riviera ne era sì coverta da l'una riva sino all'altra, che l'uomo non potea veder punto d'acqua bene il gitto d'una pietruzza a contramonte del ponticello. Perchè allogò il Re cento uomini di travaglio, i quali furo ben otto dì a separare li corpi de' Saracini d'intra quelli de' Cristiani che si poteano a bastanza discernere. E faceano passáre li Saracini a forza oltre il ponte, e questi secondavano a valle sino al mare, e li Cristiani faceano interrare gli uni sugli altri entro grandi fosse. Dio sa qual putidore, e quale pietà insieme era il riconoscere per que' sfatti

cadaveri li gran personaggi e le tante genti da bene
che vi si trovavano a la mescolata! Io vidivi il
Ciambellano di Monsignore che fu il Conte d'Artese, il quale cercava il corpo del suo Signore, e
molti altri cherendo loro amici tra li morti. Ma unqua dappoi non udii dire che di tutti coloro che e-
rano là riguardando e indurando l'infezione ed il
sito di que' cadaveri, ch' egli ne ritornasse uno solo.
E bene sappiate che tutta quella Quaresima noi non
mangiammo nullo pesce fuorchè di burbotte, che è
uno pesce di tal ghiottornia ch' e' rendesi sempre
ai corpi morti e li mangia. E di ciò anche che nel
paese di là non piovea nulla fiata una goccia d'acqua, venne una grande persecuzione e malattia
nell'oste; la quale tale era che la carne delle gambe disseccavasi sino all'osso, e la pelle diveniva a
un color tanè lionato e nerastro, a simiglianza
d'una vecchia uosa che sia stata lungo tempo a
immucidir dietro i cofani. Ed inoltre a noi altri che
avevamo quella malsanìa, sovveniva una nuova persecuzione nella bocca, da ciò che avevamo mangiato
di quel pesce, perchè c'imporriva la carne tra le
gengive, ed il fiato ne usciva orribilmente putiglio-
so. E nella fine guari non ne iscapavano di quella
malattia che tutti non ne morissono. Ed il segno
di morte, che l'uomo ci conoscea continuamente,
era quando egli si prendea a sanguinare del naso,
poichè tantosto si era bene asseverato d'esser morto
di breve. E per meglio guerirci, da ben quindici dì
di là, li Turchi, li quali bene sapevano di nostre malattie, ci affamaro nella fazione che vi dirò. Perchè

coloro che partivano di nostr' oste per andare su
per lo fiume a Damiata, che n'era di lunge allo
intorno d'una grossa lega, per avere de' viveri,
que' bordellieri ed infami Turchi prendevanli, e
punto non ne ritornava uno a noi, donde molti se
ne isbalvano e restavano dell'andata. D'altra parte
non ne osava venir pur uno da Damiata a noi ap-
portar la vivanda, poichè tanti ch' egli ne venivano,
altanti ne dimoravano. E giammai non ne potemmo
saper nulla, se non che per una galea del Conte di
Fiandra, la quale isfuggì e traforò oltre lor grado
ed a forza, e dissecene le novelle, siccome le galee
del Soldano erano in quell'acque aguatando coloro
che andavano e venivano, ed avean già guadagnato
ottanta di nostre galee, e ch'essi uccidevano le
genti che v'eran dentro. E per ciò avvenne nell'o-
ste una sì tragrande carizia, che a pena la Pasqua
fu venuta, un bove era venduto ottanta lire, un
montone trenta, trenta uno porco, il moggio di
vino dieci lire, ed un uovo dodici danari, e così al-
l'avvenante di tutte altre cose.

CAPITOLO XXVII.

Come per lo gran disagio della pistolenza il Re pose di
  torsi dalla via di Babilonia, e di alcune mie particolari incidenze.

Quando il Re e suoi Baroni si videro addotti a
tale stremo, e che nullo rimedio non ci avea, tutti
s'accordaro che il Re facesse passare sua oste di
verso la terra di Babilonia nell'oste del Duca di
Borgogna, il quale era da l'altra parte del fiume

che andava a Damiata. E per ritrarre le genti sue
agiatamente il Re fece fare un barbacane davanti il
ponticello di che vi ho davanti parlato, ed era fatto
di maniera che vi si potea assai entrar dentro per
due lati tutto a cavallo. Quando quel barbacane fue
fatto e apprestato tutte le genti dell' oste s'armaro,
e là ci ebbe un grande assalto de'Turchi, i quali
videro bene che noi ne andavamo oltre nell'oste
del Duca di Borgogna che era dall'altra parte. E
come s'entrava in quel barbacane, i Turchi get-
taronsi sulla nostra coda, e tanto fecero e tanto si
penaro ch'essi presero Messere Erardo di Vallery,
il quale tantosto fu riscosso per Messer Gianni suo
fratello. Tuttavia il Re non si mosse nè le sue genti
sino a che tutto lo arnese, l'armadura e 'l saetta-
mento non fussono portati oltre. Ed allora passammo tutti appresso 'l Re, fuorchè Messer Gualtieri
di Castillione che faceva la retroguarda nel barbacane. Quando tutta l'oste fu passata oltre, quelli
della retroguarda furono a gran misagio pe'Turchi
ch'erano a cavallo, perchè essi traevano loro di
fronte molto saettume non guardandoli a bastante
l'altezza del barbacane; e li Turchi a piè gittavano
loro grosse pietre e zolloni e ghiove indurate alle
facce, sì che non se ne potevan difendere nè durare
al parapetto: e ne sarebbon stati tutti perduti e
distrutti, se non fusse stato il Conte d'Angiò fratello del Re, che andolli aspramente riscuotere, e
li ammenò a salvamento.

E qui, per dare alcuna inframessa, vi vorrò
raccontare cosa ch'io vidi il giorno davanti Qua-

resima-entrante. A punto in quel giorno morì un travalente, pro ed ardito Cavaliere che avea nome Messer Ugo di Landricorto, il quale era meco a bandiera e fu interrato nella mia Cappella. Ed in così ch'io vi udiva la Messa, sei de'miei Cavalieri erano là appoggiati sovra de' sacchi d'orzo, e parlavano alto l'uno all'altro, e facean noia al Prete che cantava la Messa. Ed io mi levai stante e loro andai dire ch' e' si tacessono, e ch'egli era cosa villana a gentiluomini di parlar così alto intanto che la messa si cantava. Ed essi cominciarono a ridere, e mi dissero ch'e'parlavano insieme di rimaritare la donna di quel Messer Ugo ch'era steso là nella bara. E di ciò anche li ripresi io duramente, e loro dissi che tali parole non erano buone nè belle, e ch'essi avevano troppo tosto obbliato il lor compagnone. Ora avenne egli che la dimane, in che fu la grande battaglia di che vi ho parlato, essi vi morirono tutti di mala morte, e ne furo anco tutti gittati a fiume. Sicchè alla sua volta ben altri avrebbono potuto ridere di lor follìa, anco veggendo come alla fine sia convenuto alle donne loro rimaritarsi a tutte sei. Perchè egli è da credere che Dio, non lasciando alcuna malefatta impunita, ne volesse prendere vendicanza.

Quanto poi egli sia di me, io non avea punto peggio o meglio degli altri: perchè io era naverato ed affranto grievemente della detta giornata di Quaresima-entrante. E inoltre ciò aveva io il male delle gambe e della bocca, donde ho parlato davanti, e la scesa di rema nella testa, la quale mi filava a meraviglia per la bocca e per le narici. E con ciò io aveva la febbre doppia, che l'uomo dice quartana, di che Dio ci guardi. E di tutte queste malattie dimorava io obbligato al letto fino intorno a mezza Quaresima e più a lungo. E se io era bene malato, parimente lo era il mio povero Prete; sicchè un giorno avvenne, in così ch'elli cantava messa davanti a me giacente in letto malescio, che quando egli fu all'indritto del suo sagramento, io lo scorsi così tramalato, che visibilmente lo vedea ispasimare. Perchè, a far sì che non si lasciasse cadere in terra, mi gittai fuora del letto tutto inmalìto com'io era, e, presa mia cotta, andai abbracciarlo per didietro, e gli dissi ch'e' facesse tutto a suo agio ed in pace, e ch'e' prendesse coraggio e fidanza in colui che dovea tener tra sue mani. E adunque se ne rivenne un poco, e nol lasciai fino a che non ebbe accapato il suo sagramento, ciò ch'egli fece. E così accapò egli di celebrare sua messa a quella fiata, ma unque poi non cantolla, e morì così santamente che Dio ne ha l'anima al fermo.

CAPITOLO XXVIII.

Qui conta del vano parlamento per pace fare tra 'l Re e 'l Soldano, e della nostra ritratta verso Damiata.

Ora per rientrare in nostra materia vi dirò io ch'egli fu ben vero ch'entro i Consigli del Re e del Soldano fu fatto alcun parlamento di accordo e di pace fare tra loro, e a ciò fu messo ed assegnato giorno. Ed era il trattato di loro accordo tale che 'l Re dovea rendere al Soldano la città di Damiata, ed il Soldano dovea rendere al Re tutto 'l Reame di Gerusalemme, e simigliantemeute gli dovea guardare tutti i malati ch'erano dentro Damiata, e rendergli le carni salate che vi erano, con ciò sia che li Turchi e Saracini non ne mangiassero punto, ed altresì rendrebbono tutti gl'ingegni da guerra del Re, ed esso Re potrebbe inviar cherère tutte le cose sue nel detto luogo di Damiata. Ma di tal parlamento qual fatto uscì? Il Soldano fece inchiedere al Re qual sicuranza darebbe egli del rendergli la Città di Damiata? E a tale inchiesta seguì l'offerta ch'elli distenessero prigioniero l'uno de'fratelli del Re, o il Conte d'Angiò o 'l Conte di Poitieri. E di tale offerenda i Turchi non ne vollero, anzi dimandaro in ostaggio la persona stessa del Re. Ma a ciò rispose il buon Cavaliere Messer Gioffredo di Sergines, che giammai non avrebbero li Turchi la persona del Re, e ch'elli amava molto meglio ch'e'Turchi li avessero tutti appezzati, di quello ch'e'fusse lor rimprocciato di avere concesso in gaggio il Re Signor loro. E così dimorò il parlamento, e non levò frutto. Tantosto la malattia, donde vi ho davanti parlato, cominciò a rinforzare nell'oste talmente ch'e' bisognava che i barbieri strappassero e tagliassono ai colpiti di quella laida malattia de'grossi carnicci che sormontavano sulle gengive in maniera che non si poteva mangiare. Ed era la gran pietà di udir gridare e guaìre per tutti i luoghi dell'oste coloro a chi si tagliava quella carne morta; e ciò mi rendea simiglianza delle povere femmine allorchè travagliano dello infantare, sì che me ne venìa al cuore grande scuriccio e riprezzo.

Quando il buon Re San Luigi vedeva quella pietà, egli giugnea le mani, levava la faccia al cielo, benedicendone a Nostro Signore di tutto ciò che gli donava. Tuttavia pur vedendo ch'egli non poteva così lungamente dimorare, senza che ne morisse egli e tutta sua gente, ordinò di muovere di là il Martedì a sera, l'ottava di Pasqua, per ritornarsene a Damiata. E fece comandare da parte sua a' marinieri delle galee che apprestassóno lor vascelli, e ch'essi raccogliessero tutti i malati per menarli a Damiata. Così comandò egli ad uno nomato Giosselino di Curvante, e ad altri suoi Maestri d'opere ed Ingegnieri ch'essi tagliassono le corde alle quali s'attenevano i ponti che fean la via tra noi e i Saracini. Ma, come mali pontonai, niente non ne fecero essi, donde poi gran dannaggio ne avvenne. Quando io vidi che ciascuno s'apprestava per andarsene a Damiata, mi ritirai nel mio vascello con due de' miei Cavalieri ch'io aveva anche solo di rimanente, e coll'altra mia masnada. E sulla sera, allorch'egli cominciò ad annerare, comandai al mio cómito ch'e' levasse l'àncora, e che noi ne andassimo a valle. Ma egli mi rispose che mica l'oserebbe perchè intra noi e Damiata erano nel fiume le grandi galee del Soldano che ci prenderebbono e ucciderebbono tutti. Li marinieri del Re aveano fatto di grandi fuochi per raccogliere e riscaldare i poveri malati nelle loro galee, ed erano li detti

malati, attendendo i vascelli, accolti sulla riva del
fiume. Ed in quella ch'io ammonestava li miei marinai dello andarcene a poco a poco, scorsi i Saracini,
alla chiarità de' fuochi, che entravano pei ponti
nell'oste nostra, ed uccidevano sulla riva i malati.
Perchè, mentre li miei tiravano l'àncora spaven-
tati, e che cominciammo un poco a voler discendere a valle, ecco qui venire li marinieri che dove-
van prendere i poveri malati, i quali scorgendo come i Saracini li uccidevano, tagliarono rattamente
le corde dell'àncore delle loro grandi galee ed ac-
corsero sul mio piccolo vascello da tutti i lati, di
che n'attendea l'ora ch'essi mi travolgessero nel
profondo dell'acqua. Quando, come piacque a Dio,
fummo iscapati di quel periglio ch'era ben grande,
noi cominciammo a tirare a valle il fiume di frotto
e furia. Il che veggendo il Re, il quale aveva la malattia dell'oste e la menagione come gli altri, e che,
invece di guarentirsi nelle grandi galee, amava meglio morire che abbandonare il suo popolo, cominciò egli a bociare a noi ed a gridare che dimorassimo; e ci traeva di buone quadrella per farci dimorare sino a che ci donasse egli congedo di navigare:
ma del rattenerci era niente, perchè in quello incalzo a tutti si convenia poggiare a valle o affondare.

CAPITOLO XXIX.

Ove si mette per conto la fazione e maniera come fu preso
il buon Santo Re.

Ora vi lascierò qui del dire ciò che ho io veduto,
e vi metterò per conto la fazione e maniera come

fu preso il Re, secondo ch'egli medesimo mi disse. Io gli udii dunque dire ch'egli avea lasciato le sue genti d'arme e la sua battaglia, e s'era messo Lui e Messer Gioffredo di Sergines nella battaglia di Messer Gualtieri di Castillione che faceva la retroguarda. Ed era il Re montato su un piccolo corsiero, e vestiva un sajone di seta; e non gli dimorò, siccome gli ho di poi udito dire, di tutte le sue genti d'arme, che il buon cavaliere Messer Gioffredo di Sergines, il quale lo scorse sino ad una piccola villa nomata Casel, là ove il Re fu preso [1]. Ma a tanto che i Turchi il potessono avere, gli udii contare che Messer Gioffredo di Sargines lo difendeva nella fazione che 'l buon sergente difende dalle mosche il nappo del suo Signore. Perchè tutte le fiate ch'e' Saracini l'approcciavano, e Messer Gioffredo lo difendea a gran colpi di taglio e di punta, e ben sembrava che sua forza e suo pro ed ardito cuore gli si fussono addoppiati in corpo, sicchè a tutti li colpi li rincacciava dal venir sopra il Re. E così l'ammenò egli sino al luogo di Casel, e là fu disceso in grembo di una borghese ch'era di Parigi, e là pure pensavano vederlo passare il passo della morte, e non isperavano punto che giammai elli potesse valicare quel giorno senza morire.

Appresso poco arrivò verso il Re Messer Filippo di Monforte, e gli disse ch'egli veniva dal veder lo Ammiraglio del Soldano, a chi avea altre volte parlato della tregua, e che se ciò era suo buon piacere, egli ancora di ricapo gliene andrebbe parlare. E il

[1] Il 5 Aprile 1250.

Re lo pregò di farlo, e ch'egli voleala tenere e fare nella maniera ch'essi la vorrebbero. Adunque partì Monsignore di Monforte, e se ne andò verso i Saracini, li quali, cessando dalla caccia, avean già levate le tovaglie [1] dalle lor teste. E consegnò il Sire di Monforte lo anello suo, ch'elli tirò del dito, allo Ammiraglio de' Saracini, in assecuranza di tenere le tregue; e ciò sin che ne farebbono l'appuntamento tale ch'essi l'aveano domandato altra fiata, siccome è stato tocco qui sopra. Ora avvenne che appresso questo fatto, un traditore malvagio Usciere nomato Marcello, cominciò a gridare alle nostre genti ad alta voce: Signori Cavalieri, arrendetevi tutti, il Re lo vi manda per me, e non lo fate punto uccidere. A questi motti furono tutti atterrati e pensarono che 'l Re loro avesse così mandato, di che ciascuno, per la salvanza del Re, rese ai Saracini sue armi ed arnese. Quando l'Ammiraglio vide ch'e' Saracini ammenavano le genti del Re, disse a Messer Filippo di Monforte, ch'egli non gli assicurava mica la tregua, poichè e' potea ben vedere che tutte le genti sue erano prese dai Saracini. Il che veggendo in fatto Messer Filippo, e pensandosi che 'l Re fusse trapassato, fu molto isbaito, perch'egli sapea bene, non ostante ch'egli fusse messaggiere di dimandar la tregua, che tantosto egli sarebbe preso altresì, e non sapeva a chi aver ricorso. Conciossiachè in Pagania ci ha una costuma molto malvagia, che quando in tra 'l Soldano ed alcuno dei Re di quel paese inviansi loro messaggeri

---

1 I Turbanti.

l'uno a l'altro per avere o dimandar tregue, e
l'uno de'duo Principi si muore, il messaggere, s'e-
gli è trovato, e che le tregue non sian donate, elli
sarà fatto prigioniero da qualche parte che ciò sia,
sia elli cioè messaggere del Re o del Soldano.

Capitolo XXX.

Come io fossi preso, e condotto in fine di vita, e poi guerito per un beveraggio datomi da un buon Saracino.

Ma, lasciando per ora questa materia, e rivenendo a me, ben dovete sapere che noi altri i quali
eravamo in acqua sui nostri vascelli istimando scap-
pare sino a Damiata, non fummo punto più abili o be-
nagurosi di coloro ch'erano rimasi a terra, perchè
noi fummo presi altresì come udirete qui appresso.
Il vero è che, istando noi sull'acqua, si levò un terribile vento contro noi, che veniva di verso Damiata,
il quale ci tolse il corso dell'acqua per modo che, non
bastando ad appoderarlo, ci convenne tornare a dietro verso li Saracini. Il Re avea ben lasciato ed
ordinato molti Cavalieri a guardare i malati sulla
riva del fiume, ma ciò non ci servì di niente per
tirarci ad essi, da che se n'eran tutti fuggiti. Or
quando venne verso la punta del giorno, bassò il
vento, e noi calammo sino al passaggio nel quale
erano le galee del Soldano che guardavano il fiume
sì che alcun vivere non fusse ammenato da Damiata
all'oste, donde è stato toccato qui davanti. E quando essi ci ebbero scorto, levarono un gran bruito e
cominciarono a trarre su noi, e sovra gli altri nostri Cavalieri ch'erano da l'altro lato della riva,

verrette ardenti di fuoco greco a fusone, tanto che
sembrava che le stelle cadessono di cielo. Ed in
quella che i miei marinieri avean guadagnato il ratto
della corrente per passar oltre, e che potevam vedere i Cavalieri lasciati a guardia de' malati spero-
nare verso Damiata, ecco il ventavolo che si va a
rilevare più forte che davante e ci getta dalla cor-
rentia in costa a l'una delle rive del fiume. Ed al-
l'altra riva ci avea sì grande quantità di vascelli
delle nostre genti che i Saracini avean preso e guadagnato, che noi non osammo avvicinarli. Ed i-
stando così senza smuoverci noi vedevam bene che
essi uccidevano le genti che vi eran dentro e git-
tavanle nell'acqua; e li vedevamo simigliantemente
trar fuora delle navi li cofani e li arnesi ch'essi a-
vean guadagnato. E per ciò che non volevamo andare ai Saracini, che ci minacciavano, essi ci tiravano gran forza di saettame. Ed allora io mi feci
vestir l'usbergo affinchè i dardi che cadevano nel
nostro vascello non mi impiagassero. Ora a capo del
vascello ci avea delle mie genti, le quali cominciano
gridarmi: Sire, Sire, il nostro nocchiere per ciò che
i Saracini il minacciano ci vuol menare a terra là
ove noi saremmo tantosto ancisi e morti. Adunque
io mi feci sorreggere, sendo malato, e presi la mia
spada tutta nuda, e dissi ai marinieri ch'io li ta-
glierei se si argomentavano più avanti di menarmi
a terra tra Saracini. Ed essi mi vanno rispondere,
che non per ciò mi farebbono passar oltre, e per
tanto ch'io avvisassi lo quale amava il meglio, o
ch'essi mi menassero a riva, o ch'essi mi ancoras-

sero nella riviera. Ed io amai meglio, donde poi
ben mi prese in così come voi udirete, che essi mi
ancorassero nel fiume, di quello che mi menassero
a riva dove io vedeva tagliare le nostre genti; e
così mi credettono, e così fu fatto. Ma non tardò
guari che tantosto ecco qui venire verso noi quattro delle galee del Soldano, nelle quali avea forse
due mila uomini. Allora io appellai li miei Cavalieri,
e richiesi ch'essi mi consigliassono di ciò ch'era a
fare, o di renderci alle galee del Soldano che s'ap-
prossimavano, o d'andare a renderci a coloro ch'e-
rano a terra. Fummo tutti d'un accordo ch'egli
valeva meglio renderci a quelli delle galee, per ciò
ch'essi ci terrebbero tutti insieme, che di renderci
a quelli di terra, i quali ci avrebbono tutti separati
gli uni dagli altri, ed avrebbonci per avventura
venduti ai Beduini di cui vi ho parlato davanti. A
questo consiglio non volle mica consentire un mio
Cherco ch'io aveva, ma diceva che tutti ci dovevamo lasciar uccidere a fine di andare in Paradiso.
Ciò che noi non volemmo credere, perchè la paura
della morte ci pressava troppo forte,

Quando io vidi ch'egli era forza di rendermi,
io presi un piccolo cofanetto ch'avea tutto presso,
ove erano i miei gioielli e le mie reliquie, e gittai
tutto didentro il fiume. In quella mi disse l'uno
de'miei marinieri che s'io non gli lasciava dire ai
Saracini ch'io era cugino del Re, ch'essi ci taglie-
rebbono tutti; ed io gli risposi ch'e'dicesse ciò che
e'volesse. E adunque ecco arrivare a noi la primiera delle quattro galee che venia di traverso e

gittar l'ancora tutto presso il nostro vascello. Allora m'inviò Dio, e in così ben credo che venisse da lui, un Saracino che era della terra dello Imperadore Federigo [1], il quale avea vestito soltanto una brachessa di tela cruda, e venne nuotando per mezzo l'acque diritto al mio vascello, e salitovi sovra m'abbracciò per gli fianchi, e mi disse: Sire, se voi non mi credete, voi siete perduto, perch'egli vi conviene per salvarvi mettervi fuori della vostra nave e gittarvi nell'acqua, ed essi non vi vedranno mica, per ciò ch'elli s'attenderanno al guadagno del vascello. Detto questo mi fe' gittare una corda dalla loro galea sulla tolda della mia nave, e con quella mi collai nell'acqua, e il Saracino a pruovo; donde gran bisogno mi fu per sostenermi e condurmi nella galea, perchè io era sì fievole di malattia che andava tutto vagellando e sarei caduto al fondo del fiume.

Io fui tirato sin dentro la galea, nella quale avea ben ancora ottanta uomini oltre quelli ch'erano entrati nel mio vascello, e quel povero Saracino mi teneva tuttavia abbracciato. E tantosto fui portato a terra, e mi corsero su per volermi tagliar la gola, e bene mi ci attendea, e colui che m'avrebbe scannato pensava tenerselo a molto onore. Ma quel Saracino che m'avea tolto fuori del mio vascello, non mi voleva lasciare, anzi gridava loro: Il cugino del Re, il cugino del Re. Ed allora io che m'era già sentito il coltello tutto presso la gola, e che m'era

---

[1] Federico II, che era stato coronato Re di Gerusalemme, e teneva alquante piazze forti di quel Reame.

già messo in terra ginocchione, mi vidi liberato di
quel periglio all'aita di Dio e di quel povero Saracino, il quale mi menò sino al castello là ove erano
li Caporali de' Saracini. E quando io fui con loro,
essi mi levarono l'usbergo, e di pietà che ebbero
di me, veggendomi così malato, mi gittarono indosso una mia coperta d'iscarlatto foderata di vajo
minuto che Madama mia Madre m'avea donato;
ed un altro d'essi m'apportò una coreggia bianca
di che mi cignessi per disopra il mio copertoio, e
sì un altro de' Cavalieri Saracini mi diè un cappe-
roncello ch'io misi sulla mia testa. Dopo di che cominciai a tremare ed a incocciar li denti, sì della
grande paura ch'io aveva, e sì ancora della malattia. Domandai allora a bere, e mi si andò cherère dell'acqua in un pozzo, e sì tosto ch'io ne
ebbi messo in bocca per avallarla, essa mi salse invece per le narici. Dio solo sa in qual pietoso punto era allora, perchè sperava molto più la morte
che la vita, avendo l'apostema alla gorga. E quando le mie genti mi videro così sortir l'acqua per
le narici, essi cominciarono a plorare, ed a menar
grande duolo; e il Saracino che m'avea salvato
domandò loro perchè ploravano, ed essi gli fecero
intendere ch'io era pressochè morto, e ch'io aveva
alla strozza l'apostema, la quale mi strangolava. E
quel buon Saracino, che sempre aveva avuto pietà
di me, lo va a dire ad uno de' suoi Cavalieri, e
questi risposegli: mi confortasse a sicuro, chè egli
mi donerebbe qualche cosa a bere, donde sarei guerito entro due dì, ed in così fece; e veramente ne

fui guerito all'aiuto di Dio e di quel beveraggio
che mi diede il Cavaliere Saracino.

Capitolo XXXI.

Di quello avvenne dopo la mia guerigione, e come fui menato là dove erano le genti del Re.

Tantosto appresso la mia guarigione lo Ammiraglio delle galee del Soldano mi mandò che fossi davanti a lui per sapere s'io era cugino del Re come si sonava: Ed io gli risposi, che no, e gli contai comente ciò era stato fatto, nè perchè; e che era stato il cómito che lo mi avea consigliato di paura che i Saracini delle galee, che ci venivano sopra, ci ammazzassono tutti. E lo Ammiraglio soggiunse che molto bene era stato consigliato, perchè altramente noi saremmo stati uccisi senza faglia e gittati entro il fiume. Di ricapo mi domandò il detto Ammiraglio s'io aveva alcuna conoscenza dello Imperadore Federigo d'Allemagna che allor viveva, e s'io era mica di suo lignaggio. Ed io gli risposi la verità di avere inteso come Madama mia Madre era sua cugina nata di germano. E lo Ammiraglio mi rispose ch'egli me ne amava di tanto meglio. E così, in quella che noi eravamo là mangiando e beendo, egli m'avea fatto venire davanti un borghese di Parigi: e quando il borghese mi vide mangiare, egli mi va dire: Ah! Sire, che fate voi? Che io fo? dissi io. Ed il borghese mi va avvertire dalla parte di Dio ch'io mangiava nel giorno di venerdì. E subito io lanciai addietro la scodella ove mangiava. Il che vedendo lo

Ammiraglio, domandò al Saracino che m'avea salvato e che era sempre con me, perchè io avea lasciato a mangiare. Ed egli dissegli per ciò ch'egli era venerdì ed io non ci pensava punto. E lo Ammiraglio rispose che già Dio non l'avrebbe a dispiacere poi ch'io non lo aveva fatto saputamente. E sappiate come il Legato ch'era venuto col Re, mi tenzonava di che io digiunassi, e perch'io era malato, e perchè non ci avea più col Re uomo di Stato fuor di me, e pertanto diceva ch'io facea male a digiunare; ma, non meno per ciò ch'io fussi prigioniero, punto non lasciai a digiunare tutti li venerdì in pane ed acqua.

La domenica d'appresso ch'io fui preso, lo Ammiraglio fece discendere del castello a valle il fiume sulla riva tutti quelli ch'erano stati presi sull'acqua. E quando io fui là, Messer Gianni mio Cappellano fu tratto dalla sentina della galea, e quando e' vide e provò l'aria, ispasimò, e incontanente ucciserlo i Saracini davanti a me e lo gittarono a fiume, ed al suo cherco, il quale altresì non ne poteva più della malattia dell'oste ch'egli aveva, lanciarono un mortaio sulla testa, e così infranto lo gittarono a fiume appresso il Maestro. E similmente facevano essi degli altri prigionieri, perchè in così che traevanli della sentina ove erano stati stivati, egli ci avea de'Saracini propizi, i quali da che essi ne vedeano uno male disposto o fievole, sì lo uccidevano e lo gittavano nell'acqua, e così erano trattati tutti li poveri malati. Ed in riguardando quella tirannia, io loro feci dire pel mio Saracino, ch'essi

facevano gran male, e che ciò era contro il comandamento di Saladino il pagano, il quale diceva che
non si doveva uccidere nè far morire uomo poi che
gli si era dato a mangiare del suo pane e del suo
sale. Ma essi mi fecero rispondere che coloro non
erano più uomini d'alcuna valuta, e ch'essi non potevano omai più fare alcun' ovra, poi che erano
troppo malati. E appresso queste cose elli mi fecero
venir dinanzi tutti i miei marinieri, narrandomi che
tutti erano rinegati. Ed io dissi loro che non ci a-
vessono per ciò fidanza, e che ciò era solamente di
paura che uomo li uccidesse, ma che come tosto
sarebbonsi essi trovati in buon luogo od in lor
paese, incontanente ritornerebbono alla prima fede.
Ed a ciò mi rispose lo Ammiraglio, ch'egli me ne
credeva bene, e che Saladino diceva come giammai
non si vide di un Cristiano un buon Saracino, e
così di un Saracino un buon Cristiano. Dopo di che
lo Ammiraglio mi fece montare su un palafreno, e
cavalcavamo l'uno accosto l'altro. Ed in così me-
nommi passare a uno ponte, e di là sino al luogo
dove era il santo Re e le genti sue prigionieri. Ed
all'entrata d'un gran paviglione trovammo lo Scri-
vano che scriveva li nomi de' prigionieri da parte il
Soldano. Or là mi convenne nomare il mio nome,
che non loro volli celare, e fu scritto come gli altri. Anche all'entrata del detto paviglione quel Saracino, che sempre mi aveva seguìto ed accompagnato, e che mi avea salvato nella galea, mi disse:
Sire, io non vi posso più seguitare e perdonatemene,
ma bene vi raccomando questo giovine infante che

avete con voi, e vi prego che lo teniate sempre per
lo pugno, o altrimenti io so che i Saracini lo ucci-
deranno. L'infante avea nome Bartolomeo di Monfalcone figliuolo del Signore di Monfalcone di Bari.
Tantosto che il mio nome fue iscritto, l'Ammiraglio ci menò, il giovine figliuolo ed io, didentro il
paviglione, ove erano li Baroni di Francia, e più
migliaia di persone con loro. E quando io fui didentro entrato, tutti cominciaro a menare sì gran gioia
di vedermi, che non vi si potea niente udire per lo
bruito della gioia ch'essi ne facevano, perchè mi
pensavano aver perduto.

Ora in quella che noi stavamo insembre speran-
do l'aita di Dio, noi non dimorammo guari che un
gran ricco uomo [1] Saracino ci menò tutti più a-
vanti in un altro paviglione dove avevamo una cera
assai miserevole. Assai d'altri Cavalieri e d'altri di
nostre genti erano altresì prigionieri, ma chiusi in
una gran corte attorneata di muraglie di terra. E
quelli là facevano trar fuora li prigionieri l'uno appresso l'altro, e loro domandavano se si volevano
rinegare, e quelli che dicevano sì, e che si rinega-
vano, erano messi a parte, e quelli che nol volean
fare, tutto incontanente avean mozzo il capo.

Capitolo XXXII.

Come fu menato il Trattato per la diliveranza del Re e nostra.

Poco appresso c'inviò il Soldano il suo Consiglio a parlarci, e questi dimandò a quale di noi egli

---

[1] *Ricco uomo* è quanto Barone.

direbbe il messaggio del Soldano. E tutti ci accordammo che ciò fusse al Conte Piero dì Bretagna per uno turcimanno che avevano i Saracini, il quale parlava l'uno e l'altro dei linguaggi, Francesco e Saracinesco. E furono tali le parole: Signori, il Soldano c'invia di verso voi per sapere se vorreste punto essere diliveri, e chè vorrestegli dare o fare per la vostra diliveranza ottenere? E a questa dimanda rispose il Conte Piero di Bretagna, che molto volentieri vorremmo esser diliveri delle mani del Soldano, e aver già fatto e indurato ciò che ne fosse possibile per ragione. Ed allora il Consiglio del Soldano domandò al Conte di Bretagna se noi vorremmo punto donare per nostra diliveranza alcuno de' castelli o piazze forti appartenenti ai Baroni d'Oltremare? Ed il Conte rispose che ciò non potevamo noi fare, per ciò che li detti castelli e piazze erano tenuti dallo Imperadore d'Allemagna che allor ci vivea, e che giammai egli non consentirebbe che il Soldano tenesse cosa sotto di lui. Di ricapo domandò il Consiglio del Soldano, se noi vorremmo rendere nullo de' Castelli del Tempio o dello Spedale di Rodi per nostra diliveranza. Ed il Conte rispose similmente ch'egli non si poteva fare perchè ciò sarebbe contro il saramento accostumato, il quale è che quando si mette li Castellani e Guardie dei detti luoghi, essi giurano a Dio che per la diliveranza di corpo d'uomo essi non renderanno nullo dei detti Castelli. Allora li Saracini insembre rispuosono ch'egli sembrava bene che noi non avessimo nullo talento nè inveggia d'essere diliverati,

e ch'essi ci andrebbono inviare li giucatori di spade,
li quali ci farebbono come agli altri. E sovra ciò se
n'andaro. E tantosto appresso che il Consiglio del
Soldano se ne fu andato, ecco qui venire a noi un
Saracino molto vecchio e di grande apparenza, il
quale aveva con lui una frotta di giovani Saracini,
i quali tenevano ciascuno una larga spada a lato,
donde fummo tutti molto ismarriti. E ci fece dimandare quell'antico Saracino per uno turcimann-
no, il quale intendeva e parlava la nostra lingua,
s'egli era vero che noi credessimo in un solo Dio,
che era nato per noi, crocefisso e morto per noi,
ed al terzo giorno appresso sua morte risuscitato
anche per noi. E noi rispondemmo, che sì veramente.
Ed allora egli ci rispuose che poi così era, noi non
ci dovevamo disconfortare d'avere sofferto nè di
sofferire tali persecuzioni per lui, dacchè ancora
non avevamo noi punto indurato la morte per lui,
com'egli avea per noi fatto, e che s'egli avea a-
vuto podere di sè risuscitare, che certamente egli
ci dilivrerebbe tra breve. E allora se ne andò quel
Saracino con tutti li suoi garzoni, senza farci altra
cosa. Donde io fui molto gioioso e ringagliardito,
perchè m'era inteso ch'essi fussono venuti per moz-
zarci il capo a tutti; e già non tardò appresso guari
di tempo che noi avemmo novelle della nostra diliveranza.

Appresso queste cose di sovra dette il Consiglio
del Soldano rivenne a noi, e ci disse che 'l Re avea
tanto fatto ch'egli avea procacciato le nostre dili-
veranze, e che gli inviassimo quattro tra di noi per

udire e sapere tutta la maniera del trattato. Ed a
ciò fare gl'inviammo Monsignor Giovanni di Valery, Monsignor Filippo di Monforte, Monsignor
Baldovino d'Ebelino Siniscalco di Cipri, e Monsignor Guidone d'Ebelino suo fratello Connestabile
di Cipri, che era l'uno dei belli e dei ben condizio-
nati Cavalieri ch'unqua io conoscessi, e che molto
amava le genti di quel paese. Li quali quattro Cavalieri di su nomati ci rapportarono tantosto la fazione e maniera della nostra diliveranza. Sappiate
dunque che per assaggiare il Re, il Consiglio del
Soldano gli fece tali o somiglianti dimande ch'e-
gli ci avea fatte qui innanzi, ed in così che piacque
a Nostro Signore, il buon Re San Luigi loro rispose altrettale o somigliante risposta a ciascuna
delle due domande come noi avevamo fatto per la
bocca del Conte Piero di Bertagna. Di che i Saracini, veggendo che 'l Re non voleva ottemperare
alle inchieste loro, il minacciarono di metterlo in
ceppi, o come l'uom dice in bernoccoli, che è il
più greve tormento ch'essi possano fare a chicchessia. E sono due gran ceppi di legno che s'in-
tertengono a l'un de'capi, e quando essi vogliono
méttervi dentro alcuno, sollevano un ceppo ed al-
l'uomo stratato in terra attraversano le gambe di
grosse caviglie, poi su vi abbassano l'altro ceppo
sospeso, e fannovi assedere un uomo sovra. Donde
elli avviene ch'e' non dimora a colui che vi ha le
gambe insertate un mezzo piede d'osso che non
ne sia rotto o schiacciato. E per peggio fargli, a
capo di tre dì gli rimettono le gambe, che sono

grosse ed enfiate, di dentro que'bernoccoli, e le ri-
triturano di ricapo, il che è cosa orribilmente cru-
dele solo allo intendere, non che al provare. E ben
sappiate che essi anco legano il martoriato a grossi
nervi di bue per la testa, di paura ch'elli di là entro non si rimuova. Ma di tutte quelle minacce non
fece conto il buon Re, anzi disse loro ch'egli era
prigioniero, e ch'essi potevano fare di suo corpo a
lor volere.

Quando i Saracini videro ch'e' non potrebbono
vincere la costanza del Re per minacce, ritornarono a lui e gli domandarono quanto vorrebbe donar di finanza al Soldano oltra Damiata ch'egli
renderebbe loro. Ed il Re rispose che se il Soldano
voleva prendere prezzo e riscatto ragionevole, man-
derebbe egli a la Reina, ch'ella il pagasse per la redenzione di sue genti. E i Saracini gli domandarono
perchè voleva egli mandare a la Reina; ed egli rispuose loro che ben a ragione doveva ciò fare perch'ella era sua Dama e Compagna. Adunque il Consiglio si tornò al Soldano per sapere quanto esso
domanderebbe al Re, e saputolo, si ritornò ad esso
Re, e gli dissero che se la Reina voleva pagare un
milione di bisanti d'oro, che allora valevano cìn-
quecento mila lire, ch'ella libererebbe il Re, ciò
facendo. Ed il Re domandò loro per saramento se il
Soldano consentirebbe la diliveranza, ove la Reina
pagasse loro le cinquecento mila lire. Perchè essi
ritornaro al Soldano per sapere s'egli lo voleva così
fare e promettere, e ne rapportarono ch'e' lo volea
bene e gliene fecero il saramento. E sì tosto che li

Saracini gli ebbono giurato e promesso in lor fede
di così fare e di così liberare, il Re promise ch'egli
pagherebbe volentieri per la redenzione e diliveranza di sue genti cinque cento mila lire, e pel suo
corpo ch'egli renderebbe Damiata al Soldano, poich'elli non era punto tale ch'e' volesse redimersi,
nè volesse avere per alcuna finanza di danaio la diliveranza del corpo suo. Quando il Soldano intese la
buona volontà del Re, uscì dicendo: Fe' di Macometto! franco e liberale è il Francesco, il quale non
ha voluto bargagnare sovra sì gran somma di danaio, ma ha ottriato fare e pagare ciò che l'uomo
gli ha dimandato: or gli andate dire, fece il Soldano, che io gli dono sul riscatto cento mila lire, e
non ne pagherà più che quattro cento milia.

CAPITOLO XXXIII.

Come appresso il Trattato si approdò alla nuova Albergheria del Soldano, e come gli Almiranti si giuraro contra di lui.

Adunque il Soldano fe' tosto mettere in quattro
galee sul fiume le genti più grandi e più nobili che'l
Re avesse per menarle a Damiata. Ed erano nella
galea ove fui messo, il buon Conte Piero di Bertagna, Guiglielmo Conte di Fiandra, Giovanni il buon
Conte di Soissone, Messere Umberto di Belgioco
Connestabile, e li due buoni Cavalieri Messer Baldovino d'Ebelino e Guido suo fratello. E quelli della
galea ci fecero approdare davanti una gran magione
che il Soldano avea fatto levare sovra il fiume.
Ed era così fatta questa albergheria ch'egli vi

avea una bella torre fatta di abetelle e tutta chiusa
allo 'ntorno di una tela intinta. Ed all'entrata della
porta ci avea un gran paviglione teso, e là lasciavano gli Almiranti del Soldano loro spade e loro
verghe quando volevano ire a parlargli. Appresso a
quel paviglione ci aveva un'altra bella gran porta,
e per quella s'entrava in una sala ispaziosa che era
quella del Soldano; appo la quale rizzavasi un'altra
torre fatta tutto come la primiera, e per questa
montavasi alla camera del Soldano. Nel mezzo di
quell'albergheria si apriva un pratello, ed in quello
si drizzava una terza torre più grande che l'altre
tutte, e sovr'essa il Soldano montava per prospet-
tare tutto il paese di là intorno, e l'oste d'una parte
e dell'altra. Anche in quel pratello era uno viale
tirante verso il fiume, ed a capo il viale avea il Soldano fatto tendere un padiglioncello tutto sugli or-
licci del fiume per andarvisi bagnare. Ed era quello
alloggiamento tutto coverto, per disovra il fusto di
legname, di traliccio, e per di sovra il traliccio parato di tela d'India, affinchè di fuora non si potesse
trasvedere di dentro, ed anco tutte le torri erano
similmente intelajate. Davanti questa albergheria
arrivammo il giovedì innanzi la festa dell'Ascensione di Nostro Signore, e colà presso fu disceso il
Re in un paviglione per parlare al Soldano, ed ac-
cordargli che il sabbato appresso gli renderebbe
Damiata.

E così come si era sulla partenza e il voler venire a Damiata per renderla al Soldano, lo Ammiraglio, che tale era stato al tempo del padre

del giovine Soldano attuale, ebbe in lui alcun rimorso del dispiacere che esso giovine Signore gli avea fatto: perchè al suo avvenimento, dopo che quell'Ammiraglio l'ebbe inviato cherère per succedere al padre che morì a Damiata, esso invece per provvedere le genti sue ch'avea seco ammenato di stranie terre, lo disappuntò d'ogni onore, e parimente li Connestabili, Maliscalchi e Siniscalchi del padre suo. E per questa cagione li disappuntati presero tra loro consiglio, e sì dissero l'uno all'altro: Signori, voi vedete il disonore che 'l Soldano ci ha fatto, poichè egli ci ha ismossi delle preminenze e governi in che il Soldano suo padre ci aveva messi. Per la qual cosa noi debbiamo esser certani, che s'elli rientra una fiata di dentro le fortezze di Damiata, egli ci farà poco appresso tutti prendere e morire in sue prigioni, di paura che per successione di tempo non prendessimo vendicanza di lui, in così come fece il suo anticessore dello Ammiraglio e degli altri che presero li Conti di Bari e di Monforte. E pertanto vale egli meglio che noi il facciamo uccidere avanti ch'egli sfugga delle nostre mani. Ed a ciò si consentirono tutti, e di fatto se n'andarono parlare a quelli della Halcqua di cui ho dinanzi toccato, che son coloro ch'hanno la guardia del corpo del Soldano; e a questi fecero somiglievoli rimostranze come essi avean avuto tra loro, e li richiesero che uccidessono il Soldano, e così loro il promisero quelli della Halcqua.

Capitolo XXXIV.

Come i Cavalieri della Halcqua uccisono il Soldano di Babilonia.

Pertanto come un giorno il Soldano convitò a desinare i suoi Cavalieri della Halcqua, egli avvenne che, appresso le tavole levate, si volle ritirare nella sua camera: e dopo ch'egli ebbe preso congedo da suoi Almiranti, uno dei Cavalieri della Halcqua, il quale portava la spada del Soldano, lo ferì d'essa sulla mano, sicchè glie la fesse sin presso il braccio tra le quattro dita. Perchè allora il Soldano s'arretrò verso i suoi Almiranti che aveano conchiuso il fatto, e loro disse: Signori, io mi lagno a voi di quelli della Halcqua che m'hanno voluto uccidere siccome ben potete vedere alla mia mano. Ed essi gli rispuosono tutti a una voce, ch'egli loro valeva assai meglio ch'essi lo uccidessono, di quello che egli li facesse morire, siccome voleva farlo, se una fiata fusse rientrato nelle fortezze di Damiata. E sappiate che cautelosamente operarono ciò gli Almiranti, perchè essi fecero sonare le trombe e le nacchere del Soldano, e poichè tutta l'oste de' Saracini fu assembrata per sapere il volere del Signore, gli Almiranti, loro complici ed alleati, dissero allo esercito che Damiata era presa, e che il Soldano se ne era ito a quella volta, ed aveva lasciato per comando che tutti andassono in arme appresso lui. Di che tutti subito armaronsi e se n'andaro piccando degli speroni verso Damiata; d'onde

noi altri fummo a grande misagio, perchè credevamo che di vero Damiata fusse presa..

Il che veggendo il Soldano, e non potendo stornare la malizia ch'era stata cospirata contro la
sua persona, se ne fuggì nell'alta torre ch'elli a-
veva presso della sua camera, di cui vi ho davanti
parlato. Ed allora le sue genti medesime della Halcqua abbatterono tutti li paviglioni, ed intornea-
rono quella torre ove egli se n'era fuggito. E di
dentro la torre stessa egli ci aveva tre de' suoi
gran Maestri di Religione, i quali aveano mangiato
con lui, che gli gridarono ch'e' discendesse. Al che
rispose che volontieri discenderebbe laddove essi
lo assecurassero. Ed essi spietatamente soggiunsero
che bene il farebbono discendere per forza ed a mal
suo grado, e ch'e' pensasse come non fusse anche
a Damiata. E tantosto vanno a gittare il fuoco
greco di dentro quella torre, ch'era solamente di
abetelle e di tela com'io ho detto davanti. Ed incontanente fu abbragiata la torre, e vi prometto
che giammai non vidi falò più bello nè più subita-
no. Quando il Soldano sentì pressarsi dal fuoco,
egli discese per la via del pratello su ricordato, e
s'infuggì verso il fiume. E tutto in fuggendo l'uno
de' Cavalieri della Halcqua lo ferì d'una coltella
per mezzo le costole, ed egli si gittò con essa la
coltella di dentro il fiume. E appresso lui si gittarono intorno a nove Cavalieri, i quali lo finirono
in quelle acque assai vicino alla nostra galea. Or
quando il Soldano fue morto l'uno de' detti Cavalieri, che avea in nome Faracataico, fesselo per lo

mezzo e gli trasse il cuore dello interame; e così fieramente se ne venne al Re colle mani sanguinenti, e gli domandò: Che mi donerai tu, poi ch'ho io ucciso il tuo nimico che t'arebbe fatto morire s'egli avesse vissuto? Ma a questa villana dimanda, nè levò il viso, nè rispose un sol motto il buon Re San Luigi.

Capitolo XXXV.

Del male che ci avvenne dopo che 'l Soldano fue ucciso, e delle nuove convenenze giurate cogli Almiranti.

Quando costoro ebbono compiuto il misfatto, egli ne entrò ben trenta nella nostra galea con loro spade tutte nude in mano ed al collo loro azze d'armi. Ed io domandai a Monsignor Baldovino d'Ebelino, il quale intendeva bene Saracinesco, che era ciò che quelle genti dicevano, ed egli mi rispose ch'e' dicevano come ci volessero mozzare 'l capo. Di che vistamente vidi un troppello di nostre genti che là erano, ire a confessarsi ad un Religioso della Trinità, il quale era con Monsignor Guglielmo Conte di Fiandra. Ma quant'a me non mi sovvenne allora di male nè di peccato ch'unqua avessi fatto, e non pensai se non a ricevere il colpo della morte, e m'agginocchiai a' piedi de l'un d'essi tendendogli il collo, e dicendo queste parole nel fare il segno della Croce: Così morì Sant'Agnese. Accosto a me agginocchiossi Messer Guido d'Ebelino Connestabile di Cipri, e si confessò a me, ed io gli donai tale assoluzione come Dio me ne dava il podere: ma poi di cosa ch'egli mi avesse detto, quand'io fui levato, unqua non ne ricordai pure un motto.

Noi fummo allora messi nella sentina della galea tutti a disteso e stivati, ed argomentavamo molto di noi che non osassero assalirci tutti a un tratto, ma che indi ci volessero poi trarre l'uno appresso l'altro ed ucciderci; e fummo a tale miscapito tutta la notte, istando così strettamente stratati ch'io aveva i miei piedi a dritta del viso di Monsignore il Conte Piero di Bertagna, e così li suoi piedi erano all'indritto del viso mio. Ora avvenne che la dimane noi fummo tratti fuora di quella sentina, e ci inviarono dire gli Almiranti, che noi loro andassimo rinovellare le convenenze che avevamo fatte al Soldano. Quelli ci andarono che poterono andarvi, ma il Conte di Brettagna, e lo Connestabile di Cipri, ed io, che eravamo grievemente malati, dimorammo.

Quelli che andarono parlare agli Almiranti, ciò furono il Conte di Fiandra, il Conte di Soissone, e gli altri cui bastarono le forze, raccontarono le convenzioni della nostra diliveranza. Per le quali gli Almiranti promisero che, sì tosto come fusse loro dilivera Damiata, essi altresì dilivrerebbono il Re e gli altri gran personaggi che erano prigionieri. E disser loro che se il Soldano fusse vissuto, ch'egli avrebbe fatto mozzare le teste al Re e a tutti loro; e che già contro le convenenze fatte e giurate al Re, elli avea fatto ammenare verso Babilonia alquanti de' nostri grandi Baroni, e fattiveli uccidere; e ch'essi l'aveano tratto a morte,

per ciò che bene sapevano, che sì tosto ch'egli a-
rebbe avuto la signoria di Damiata, li farebbe similmente uccidere tutti o morire di mala morte
nelle sue prigioni. Per questa convenenza il Re doveva giurare in oltre di far loro satisfazione di due
cento mila lire avanti ch'elli partisse del fiume, e
le due altre cento milia, elli le trammetterebbe loro
da Acri, e ch'essi terrebbono per sigurtà di pagamento li malati ch'erano in Damiata, colle ballestre, lo armamento, gl'ingegni, il carrìno e le
carni salate sino a che il Re, inviando a cherère
tutto ciò, inviasse loro tutto insieme le diretane
due cento milia lire dette di sovra. Il sacramento
che doveva esser fatto tra il Re e gli Almiranti fu
divisato. E tale fu quello degli Almiranti che nel
caso ch'elli non tenessono al Re loro convenzioni
e promesse, ch'ellino stessi volevano essere in così
onìti e disonorati come quelli che per suo peccato
andavano in pellegrinaggio a Macometto la testa
tutta nuda, e come colui che, lassata la donna sua,
la riprendeva appresso. Ed in questo secondo caso,
nullo non poteva, secondo la legge di Macometto,
lasciare la donna sua e poi riprenderla, avanti che
elli avesse veduto alcun altro a giacersi con lei. Finalmente il terzo saramento era ch'ellino fussero
disonorati e disonestati come il Saracino che mangiasse la carne del porco. E ricevve il Re li saramenti detti di sovra per ciò che Maestro Nicola
d'Acri, che ben sapeva di lor fazioni, gli disse che
più grandi saramenti non potevano essi fare.

Quando gli Almiranti ebbero giurato, elli fecero scrivere e diedero al Re il saramento ch' e' volevano che facesse, il quale fue tale per lo consiglio di alcun cristiano ringato ch' essi avevano. Che nel caso che il Re non tenesse loro sue promesse e le convenzioni poste intra loro, ch' elli fusse separato dalla compagnia di Dio e della sua degna Madre, dei dodici Apostoli, e di tutti gli altri Santi e Sante del Paradiso. Ed a quel saramento si accordò il Re. L'altro era che nel caso che lo Re non tenesse le dette cose, ch' elli fusse riputato ispergiuro come il Cristiano che ha ringato Dio, e suo battesimo e sua legge, e che in dispetto di Dio sputa sulla Croce, ed ischiacciala sotto i piedi. Quando il Re ebbe udito quel saramento, disse che già nol farebbe egli.

Or quando gli Almiranti seppero che il Re non aveva voluto giurare, nè fare suo saramento in così a punto come ellino il richerevano, inviarono essi di verso lui il detto Maestro Nicola d'Acri, a dirgli ch' essi erano molto malcontenti di lui, e che avevano a gran dispetto lo aver giurato tutto ciò che 'l Re avea voluto, e che al presente egli non volea giurare ciò ch' essi gli richerevano. E il detto Maestro Nicola disse al Re ch' elli avesse ben per certano che s' elli non giurava a punto così come quelli volevano, ch' essi farebbono tagliar la testa a lui ed a tutte sue genti. A che il Re rispose che essi ne potevano fare a loro volontà, ma ch' elli amava troppo meglio morir buon cristiano che di vivere in corruccio di Dio, di sua Madre e de' Santi suoi.

Egli ci avea un Patriarca col Re, che era di Gerusalemme, dell'età di ottant'anni o intorno; il qual Patriarca aveva altra fiata procacciato lo assicuramento dei Saracini inverso il Re, ed era venuto appo esso Re per aiutarlo a sua volta ad avere sua diliveranza inverso li Saracini. Ora era la costuma intra Pagani e Cristiani, che quando alcuni Principi erano in guerra l'uno coll'altro, e l'uno si moriva domentre ch'eglino avessero mandato ambasciadori in messaggio l'uno all'altro, quegli ambasciadori dimoravano in quel caso prigionieri ed ischiavi, fosse ciò in Paganìa od in Cristianità. E per ciò che il Soldano, che avea dato sigurtà a quel Patriarca, di cui noi parliamo, era stato morto, per questa causa dimorò esso prigioniero dei Saracini altresì bene come noi. E veggendo gli Almiranti che il re non aveva nulla temenza di loro minacce, l'uno d'essi disse agli altri ch'egli era il Patriarca che così consigliava il Re: perchè seguitò dicendo, che se gli volevan credere, ch'elli farebbe bene giurarlo, tagliando la testa del Patriarca, e facendola volare nel grembo d'esso Re. Di che avvenne che sebbene gli altri Almiranti non gli tenesser credenza, pur tuttavia presero il buon uomo del Patriarca, e lo legarono davanti al Re ad un colonnino le mani dietro il dosso sì strettamente, che queste gli enfiarono in poco di tempo grosse come la testa, tanto che il sangue ne isprizzava in più luoghi. E del male ch'egli addurava, venìa gridando al Re: Ah! Sire, Sire, giurate arditamente, perchè io ne prendo il peccato sovra me e

sovra mia anima, poichè egli è così che voi avete
il desiderio e la volontà di accompire le vostre promesse ed il giuramento. Or io non so bene se a la
fine il giuramento fue fatto; ma checchè ne sia, gli
Almiranti si tennero al postutto contenti de' giuramenti che il Re e gli altri Signori che là erano
fecer loro.

CAPITOLO XXXVI.

Come fummo fatti scendere a valle sino a Damiata, e come
questa fue resa ai Saracini.

Ora dovete sapere che quando i Cavalieri della
Halcqua ebbero ucciso il loro Soldano, gli Almiranti
fecero sonare loro trombe e loro nacchere a gran
forza davanti il paviglione del Re. E gli fue detto
che gli Almiranti stessi aveano avuto gran voglia
in loro consiglio di farlo Soldano di Babilonia. Su
di che esso Re mi domandò un giorno s'io pensava
punto ch'elli avrebbe accettato il Reame di Babilonia se glielo avessono offerto. Ed io gli risposi,
che non sarebbe stato sì folle, visto ch'essi avevano
così tradito ed ucciso il loro Signore. Ma non o-
stante ciò, il Re mi disse ch'elli non l'arebbe mica
rifiutato. E sappiate ch'egli non tenne se non a che
gli Almiranti dissero tra loro che il Re era il più
fiero Cristiano ch'essi avessero giammai conosciuto:
e dicevano ciò perchè, quando partiva del suo alloggiamento, segnava esso innanzi a sè il terreno del
santo segno della Croce, e poi ne segnava altresì
tutto suo corpo. E dicevano li Saracini che se il loro
Macometto avesse loro altanto lasciato soffrire di

miscapito, quanto Dio aveva lasciato addurare al
Re, che giammai essi nè l'avrebbon adorato, nè a-
vrebbono creduto in lui. Tantosto appresso che entro il Re e gli Almiranti furono fatte, accordate e
giurate le convenzioni, fu appuntato tra loro che a
l'indimane della festa dell' Ascensione di nostro Signore, Damiata sarebbe renduta agli Almiranti, e
che li corpi del Re e di tutti noi altri prigionieri sarebbono diliverati. E furono ancorate le nostre quattro galee davanti il ponte di Damiata, e là fecero
tendere al Re un paviglione perchè vi potesse discendere ed albergare.

Quando venne il giorno posto, intorno l'ora di
Sol levante, Messer Gioffredo di Sergines andò nella
Città di Damiata per farla rendere agli Almiranti:
e tantosto sulla muraglia d'essa Città levaronsi al
vento le armi del Soldano, e v'entrarono dentro li
Cavalieri Saracini, e cominciarono a bere de'vini
che vi trovarono, talmente che molti tra loro s'i-
nebriaro. E intra gli altri ne venne uno nella nostra
galea, il quale tirò sua spada tutta sanguinente, e
ci disse ch'egli ne aveva ucciso sei di nostre genti:
il che era una cosa villana a dirsi da un Cavaliere
non che da altri. E sappiate che la Reina, avanti
che render Damiata, fu ritirata nelle nostre navi
con tutte nostre genti, allo infuori de'poveri malati ch'e' Saracini dovean guardare, e renderli al
Re, quando desse loro le dugento mila lire, donde
è fatto sovra menzione: e così l'avevano promesso
e giurato li Saracini: e similmente ci dovevano rendere gl'ingegni, lo arnese e le carni salate di cui

essi punto non mangiano. Ma al contrario la tradi-
trice canaglia uccise tutti li poveri malati, spezza-
rono gl'ingegni e l'altre cose che dovevano guardar
salve, e rendere in tempo e luogo, e di tutto feciono una catasta e vi misero il fuoco, che fu sì
grande ch'elli vi bastò tutti i giorni del venerdì,
del sabbato, e della domenica seguenti.

Capitolo XXXVII.

Come dopo lunga disputazione fummo finalmente diliverati
di prigionia.

Ed appresso ch'elli ebbero così ucciso o spezzato
tutto, noi altri che dovevamo essere diliverati a
Sole levante, fummo sino a Sole cadente senza bere
nè mangiare, nè il Re, nè alcuno di noi. E furono
gli Almiranti in disputazione gli uni contro gli altri, e tutti macchinando nostra morte. L'uno degli
Almiranti diceva agli altri: — Signori, se voi e
tutte queste genti che qui siete meco, mi volete
credere, noi uccideremo il Re e tutti questi grandi
personaggi che sono con lui. Perchè allora di qui a
quarant'anni noi non n'avremo a guardarcene,
perciò che e'loro figliuoli sono ancora minorelli, e
noi abbiamo Damiata, sicchè il possiam fare sicura-
mente. Un altro Saracino che l'uomo appellava Sce-
brecy, il quale nativo era di Mauritania, diceva al
contrario e rimostrava agli altri che se essi uccidevano il Re appresso lo aver ucciso il loro Soldano, sonerebbe per lo mondo che gli Egiziani erano
le genti più malvage e più disleali. E quello Almirante, che ci voleva fare morire, diceva allo incon-

tro per altre palliate rimostranze, che veramente
s'erano essi mispresi dell'aver ucciso il loro Soldano, e che ciò era contro il comandamento di Macometto, che diceva in suo dittato doversi guardare
il Signore come la pupilla dell'occhio; e ne mostrava il comandamento in uno libro che teneva in sua
mano. Ma, aggiungeva egli: ora ascoltate, Signori,
l'altro comandamento, e voltava adunque il foglio
del libro, ammonendoli che Macometto comanda
che, ad asseveranza della sua fede, si debba uccidere lo inimico della Legge. E poi diceva per rivenire alla sua intenza: Or riguardate il male che noi
abbiam fatto d'aver ucciso il nostro Soldano contra 'l comandamento di Macometto, ed ancora il
più gran male che noi faremmo se noi lasciassimo
andare il Re, e non lo uccidessimo, sien qualsivo-
gliano le sicuranze ch'egli abbia avuto da noi; perchè egli è desso lo più grande inimico della Legge
di Paganìa. Ed a queste parole a poco presso fu che
la nostra morte non venisse accordata. E da ciò avvenne che l'uno di quegli Almiranti che ci era contrario, pensando in suo cuore che ci devessono tutti
far morire, venne sulla riva del fiume, e cominciò
a gridare in saracinesco a quelli che ci conducevano
nella galea, e colla tovaglia, ch'e' si levò di testa,
loro per di più accennava, e diceva ch'essi ci rime-
nassero verso Babilonia. E di fatto fummo disanco-
rati e risospinti addietro contra monte; donde per
entro noi fu menato un duolo tragrande, e molte
lagrime ne uscirono degli occhi, perchè c'indovi-
navamo tutti che ci adducessero a mala morte.

Ma così come Dio volle, il quale giammai non obblia i suoi servidori, egli fu accordato, intorno a Sol cadente, in tra gli Almiranti che noi saremmo diliberati, e ci fecero rivenire verso Damiata, e furon messe le nostre quattro galee tutto presso il rivaggio del fiume. Adunque ci femmo a richierere d'essere messi a terra. Ma i Saracini nol vollero punto fare sino a che noi avessimo mangiato. E dicevano, che ciò farebbe onta agli Almiranti di lasciarci uscire di lor prigioni tutto digiuni. E tantosto ci ferono venire alcune vivande dall'oste, e ciò furono de' bitorzoli di formaggio rincotti al sole, affinchè i vermini non vi incogliessero, e dell'ova dure lessate da quattro o cinque giorni; e questi, per l'onore di nostre persone, li aveano fatti alluminare sulle coccia in diversi colori.

E appresso che ci ebbero così pasciuti, ci sposero a terra, e noi ne andammo di verso il Re, che i Saracini ammenavano del paviglione ove lo avean tenuto, in contro l'acqua del fiume, e ce n'avea ben venti mila a piè colle spade cinte. Ora avvenne che nel fiume davanti il Re si trovò una galea di Genovesi, nella quale non appariva sovra coperta che un uomo solo; il quale, quando vide che il Re fu a dirimpetto della sua galea, cominciò egli a fistiare. E tantosto ecco qui sortire del soppalco della galea bene ottanta ballestrieri bene arnesati, le loro ballestre tese, e le frecce suvvi. Il che come videro i Saracini, cominciaro a fuggire a modo di berbici spaurate, nè anche col Re ne dimoraro più di due o tre. Li Genovesi allora gittarono a terra una pan-

chetta, e raccolsero il Re, il Conte d' Angiò suo
fratello che di poi fu Re di Cicilia, Monsignor Gioffredo di Sergines, Messere Filippo di Nemursio, il
Maliscalco di Francia, il Maestro della Trinità, e
me: e dimorò prigioniero, a guardia de' Saracini,
il Conte di Poitieri, sino a che il Re avesse loro pagato le dugento mila lire ch' e' doveva sborsare avanti di partire del fiume.

Capitolo XXXVIII.

**Qui conta come fu lealmente pagato il tanto del riscatto
pattuito, e come femmo vela per Acri di Soria.**

Il sabbato d' appresso l' Ascensione, che fu l' indimane che noi eravamo stati liberati, vennero
prendere congedo dal Re, il Conte di Fiandra,
il Conte di Soissone e più altri grandi Signori.
Ai quali pregò il Re ch' e' volesseno attendere sino
a che il Conte di Poitieri suo fratello fusse diliverato. Ma essi gli risposero ch' egli non era loro possibile, per ciò che le loro galee erano preste ed apparecchiate a partire. Ed allora andarono montare
nelle galee ed abbrivarono per venire in Francia.
Ed era con essi il Conte Piero di Bertagna, il quale era grievemente malato, e non visse più che tre
settimane, e morì sopra mare.

Il Re non volle mica lasciare suo fratello il
Conte di Poitieri, ma di presenza volle fare il pagamento delle dugento milia lire; e si dispose a
fare il detto pagamento il sabbato, e tutta la giornata della domenica. E davansi li danari al peso
della bilancia, e valeva ciascuna bilancia dieci mila

lire. Quando venne la domenica a sera le genti del
Re, che facevano il pagamento, gli mandarono che
lor falliva ben ancora trenta mila lire. E col Re non
ci avea che suo fratello il Conte d' Angiò, il Maliscalco di Francia, il Maestro della Trinità, e me,
e tutti gli altri erano a fare il pagamento. Allora
io dissi al Re ch' e' gli valeva meglio pregare al
Comandatore ed al Maliscalco del Tempio ch' essi
gli prestassero le dette trenta mila lire per dilive-
rare suo fratello. Ma del consiglio ch' io donava al
Re mi riprese il Friere Stefano d' Otricorto che
era Comandatore del Tempio, e mi disse: Sire di
Gionville, il consiglio che voi date al Re non vale
neente, nè si è ragionevole; perchè voi sapete bene
che noi ricevemo le Comandìgie a giuramento, e
così senza che ne possiamo dare le entrate fuor a
quelli che ci hanno fatto giurare. E il Maliscalco
del Tempio, pensando di satisfare il Re, gli diceva:
Sire, lasciate in pace le brighe e le tenzoni del Sire
di Gionville e del nostro Comandatore, perchè non
possiamo stornare le entrate nostre senza farci sper-
giuri. E sappiate che il Siniscalco vi dice male del
consigliarvi, che se noi non ve le diamo, sì voi le
prendiate: ma ciò non ostante voi ne farete a volontà vostra, perchè, se 'l farete, noi ce ne rivar-
remo sul vostro che avete in Acri. E quando io
intesi la minaccia ch' essi facevano al Re, io gli
dissi, che io ne andrei bene cherendo s' egli il
voleva. Ed egli mi comandò di così fare; perchè
tantosto me ne andai a l' una delle galee del Tempio, e venni ad un forziere di cui non mi si voleva

dare le chiavi, ed io con una scure che vi trovai feci atto di aprirlo in nome del Re: il che vedendo il Maliscalco del Tempio, mi fece dar balìa delle chiavi, ed io aprii il forziere e ne presi la bastanza dello argento, e lo apportai al Re che molto fu gioioso della mia venuta. E sì fue fatto ed accompito il pagamento delle dugento milia lire per la diliveranza del Conte di Poitieri. E avanti che accompire il detto pagamento alcuni consigliavano al Re ch'elli non fesse del tutto pagare li Saracini, prima ch'essi gli avessero diliverato il corpo di suo fratello: ma egli rispondeva, poichè in così avea promesso, ch'egli loro darebbe tutto il danaro avanti che partire del fiume. E sopra questa parola Messer Filippo di Monforte disse al Re come avean frodato li Saracini di una bilancia che valeva dieci mila lire. Donde esso Re si corrucciò aspramente, e comandò al detto Messer Filippo, sulla fede che gli doveva come suo uomo ligio, ch'elli facesse tosto pagare le dette diece mila lire ai Saracini, se essi ne erano in resto, poichè diceva ch'egli già non si partirebbe sin che non fosse accompito il sodamento fatto agli Almiranti. Molti delle genti vedendo che 'l Re era sempre in pericolo da Saracini, lo pregavano sovente ch'elli si volesse ritirare in una galea che lo attendea in mare, e tanto fecero che pure in fine vi si trasse, sulla certezza ch'egli d'ogni giuramento s'era lealmente acchetato. E adunque cominciammo a navigare sul mare per tempo di notte e vi andammo bene una lega ardita senza poter nulla dire l'uno a l'altro, del misagio che noi avevamo di

aver lasciato il Conte di Poitieri nella prigione. E
non tardò guari che ecco qui Messer Filippo di Monforte, che era dimorato a fare il pagamento, il quale
gridò al Re: Sire, Sire, ora attendete vostro fratello il Conte di Poitieri che se ne viene a voi in
quell'altra galea. Di che il Re cominciò a dire alle
sue genti che colà erano: Or lume, or lume. E tantosto ci ebbe gran gioia tra noi tutti della venuta
del fratello del Re: e ci ebbe un povero pescatore
che andò dire alla Contessa di Poitieri, ch'esso a-
vea liberato il Conte delle mani de' Saracini, ed ella
gli fece donare venti lire di parisini. Ed allora ciascuno montò in galea e prese il vento.

<h2 style="text-align:center">CAPITOLO XXXIX.</h2>

Qui si fa incidenza per contare alquanti fatti che ci avvennero in Egitto, e che erano stati intralasciati.

Prima di passar oltre non voglio obbliare alcune
bisogne che arrivarono in Egitto immentre che noi
ci eravamo. E primieramente vi dirò di Monsignore Messer Gualtiero di Castillione, del quale udii
parlare ad un Cavaliere che lo avea veduto in una
ruga presso Kasel, là ove il Re fu preso; e sì diceva ch'elli aveva sua spada tutta nuda in pugno,
e quando e' vedeva li Turchi passare per quella ruga,
ed elli correa loro sopra e li cacciava a grandi colpi
davanti a lui; perchè avveniva che in questa caccia
li Saracini, traendogli così davanti come di dietro,
lo covrivano tutto di verrettoni. E mi diceva quel
Cavaliero che, quando Messer Gualtiero li aveva
così cacciati, ch'elli si disferrava delle verrette che

11

lo mordevano, e si armava di ricapo. E fu là lungo
tempo così combattendo, e lo vide più volte solle-
varsi sulle staffe gridando: A Castillione, Cavalieri!
e: Ove sono i miei prodi? Ma non vi se ne trovava
pur uno. Ed uno giorno appresso, come io era collo
Ammiraglio delle galee, m'inchiesi a tutte sue genti
d'arme, s'egli ci avea nullo che ne sapesse dire
alcune novelle. Ma io non ne potei giammai savere
neente, fuori a una volta ch'io trovai un Cavaliere
che avea nome Messer Giovanni Frumonte, il quale
mi disse che, quando ammenavanlo prigioniere, elli
vide un Turco montato sul cavallo di Messer Gualtieri di Castillione, e che il cavallo avea la colliera
tutta sanguinente; ed egli gli domandò cosa fosse
divenuto il Cavaliere a chi era il cavallo. E il Turco
gli rispose ch'esso gli avea tagliata la gorgia tutto
di sopra 'l suo cavallo, di che esso cavallo era in
così sanguinoso, e imbruttito.

Vi dirò anche ch'elli ci avea un molto valente
uomo in nostra oste, che avea in nome Messer Gia-
como del Castello Vescovo di Soissone, il quale
quando vide che noi ne rivenivamo verso Damiata,
e che ciascuno se ne volea ritornare in Francia,
amò meglio nel suo gran cuore di rimanere a dimorare con Dio, che rivedere il luogo dove era nato;
e s'andò soletto a gittare didentro i Turchi, come
s'egli li avesse voluti combattere tutto solo: ma
tantosto l'inviarono a Dio, e lo misero nella compagnia de'Martiri, perch'essi lo uccisono in poco d'ora.

Un'altra cosa vidi, in quella che 'l Re attendeva sul fiume il pagamento ch'elli facea fare per

riavere suo fratello il Conte di Poitieri; e questa fu
che venne al Re un Saracino molto bene abbigliato,
e molto bell'uomo a riguardare. E presentò al Re
del lardo strutto in orciuoli, e dei fiori di diverse
maniere, i quali erano molto odoranti, e gli disse:
ch'egli erano i figliuoli di Nazac Soldano di Babilonia ch'era stato ucciso, che gli facevano il presente. Quando il Re udì quel Saracino parlar francesco, gli domandò chi glielo aveva sì bene appreso.
Ed egli rispose che esso era Cristiano rinegato. E
incontinente il Re gli disse, ch'e' si tirasse a parte
e al tutto fuori di sua presenza, poichè non gli sonerebbe più motto. Allora, trattolo disparte, lo inchiesi come egli avea rinegato, e donde era. E quel
Saracino mi disse ch'egli era nato di Provino, e
venuto in Egitto col fu Re Giovanni, ch'era mari-
tato in Egitto e che vi avea di molti beni. Ed io gli
soggiunsi: E non sapete voi a bastanza che, se mo-
riste in tal punto, voi discenderete tutto dritto in
inferno, e vi sarete dannato per sempre? Ed egli
mi rispose: che certo sì, e che sapea bene com'egli
non ci fosse legge migliore di quella de' Cristiani;
ma, parlò egli: io temo, se riedessi verso voi, la
povertà ove sarei, e gl'infami rimprocci che l'uomo
mi darebbe tutto il lungo della mia vita, appellan-
domi Rinegato, Rinegato. Pertanto io amo meglio
vivere a mio agio e ricco, che divenire in tal punto.
Ed io gli rimostrai ch'egli valeva troppo meglio
temere l'onta di Dio e quella di tutto il mondo,
quando, al finale Giudicamento, tutti misfatti saranno manifestati a ciascuno, e poi appresso essere

dannati senza ritorno. Ma tutto ciò non mi servì di niente, ed anzi se ne partì da me, ed unqua più non lo vidi.

Capitolo XXXX.

Di ciò che avvenne in Damiata alla buona Dama Madonna la Reina.

Qui davanti avete udito le grandi persecuzioni e miserie che 'l buon Re San Luigi e tutti noi abbiamo sofferte ed addurate oltre mare. Ora anche sappiate che la Reina, la buona Dama, non ne iscapolò punto senza averne la parte sua, e ben aspra al cuore, siccome udirete qui appresso. Perchè tre giorni avanti ch'ella partorisse, le vennero le amare novelle che 'l Re suo buon barone era preso. Delle quali novelle ella ne fu così turbata in suo corpo, ed a sì grande misagio, che senza posa in suo dormire le sembrava che tutta la camera fusse piena di Saracini venuti per ucciderla, e senza fine gridava: a l'aiuto a l'aiuto, là dove anche non c'era anima. E di grande paura che il frutto ch'ella portava non ne perisse, faceva durare tutta notte un Cavaliero al piede del suo letto senza dormire. Il qual Cavaliero era provato ed antico di ottant'anni e più: ed a ciascuna fiata ch'ella isgridava, ed egli la tenea per mezzo le mani, e le diceva: Madonna la Reina, state, io sono con voi, non aggiate paura. E avanti che la buona Dama, infantando, si dovesse giacere, ella fece vuotar la camera de'personaggi che vi erano, fuor che di quel vecchio Cavaliere, e quando fu sola con lui, gli si gittò innanzi a ginocchi, e lo richiese che le donasse un dono. E il Cavaliero glielo ottriò per suo sagramento. E la Reina gli va dire: Sir Cavaliero, io vi richieggo sulla fede che voi m'avete donata, e per la fede che dovete al Re mio e vostro Signore, che se i Saracini prendessono Damiata, durante il tempo di mio giacere, che voi mi tagliate il capo avanti ch'essi possano toccare al mio corpo. E il Cavaliero con sereno viso le rispose, ch'egli molto volentieri il farebbe, e che già avea avuto in pensiero di così fare se il caso fosse accaduto.

Nè tardò guari che la Reina isgravossi nel detto luogo di Damiata d'un figliuolo ch'ebbe in nome Giovanni, ed in suo sovranome Tristano, per ciò ch'egli era nato in tristezza ed in povertà. E il proprio giorno ch'ella isgravossi, fulle detto che tutti quelli di Pisa e di Genova, e tutta la povera Comune che era nella Città, se ne volevano fuggire e lassare il Re. E la Reina li fece venire davanti il suo letto e loro domandò e disse: Signori, per la Dio mercè vi supplico ch'egli vi piaccia non abbandonar mica questa Città, perchè voi sapete bene che Monsignore lo Re, e tutti coloro che sono con lui sarebbono tutti perduti: e tuttavia s'egli non vi viene a piacere di così fare, almeno aggiate pietà di questa povera cattiva Dama che costì giace, e vogliate tanto attendere ch'ella sia rilevata. E coloro le rispuosono, ch'egli non era possibile, e ch'essi morrebbono tutti di fame in così fatta cittade. Ed ella loro rispose ch'e' già non vi morrebbon di fame, e ch'ella farebbe accattare tutta la vittovaglia che si potrebbe trovare nella cittade, e ch'ella li terrebbe oggimai alle spese del Re. E così le convenne fare, e fece comprare di vittovaglia ciò ch'uomo ne potè trovare, ed in poco di tempo, avanti il suo rilevamento le costò trecensessanta mila lire e più per nodrire quelle genti; e ciò non ostante convenne alla buona Dama levarsi avanti il suo termine, e ch'ella andasse ad attendere nella Città d'Acri, per ciò che bisognava rilasciare Damiata ai Turchi ed ai Saracini.

Capitolo XXXXI.

Qui dice il conto come 'l Re sofferse disagio in nave, e come io ebbi in Acri molte tribolazioni.

Dovete anche sapere che sebbene il Re avesse sofferto molto di male, ancora quand'egli entrò nella sua nave, le genti sue non gli avevano niente apparecchiato, come di robbe, letto, sdraio, nè altro bene o conforto alcuno; ma gli convenne giacere per sei giorni sulle materassa, sino a ciò che fussimo in Acri. E non aveva il Re nullo abbigliamento che due robbe che il Soldano gli avea fatto tagliare, le quali erano di sciamito nero foderate di vajo e di piccol grigio, con bottoni d'oro a fusone. Immentre che noi fummo sovra mare e che andavamo in Acri, io mi sedeva sempre appresso il Re, perciò che era malato. Ed allora mi contò elli come era stato preso, e come avea poscia procacciato la sua redenzione e la nostra per lo aiuto di Dio. E similmente gli venni io contando come era stato preso sull'acqua, e come un Saracino m'avea salvato la vita: sùl che il Re mi diceva che grandemente era tenuto a Nostro Signore, quando elli mi avea stratto di così greve pericolo. Ed intra l'altre cose il buon santo Re lamentava a meraviglia la morte del Conte d'Artese suo fratello, perchè un giorno domandò che facesse l'altro suo fratello il Conte d'Angiò, e si dolse ch'egli non gli tenesse mai altrimenti compagnia, tuttocchè elli fussono insieme in una galea. Rapportarono allora al Re ch'egli giucava alle tavole con Messer Gualtiero di Nemorso. E quand'ebbe ciò inteso, si levò egli, e, vagellando per la grande fievolezza di malattia, cominciò ad andare, e quando fu sopra loro, prese i dadi e le tavole, e tutto gittò in mare, e si corrucciò fortemente al fratello di ciò ch'egli s'era sì tosto preso a giucare ai dadi, e che altrimenti non gli sovvenìa più della morte di suo fratello il Conte d'Artese, nè de' perigli da' quali Nostro Signore graziosamente li aveva diliberati. Ma Messer Gualtiero di Nemorso ne fu il meglio pagato, perchè il Re gittò tutti i danari suoi ch'egli vide sul tavolieri, appresso i dadi e le tavole, in mare.

E qui diritta voglio io ben raccontare alcune grandi persecuzioni e tribolazioni che mi sovvennero in Acri, delle quali i due, in chi aveva perfetta fidanza, mi diliverarono; ciò furo Nostro Signore Iddio e la benedetta Vergine Maria. E ciò dico io a fine d'ismuovere coloro che l'intenderanno ad avere altresì perfetta fidanza in Dio, e pazienza nelle loro avversità e tribolazioni, ed elli àterà loro così come ha fatto a me molte fiate. Or dunque diciamo, siccome allora che 'l Re giunse in Acri quelli della cittade lo vennero ricevere sino alla riva del mare con loro processioni a gioia e passa gioia. E ben tosto il Re m'inviò cherère, e mi comandò espressamente, su quel tanto ch'io avea caro suo amore, ch'io dimorassi a mangiare con lui sera e mattina, sin ch'egli avesse avvisato se noi ne anderemmo in Francia, o dimoreremmo colà. Io fui alloggiato presso il Curato di Acri, là ove il Vescovo di detto luogo m'avea statuito lo alloggiamento, e là io caddi grievemente malato: e di tutte mie genti non mi rimase un valletto solo, chè tutti dimoraro al letto malati come me. E non ci avea anima che mi riconfortasse d'una sol volta a bere; e per meglio allegrarmi tutti i giorni io vedeva per una finestra ch'era nella mia camera, apportare ben venti corpi morti alla Chiesa per interrarli: e quando io ne udia cantare *Libera me*, mi prendea a plorare a calde lagrime, in gridando a Dio mercè, e che suo piacer fosse il guardar me e le mie genti di quella fiera pistolenza che vi regnava; e così graziosamente Egli fece.

CAPITOLO XXXXII.

Come 'l Re tenne consiglio del ritornare in Francia o del rimanere in Terra Santa, e come s'attenne al rimanere.

Tantosto appresso il Re fece appellare i suoi fratelli e 'l Conte di Fiandra, e tutti gli altri gran personaggi che avea con lui a certo giorno di domenica. E quando tutti furono presenti, egli loro

disse: Signori, io v' ho fatto cherère per dire a voi
delle novelle di Francia. Egli è vero che Madama la Reina mia madre mi ha mandato ch'io me
ne venga frettolosamente, che 'l mio Reame è in
grande periglio, perchè non ho pace nè tregua
col Re d' Inghilterra. Ed egli è vero altresì che
le genti di questa terra mi vogliono guardare dello
andarmene, dicendo che s'io me ne vo, adunque
la loro terra sarà perduta e distrutta, e ch' essi se
ne verranno tutti appresso me. Pertanto vi prego
che ci vogliate propensare, e che dentro otto giorni
me ne rendiate risposta.

La domenica seguente tutti ci presentammo davanti 'l Re per donargli risposta di ciò ch' elli ci a-
vea incaricato dirgli, intorno la sua andata, o la
sua dimorata. E portò per tutti la parola Monsignore Messer Guido Malvicino, e disse così: Sire,
i Monsignori vostri fratelli, e gli altri personaggi
che qui sono, hanno riguardo al vostro Stato, ed
hanno conoscenza che voi non avete punto podere
di dimorare in questo paese all' onore di Voi ed al
profitto del Reame vostro. Perchè in primiero luogo di tutti vostri Cavalieri che ammenaste in Cipri, di due mila ottocento, egli non ve ne è anche
dimorato un centinaio. Per altra parte Voi non a-
vete punto di abitazione in questa terra, ed altresì
vostre genti non hanno punto nullo danaio. Perchè
tutto considerato e propensato, tutti insieme vi
consigliamo che Voi andiate in Francia a procac-
ciare genti d' arme e danari, perchè rifornitovene
possiate sollicitamente rivenire in questo paese per

vendicanza prendervi degl'inimici di Dio e di sua
Legge.

Quando il Re ebbe udito il consiglio di Messer
Guido, egli non fu punto contento di ciò, anzi dimandò in particolare a ciascuno ciò che ben gli
sembrava di questa materia, e primieramente al
Conte d'Angiò, al Conte di Poitieri, al Conte di
Fiandra, e agli altri gran personaggi, i quali erano
davanti a lui, li quali tutti risposero ch'essi erano
dell'opinione di Messer Guido Malvicino. Ma ben
fu costretto il Conte di Giaffa, che aveva delle ca-
stella oltre mare di dire la sua opinione in questo
affare; il quale, appresso il comandamento del Re,
disse che la sua opinione era che, se il Re poteva
tenere alloggiamento in campo, sarebbe stato di
suo grande onore il dimorare, più che il ritornarsene così a maniera di vinto. Ed io ch'era a punto
il quattordicesimo là assistente, risposi alla mia
volta, che teneva l'opinione del Conte di Giaffa. E
dissi per mia ragione, correr voce che 'l Re non
aveva ancor messo nè impiegato alcun danaro di
suo tesoro, ma che avea solamente dispeso quello
de' Maestri Cherci delle sue finanze; e che per
ciò esso Re doveva inviare a cherère nei paesi
della Morea e d'oltre mare, Cavalieri e genti d'armi a buon numero, e che quando s'udrà dire ch'e-
gli largheggia di gaggi, avrà tantosto ricovrato
genti da tutte parti, perchè potrà esso Re dilive-
rare tanti poveri prigionieri, che sono stati presi
al servigio di Dio e suo, che giammai non usciran-
no di lor prigioni s'egli se ne va senz'altro così.

E sappiate che della mia opinione non fui io mica ripreso, ma molti si presero a piangere, perchè non ci avea guari colui, il quale non avesse alcuno de' suoi parenti cattivo nelle prigioni de' Saracini. Appresso me, Monsignor Guglielmo di Belmonte disse che la mia opinione era assai buona, e ch' e' s'accordava a ciò ch'io avea detto. Appresso queste cose, e che ciascuno ebbe ordinatamente risposto, il Re fu tutto turbato per la diversità delle opinioni di suo Consiglio, e prese termine d'altri otto giorni per dichiarare ciò ch'elli ne vorrebbe fare. Ma ben dovete sapere, che quando noi fummo fuori della presenza del Re, ciascuno de' Signori mi cominciò ad assalire, e mi diceva per dispetto ed invidia: Ah! certo il Re è folle, s'egli non crede a voi, Sire di Gionville, per di sopra tutto il Consiglio del Reame di Francia. Ed io me ne tacqui, e stetti chiotto e pacioso.

Tantosto le tavole furono messe per andare a mangiare. Aveva sempre il Re in costume di farmi sedere alla sua tavola, se i fratelli suoi non vi fussono, ed anche usava in mangiando dirmi sempre alcuna cosa. Ma in quell'ora unqua motto non mi sonò, nè volse il viso verso di me. Allora mi pensai ch'elli fusse mal contento di me, perciò che aveva detto ch' e' non avea ancora dispeso di suo tesoro, e che ne dovea dispendere largamente. Ed in così, com'elli ebbe reso grazie a Dio appresso suo desinare, io m'era ritirato ad una finestra ferrata ch'era presso il capezzale del letto del Re, e teneva le braccia passate per le barricelle dell'inferrata tutto pensivo: e diceva in mio cuore ch'ove il Re se n'andasse a questa fiata in Francia, che io men'andrei verso il Principe d'Antiochia, il quale era di mio parentado. Ed in così com'io era in tale pensiero, il buon Re si venne ad appoggiare sulle mie spalle, e mi tenea la testa per di dietro alle sue due mani. Ed io feci stima che fusse Monsignor Filippo di Nemorso che m'avea fatto troppo di noia quella giornata per lo consiglio ch'io avea donato; e cominciai a dirgli: Lasciatemi in pace Messer Filippo, in mala avventura che vi colga. E tornai il viso, ed il Re mi vi passò sovra le mani, e tantosto io seppi bene ch'elle erano le mani del Re ad uno smeraldo che aveva al dito, e me ne ismossi confuso come colui ch'avea mal parlato. E il Re mi fece dimorare tutto chiotto e poi mi va a dire: Venite qua, Sire di Gionville, come siete voi stato sì ardito di consigliarmi, contro tutto il Consiglio dei grandi personaggi di Francia, voi che siete giovine uomo, che io deggia dimorare in questa terra? Ed io gli risposi, che s'io lo aveva ben consigliato, ed egli credesse al mio consiglio; se male, non vi credesse punto e lo rifiutasse. Allora elli mi domandò, s'egli dimorasse, s'io vorrei dimorare con esso lui: Ed io risposi, che sì certamente, fosse ciò a mio spendio o all'altrui. Ed allora il Re mi disse che buon grado mi sapeva di ciò ch'io gli avea consigliato la dimoranza, ma che non lo dicessi a nessuno. Donde per tutta quella settimana io fui sì gioioso di ciò che m'avea detto, che nullo male più mi gravava, e mi difendeva arditamente contro gli altri Signori che me ne assalivano. E sappiate che l'uomo appella i paesani di quella terra *Pullani* [1], e fu avvertito Messer Piero d'Avallone, che era mio cugino, che mi si dava per istrazio un siffatto appellativo, perch'io aveva consigliato al Re la sua dimora coi Pullani. Perchè esso mi mandò ch'io me ne difendessi contro i linguardi, e dicessi loro ch'io amava meglio esser Pullano che Cavalier ricreduto com'essi erano.

Passata la settimana e venuta l'altra domenica, tutti ritornammo di verso il Re, e quando noi fummo presenti, egli cominciò a segnarsi del segno della Croce, soggiugnendo che ciò era lo insegnamento di sua Madre, la quale gli aveva appreso che qualora volesse qualche parola dire ch'egli così facesse, ed invocasse lo aiuto di Dio e dello Spirito Santo; e tali furono le parole del Re: Signori, io ringrazio voi che mi avete consigliato d'andarmene in Francia, e parimente ringrazio voi che mi consigliaste ch'io dimorassi in questo paese. Ma mi sono dappoi avvisato che, quando io dimorassi, non per ciò il mio Reame ne sarebbe in maggior periglio, perchè Madama la Reina mia Madre ha assai genti per difenderlo; ed ho altresì avuto riguardo al detto dei Cavalieri di questo paese, i quali affermano, che s'io mi metto in via, il Reame di Gerusalemme sarà perduto, perciocchè non vi dimorerà nullo appresso la mia partenza. Pertanto ho io fatto stima che son qui venuto per guardare esso Reame di Geru-

---

[1] *Pullani* erano detti i nati da padre Siriano e da donna Franca, o viceversa, quasi *pullati*, e non aventi puro sangue, ma misto.

salemme dall'essere interamente conquiso, e non punto per lasciarlo perdere, talchè, Signori, io vi dico, che se v'ha tra voi tutti chi voglia dimorar meco, si dichiari arditamente, ed a questi io prometto che donerò tanto, che la coppa sarà loro non mia [1], ed altresì facciano quelli che non vorranno dimorare, e dalla parte di Dio possano essi compiere il lor volere. Appresso queste parole, molti ce n'ebbe d'isbaīti, e che cominciarono a piangere a calde lagrime.

Capitolo XXXXIII.

Come 'l Re tenne a suo spendio me e la mia bandiera sino al tempo di Pasqua a venire.

Dopo che 'l Re ebbe dichiarato la sua volontà, e che sua intenzione era di dimorar là, elli ne lasciò venire in Francia i suoi fratelli. Ma io non so punto bene se ciò fu a loro richiesta, o per la volontà del Re, e fu al tempo intorno alla San Giovanni Battista. [2] E tantosto appresso che i suoi fratelli furono partiti da lui per venirne in Francia, il Re volle sapere come le genti, ch'erano dimorate con lui, aveano fatto diligenza di ricovrar genti d'arme. E il giorno della festa di Monsignor Santo Jacopo, di cui io era stato pellegrino per lo gran bene ch'e'm'avea fatto, dopo che 'l Re, la messa udita, s'era ritratto in sua camera, appellò de'suoi principali di consiglio, ciò furono Messer Piero

---

1 Ciò è a dire: ch'io farò passare alle mani loro tutto il mio tesoro.

2 24 giugno 1250.

Ciambellano, che fu il più leale uomo e il più dritturiere ch'io vedessi unqua nella magione del Re, Messer Gioffredo di Sergines il buon Cavaliero, Messer Gille il Bruno il buon produomo, e le altre genti di suo Consiglio, colle quali era altresì il buon produomo a chi il Re avea donato la Connestabilia di Francia appresso la morte di Messer Imberto di Belgioco. E loro domandò 'l Re quali genti e qual numero essi avevano ammassato per rimetter su il suo esercito, e siccome scorrucciato diceva loro: Voi ben sapete ch'egli ha un mese, o intorno, ch'io vi dichiarai che la mia volontà era di rimanere, e non ho ancora udito alcune novelle che voi abbiate fatto arma di Cavalieri nè d'altre genti: così fu che gli rispose Messer Piero Ciambellano per tutti gli altri: Sire, se noi non abbiamo ancora fatto niente di ciò, egli è per non potere; poichè senza falta ciascuno si fa sì caro, e vuol guadagnare sì gran prezzo di gaggi, che noi non oseremmo prometter loro di dare ciò ch'essi dimandano. E il Re volle savere a chi essi aveano parlato, ed anche chi erano coloro i quali domandavano sì grossi gaggi. E tutti risposero che era io, e che non voleva star contento alla mezzolanità. Ed io udiva tutte queste cose istando nella camera del Re, e ben sappiate che gli dicevano tali parole di me le genti sunnominate di suo Consiglio, per ciò che gli avea consigliato, contro la loro opinione, ch'elli dimorasse, e che del ritornare in Francia non fosse niente. Allora mi fece appellare il Re, e tantosto andai a lui, e me gli gittai da-

vanti a ginocchi; ed elli mi fece levare e sedere;
e quando fui assiso, mi va a dire: Siniscalco, voi
sapete bene ch'io ho sempre avuto fidanza in voi,
e vi ho tanto amato, e tuttavolta le mie genti
m'han rapportato che voi siete sì duro ch'essi non
vi possono contentare di ciò che vi prometton di
gaggi, or come è ciò? Ed io gli risposi: Sire, io
non so a punto ciò ch'essi vi rapportino, ma quanto è di me, s'io dimando buon salario, non ne
posso altro; perchè voi sapete bene che quando fui
preso sull'acqua, allora io perdei quanto che avea,
senza che mi dimorasse nulla dal corpo in fuori,
e per ciò non potrei io intertenere mie genti a poco
di cosa. E 'l Re mi domandò quanto io voleva avere
per la mia compagnìa sino al tempo di Pasqua a venire [1], che erano li due terzi dell'annata. Ed io gli
dimandai due mila lire. Or mi dite, parlò il Re, a-
vete qualche Cavaliero con voi? Ed io gli risposi:
Sire, ho fatto dimorare Messer Piero di Pontemo-
lano ed altri due Banneretti, che mi costano quattrocento lire ciascuno. E allora contò il Re sulle
sue dita, e mi disse: Sono dunque milla e dugento
lire che vi costeranno i vostri Cavalieri e lor genti
d'arme. Al che soggiunsi: Or riguardate pertanto,
Sire, s'egli non farà d'uopo di ben ottocento lire
per montarmi di arnesi e cavalli, e per dare a mangiare ai miei Cavalieri sino al tempo di Pasqua? Allora il Re disse alle genti di suo Consiglio ch'egli non
vedeva punto in me d'oltraggio nè di dismisura,
e mi va a dire, ch'elli mi riteneva a suo spendio.

---

1 Cioè a quella del 1251.

Capitolo XXXXIV.

Di tre Imbasciate che vennero al Re in Acri.

Tantosto appresso non tardò guari che lo Imperatore Federigo di Lamagna inviò un'Ambasciata di verso il Re, e per sue lettere di credenza diceva commente elli andava a scrivere al Soldano di Babilonia, di cui mostrava ignorare la morte, sì ch'elli credesse alle genti sue che inviava verso di lui, e, che ad ogni modo liberasse il Re, e'Crociati di cattivitade. E molto bene mi sovviene come alquanti dissero che punto non avrebbon voluto che l'Ambasciata di quello Imperador Federigo li avesse trovati tuttavia prigionieri; perchè essi si dubitavano che ciò facesse quell'Imperadore per farci sostenere più strettamente e per meglio ingombrarci. Ma quando essi ci ebbero trovati diliveri ritornarono prestamente verso il loro Signore.

Parimente appresso quell'Ambasciata, venne al Re l'Ambasciata del Soldano di Damasco sino in Acri, e per quella esso Soldano si lagnava degli Almiranti di Egitto ch'aveano ucciso il Soldano di Babilonìa, il quale era suo cugino; e gli prometteva che se il volea soccorrere contro di loro, che elli gli rilascierebbe il Reame di Gerusalemme ch'esso tenea. Il Re rispose alle genti del Soldano, si ritirassono ai loro alloggiamenti, ed esso di breve farebbe risposta a ciò che il Soldano gli mandava; e così se ne andarono a prendere stanza. E subito appresso ch'essi furono alloggiati, il Re trovò in suo Consiglio, ch'egli invierebbe la risposta al Soldano

di Damasco per mezzo di un proprio messaggere, e
trametterebbe con essi un Religioso, che avea nome Frate Ivo il Bretone, il quale era dell'Ordine
de' Fratelli Predicatori. E tantosto fue fatto venire
Frate Ivone, e il Re inviollo verso gli Ambasciadori
del Soldano a dire che 'l Re voleva ch' e' se n'andasse
con loro a Damasco per rendere la risposta ch'esso
Re inviava al Soldano, e ciò perch'egli intendeva
e parlava il saracinesco. E così puntualmente fece
il detto Fra' Ivo. Ma ben voglio qui raccontare una
cosa che udii dire al medesimo Frate, la quale è
che, andandosene dalla magione del Re allo alloggiamento degli Ambasciadori del Soldano, trovò
per mezzo la ruga una femmina molto antica, la
quale portava nella sua mano destra una scodella
piena di fuoco, e nella mano sinistra una fiala piena d'acqua. E Frate Ivo le domandò: Femmina,
che vuoi tu fare di questo fuoco e di quella acqua
che tu porti? Ed ella gli rispose che del fuoco volea
bruciare il paradiso, e dell'acqua voleva stutare
lo inferno, affinchè giammai non ne fusse più nè
dell'uno nè dell'altro. E 'l Religioso le domandò,
perchè ella diceva tali parole. E colei gli rispose:
Per ciò ch'io non voglio mica che nullo faccia
giammai bene in questo mondo per averne il Paradiso in guiderdone, nè così che nullo si guardi di
peccare per iscuriccio del fuoco infernale. Ma ben lo
dee uom fare per lo intiero e perfetto amore che noi
debbiamo avere al nostro creatore Sire Iddio, il quale è lo bene sovrano, e che ci ha amato tanto ch'elli
s'è sottomesso a morte per nostra redenzione, e

per detergere lo peccato del nostro archiparente Adamo, e così menarci a salvezza.

Infrattanto come lo Re soggiornò in Acri vennero di verso lui li Messaggeri del Principe de' Beduini, che si appellava il Vecchio della Montagna. E quando il Re ebbe udito sua messa al mattino, elli volle udire ciò che li detti messaggeri avevano in loro mandato, ed essi venuti davanti il Re, furono fatti assedere per dire il messaggio; e cominciò un Almirante che là era di domandare al Re s'elli conosceva punto Messere il Principe della Montagna. E lo Re gli rispose, che no, perchè non l'aveva visto giammai, ma bene aveva udito parlare di lui. E lo Almirante disse al Re: Sire, poi che voi avete udito parlare di Monsignore, io mi meraviglio molto che voi non gli abbiate inviato tanto del vostro che voi ne aggiate fatto un vostro amico, in così che fanno lo Imperadore di Lamagna, il Re d'Ungheria, il Soldano di Babilonia, e più altri Re e Principi grandi, tutti gli anni, per ciò ch'essi conoscono bene che senza lui essi non porriano durare nè vivere, se non tanto ch'elli piacerebbe a Monsignore; e per ciò ci ha inviati elli di verso voi, per dire ed avvertirvi che ne vogliate fare così, o per lo meno che lo facciate tener quieto del tributo ch'elli deve ciascun anno al Gran Maestro del Tempio, ed allo Spedale, e ciò facendo egli si terrà a pagato da voi. Ben dice Monsignore che s'elli facesse uccidere il Maestro del Tempio o dello Spedale, che tantosto e' ce n'arebbe un altro altresì buono, e per ciò non vuole elli mica mettere sue genti in avventura di periglio, ed in luogo dove non vi saprebbe niente guadagnare. Il Re loro rispose ch'e' si consiglierebbe, e ch'essi rivenissero sulla sera di verso lui, ed allora ne renderebbe risposta.

Quando si venne al vespro, e ch'elli furono rivenuti davanti il Re, essi trovarono con lui il Maestro del Tempio da una parte, e il Maestro dello Spedale dall'altra. Allora il Re disse loro che di ricapo dicessero il loro caso e il dimando che avean fatto al mattino. Ed essi rispuosono ch'e' non erano punto consigliati di dirli ancora una fiata, fuorchè davanti quelli stessi ch'erano presenti al mattino. E allora li Maestri del Tempio e dello Spedale loro comandarono fieramente ch'essi li dicessero ancora una fiata. E lo Almirante obbedì ripetendo ciò ch'avea detto al mattino davanti 'l Re tutto così com'è contenuto di sopra. Appresso la qual cosa li Maestri disser loro in saracinesco che venissero al mattino a parlare con essi, e che n'avrebbono tutt'insieme la risposta del Re. Perchè al mattino quando furono davanti li gran Maestri suddetti, questi loro dissero, che molto follemente e troppo arditamente il loro Sire avea mandato al Re di Francia tali cose e tanto dure parole, e che se non era per l'onore del Re, e per ciò ch'elli erano venuti davanti a lui come messaggeri, li farebbono essi tutti annegare e gittar nel cupo del mare d'Acri in dispetto del loro Signore. Perchè vi comandiamo, soggiunsero li Gran Maestri, che voi ve ne ritorniate verso il vostro Signore, e che

dentro quindici giorni apportiate al Re lettere del
vostro Principe, per le quali esso Re sia contento di
lui e di voi. E veramente entro la prescritta quin-
dicina li messaggeri di quel Principe della Montagna rivennero di verso il Re e gli dissero: Sire, noi
siamo rivenuti a voi da parte del nostro Sire, il
quale vi manda che tutto siccome la camicia è lo
abbigliamento il più presso del nostro corpo, così
similmente vi invia egli la sua camicia che qui vedete, donde elli vi fa un presente, in significanza
che voi siete quel Re, cui egli ama a più avere in
amore, e ad intertenere. E per più grande assicu-
ranza di ciò, vedete qui il suo annello ch'elli v'invia, che è di fino oro, e nel quale è inscritto il suo
nome: e di questo annello vi disposa il nostro Sire,
e intende che da oggi mai siate con lui tutto a uno
come le dita della mano. E intra l'altre cose inviò
quel Vecchio della Montagna al Re uno elefante di
cristallo, e figure d'uomini di diverse fazioni in cristallo, e tavole e scacchi altresì, il tutto fatto a
rifioriture d'ambra rilegate sul cristallo a belle ro-
selline e giràli di oro puro. E sappiate che sì tosto
che i messaggeri ebbero aperto l'astuccio ove e-
rano gli donativi, tutta la camera fu incontanente
imbalsamata del grande e soave olore che senti-
vano quelle cose.

Capitolo XXXXV.

Nel quale si ritrae ciò che Frate Ivo il Bretone raccontò
del Veglio della Montagna.

Il Re, che voleva guiderdonare il presente che
gli avea fatto il Vecchio Prenze della Montagna,

gl'inviò per suoi messaggeri e per Frate Ivone il
Bretone, che intendeva il saracinesco, gran quantità di vestimenta di scarlatto, coppe d'oro ed altro
vasellame d'ariento. E quando Frate Ivo fu di verso
il Prenze de' Beduini, parlò con lui, e lo inchiese
di sua legge. Ma, siccome rapportò al Re, trovò
ch'elli non credeva punto in Macometto, e ch'e' credeva nella legge d'Haly, ch'egli diceva essere stato
avoncolo di Macometto. E contava che quello Haly
mise Macometto nell'onore in che fu in questo
mondo, e che quando Macometto ebbe bene conquiso
la signoria e preminenza del popolo, elli si dispettò
e s'allontanò da Haly suo avoncolo. Perchè, quando
Haly vide la fellonìa di Macometto, e ch'e' cominciava forte a soppiantarlo, tirò a sè del popolo
quanto ne potè avere, e lo menò abitare a parte
ne' deserti delle montagne d'Egitto, e là cominciò
loro a fare e a donare un'altra legge che quella di
Macometto non era; sicchè quelli là, i quali di presente tengono la legge d'Haly, dicono tra loro che
quelli i quali tengono la legge di Macometto sono
miscredenti; e simigliantemente al contrario dicono
li Maomettani che li Beduini sono miscredenti, e
ciascun d'essi dice il vero, perchè l'uno inverso
l'altro miscrede.

L'uno de' punti e comandamenti della legge
d'Haly si è tale: che quando alcun uomo si fa uccidere per accompire la volontà del suo Signore,
l'anima di lui, che così è morto, va in un altro
corpo più agiato, più bello e più forte ch'elli non
era il primiero, e perciò non tengono conto li Beduini

della Montagna del farsi uccidere per far lo volere del lor Signore, credendo al fermo che la lor anima si torni in altro corpo là ove è più a suo agio che davanti. L'altro comandamento di sua legge si è che null'uomo non può morire che sino al giorno che gli è determinato, ed in così il credono li Beduini ch'essi non si vogliono armare quando vanno in guerra, e, se il facessono, penserebbero fare contro il suddetto comandamento; perchè, ove maledicano a'lor figliuoli, dicon loro: maledetto sia tu come l'uomo che s'arma per paura di morte. La qual cosa essi tengono a grande onta; ed è grande errore, perchè sembrerebbe che Iddio non avesse podere di allungarci od abbreviarci la vita, e ch'e'non fusse onnipossente, ciò che è falso, perchè la tutta possanza è in Lui solo.

E sappiate che quando Frate Ivo il Bretone fu inverso il Veglio della Montagna, là ove il Re l'aveva inviato, trovò egli al capezzale del letto di quel Principe un libretto, nel quale ci aveano per iscritto molte belle parole che nostro Signore altra fiata aveva dette a Monsignore San Pietro, durante ch'elli era in terra ed innanzi la sua passione. E quando Frate Ivo le ebbe lette, egli disse: Olà, Sire, molto fareste bene se voi leggeste sovente questo picciolo libro, perchè egli ci ha di assai buone scritture. E il Vecchio della Montagna gli rispose: che sì faceva egli, e che avea molto gran fidanza in Monsignore San Pietro. E diceva che al cominciamento del mondo l'anima di Abele, allorchè suo fratello Caino l'ebbe morto, entrò nel corpo di Noè, e che l'anima di Noè, appresso la morte sua, rivenne nel corpo d'Abramo, e che di poi l'anima di Abramo è venuta nel corpo di Monsignore San Pietro, il quale ecci in terra tuttavia. Quando Frate Ivo lo udì parlare così, gli rimostrò che sua credenza non valeva niente, e gl'insegnò molti detti belli e veritevoli, toccanti le comandamenta d'Iddio, ma unqua non ci volle credere. E diceva Frate Ivo, siccome gli udii contare al Re, che quando quel Prenze de'Beduini cavalcava ai campi, elli avea un uomo davanti a lui che portava la sua azza d'arme, la quale aveva il manico coverto d'argento e tutto intorniato di coltelli trincianti. E colui che portava l'azza, gridava in suo linguaggio ad alta voce: Tornatevi addietro, fuggitevi dinanzi Colui che porta la morte dei Re entro sue mani.

Capitolo XXXXVI.

Come il buon Re ponesse condizioni di tregua ed alleanza cogli Almiranti d'Egitto contro 'l Soldano di Damasco, e come gli Almiranti sapessero non menarle a conchiusione.

Ritornando alla prima materia, io vi avea·lasciato a dire la risposta che 'l Re mandò al Soldano di Damasco, la quale fu tale, cioè che 'l Re invierebbe agli Almiranti d'Egitto per sapere s'essi il rileverebbono, e gli renderebbono la tregua che gli avevan bensì promessa, ma cui avevan già rotta come è detto davanti; e che, se essi ne mantenessero il rifiuto, assai volentieri il Re lo aiterebbe a vendicare la morte di suo cugino il Soldano di Babilonia ch'essi avevano morto.

Perchè, appresso ciò, il Re, durante ch'elli era in Acri, inviò Messer Giovanni di Vallanza in Egitto verso gli Almiranti per inchiedere che essi satisfacessero gli oltraggi e violenze fatti al Re, tanto ch'e'ne fusse contento. Ciò che gli Almiranti gli promisero fare purchè il Re si volesse alleare ad essi, ed aiutarlo allo 'ncontro del Soldano di Damasco dianzi nomato. E per ammollire il cuore del Re, appresso le grandi rimostranze che Messer Giovanni di Vallanza il buon produomo lor fece, biasimandoli e vituperandoli così dei torti commessi come delle tregue e convenenze rotte, inviarono essi al Re e liberarono di lor prigioni tutti i Cavalieri che distenevano in cattività. E così gl'inviarono l'ossa del Conte Gualtieri di Brienne, il quale era morto captivo, affinchè e'fusse sepolturato in terra santa. Ed ammenonne Messer Giovanni duecento Cavalieri, ed altra gran quantità di popolo minuto che tutti erano prigionieri dei Saracini. E quando elli fu venuto in Acri, Madama di Saetta, ch'era cugina germana del detto Messer Gualtieri di Brienne, prese l'ossa del detto suo cugino e le fece sepolturare nella Chiesa dello Spedale d'Acri bene e onorabilmente, e vi fece fare un servigio grande a meraviglia, in tal maniera che ciascun Cavaliero offrì un cero ed un danaio d'argento; ed il Re offrì un torcetto con un bisante alla moneta di Madama di Saetta: donde ciascuno si meravigliò, perchè giammai non se gli era veduto offrire danaio alcuno che non fusse di sua moneta, ma il Re sì il volle fare per sua cortesia. Tra i Cavalieri che Messer

Giovanni di Vallanza rammenò d'Egitto io ne co-
nobbi ben quaranta della Corte di Sciampagna, i
quali erano tutti diserti e male attornati; e tutti
questi quaranta io feci abbigliare e vestire a' miei
danari di cotte e sorcotti di verde, e li menai davanti il Re pregandolo che li volesse tutti ritenere
in suo servigio. E quando il Re ebbe udito la richiesta egli non mi disse un motto qualunque. E
fuvvi uno delle genti di suo Consiglio che là era,
il quale mi riprese dicendo ch'io facea molto male
quando apportava al Re tali novelle, poichè nello
stato suo ci avea già eccesso di spendio di più che
sette mila lire. Ed io gli risposi che la mala ventura il faceva così parlare, poichè in tra noi di
Sciampagna avevamo ben perduto in servigio del
Re trentacinque Cavalieri tutti portanti bandiera;
e dissi altamente che 'l Re non facea punto bene se
non li ritenea, visto il bisogno ch'elli avea di Cavalieri; e ciò dicendo, per pietà della mia contra-
da, cominciai a plorare. Allora il Re m'appaciò,
e m'ottriò quello che gli avea domandato, e ritenne tutti quei Cavalieri, e me li mise nella mia
battaglia.

Quando 'l Re ebbe udito parlare li messaggeri
degli Almiranti d'Egitto che erano venuti con Messer Giovanni di Vallanza, e ch'essi se ne vollero
ritornare, il Re disse loro ch'e' non farebbe con
essi nissuna tregua prima che gli avesser rendu-
te tutte le teste de'Cristiani morti che pendevano
sulle mura del Cairo sino dal tempo che i Conti di
Bari e di Monforte furono presi, e ch'essi gl'in-

viassero altresì tutti i fanciulli che, cattivati in
poca età, essi aveano fatto rinegare e credere alla
lor legge. Inoltre voleva esser tenuto quieto delle
dugento mila lire che loro doveva anche. E per
tutto ciò rinviò con essi il detto Messer Giovanni,
attesa la grande saggezza e valenza che era in lui,
per annunciare da parte sua un tale messaggio a-
gli Almiranti.

Durante queste cose il Re si partì d'Acri e se
n'andò a Cesarea con tutto ciò ch'elli avea di
genti, e vi fece rifare le mura e le bastite che i
Saracini avevano rotte e abbattute, ed era a ben
dodici leghe d'Acri tirando verso Gerusalemme. E
ben vi dico ch'io non so come e' vi potesse fare
tutto ciò che fecevi, se non per la benedetta volontà di Dio; perchè unqua durante l'annata e il
tempo che 'l Re fu a Cesarea, non ci ebbe mai
nullo che ci facesse alcun male, nè in Acri similmente, là ove noi non eravamo guari di gente [1].

Capitolo XXXXVII.

Dove si fa incidenza per porre in conto ciò che i nostri Messaggeri ritrassono dei Tartarini e del loro Gran Re.

Per di verso il Re erano venuti, com'io ho già
detto davanti, li Messaggeri del Gran Re di Tartaria

---

[1] I Cristiani di Terra Santa potevano temere principalmente dagli Emìri d'Egitto, e dal Soldano di Damasco. Ora ciascuna di queste due parti ne sollecitava l'alleanza per opprimere l'altra. Per
tutto il lungo tempo speso nel doppio negoziato, era quindi nel-
l'interesse de' Saracini di lasciare in pace il Re Luigi, ed i Baroni d'Oltremare. Da ciò, meglio che dalle stremate forze de' Cristiani d'Oriente, dipese ch'esso Re potè compirvi le opere di
difesa che qui in seguito si descriveranno.

durante che noi eravamo in Cipri. E dissono al
Re ch'elli erano venuti per aiutarlo a conquistare il Reame di Gerusalemme sovra i Saracini. Il
Re li rinviò, e con essi due notabili Frati Predicatori che tutti a due erano Preti. E gli inviò una
Tenda-Cappella d'iscarlatto nella quale egli fece
tirare all'ago tutta nostra credenza, l'Annunciazione dell'Agnolo Gabriello, la Natività, il Battesimo, la Passione, l'Ascensione, e lo Avvenimento
del Santo Spirito: e con essa donò calici, libri, or-
namenti, e tutto ciò che fa bisogno a cantare la
messa. Ora qui vi ritrarrò io quello che di poi udii
dire al Re di ciò che gli avevano riportato li detti
Frati Predicatori che aveva inviati. Li messaggeri
mossero sopra mare da Cipri e andarono a prender
riva al porto di Antiochia. E dicevano che dal porto di Antiochia sino al luogo dov'era il Gran Re
di Tartaria, essi misero bene un anno di tempo, e
facevano dieci leghe per giorno. E trovarono tutta
la terra ch'essi cavalcarono suggetta ai Tartarini.
Ed in passando per lo paese scontravano in molti
luoghi, ed in cittadi ed in ville, grandi tumuli di
ossame di genti morte. Li messaggeri del Re s'in-
chiesero, come essi erano venuti in sì grande au-
toritade, e come avean potuto soggiogare tanto
di paese, e distrurre e confondere tante genti come
si pareva ai monticelli dell'ossa. E i Tartarini loro
ne dissero la maniera, e primamente ritrassero di
lor nascenza. Dicevano dunque ch'essi erano venuti, nati e concreati d'una gran landa di sabbione, là ov'egli non crescea nullo bene. E cominciava

quella landa di sabbia ad una roccia, la quale era
sì grande e sì meravigliosamente alta, che nullo
uomo vivente non la poteva giammai passare, e si
levava di verso Oriente. E loro dissero li Tartarini
che intra quella roccia ed altre rocce, che si lievano
più là verso la fine del mondo, erano inchiusi li popoli di Gog e Magog, i quali dovevano uscirne sul
finire del secolo con l'Anticristo, quando elli verrebbe per tutto distruggere. E di quella erma landa
venivano i popoli de' Tartarini, i quali erano suggetti al Prete Janni d'una parte, ed allo Imperadore di Persia dall'altra; ed erano ancora tra più
altri miscredenti, a' quali, per venir sofferti, essi
rendevano grandi tributi e tollette ciascun anno,
anche per lo pasturaggio di loro bestie, donde essi
solo vivono e fan proveccio. E dicevano li Tartarini
che quello Prete Janni, lo Imperadore di Persia e
gli altri Re a chi dovevano li detti tributi, li avevano in sì grande orrore e despitto, che quando
portavan loro le rendite ed i fii, essi non li volevan
ricevere di cospetto, ma loro tornavano il dosso
per vilipendio e ischifanza. Donde avvenne che una
fiata intra l'altra, un savio uomo di lor nazione
cercò tutte le lande, e andò parlare qua e là agli
uomini de' luoghi, e loro rimostrò il vile servaggio
in che essi erano verso molti Signori, pregandoneli
che volessero, per qualche consiglio, trovar maniera ch' e' potessero sortir del miscapito in che
giacevano.

Ed in effetto fece tanto quel saggio uomo ch'e-
gli assembrolli a certo giorno a capo di quella landa

di sabbia alla indritta della terra del Prete Janni,
e appresso molte rimostranze che quel savio uomo
loro ebbe fatte, essi s'accordarono a fare tutto
quanto elli vorrebbe, richerendolo che divisasse ciò
che buono gli sembrava per venire al fine di ciò
che diceva loro. Ed egli allora rispose ch'essi non
potrebbono niente fare se non avevano un Re che
ne fusse Maestro e Signore, e cui essi obbedissero
e credessero a fare ciò ch'egli loro comanderebbe.
E la maniera di fare il Re fu tale: che di cinquantadue generazioni ch'essi erano di Tartarini, egli
fece che ciascuna di quelle generazioni gli appor-
terebbe una saetta, la quale sarebbe segnata del
segno e nome della sua generazione. E fu accordato per tutto il popolo che così si farebbe, e così
fue fatto. Poi le cinquantadue saette furono messe
davanti un fanciullo di cinque anni, e della generazione della quale sarebbe la saetta che il fanciullo leverebbe, fu stabilito sarebbe fatto il loro
Re. Quando il fanciullo ebbe levato l'una delle cinquantadue saette, che sortì quella della generazione donde era quel savio uomo, questi fece tirare e mettere addietro tutte le altre generazioni.
E poi appresso, di quella generazione donde era stata
la saetta che il fanciullo aveva levata, fece eleggere,
con esso lui, cinquanta due uomini de' più savii e
valenti che fussono in essa. E quando furono così
eletti, diede a ciascuno a parte la sua saetta, e la
segnò del nome di ciascuno; poi fattone il fascio,
ne fece di nuovo levare una a quel fanciullino di
cinque anni, statuendo che colui a chi sarebbe la

saetta levata dal fanciullo, quegli sarebbe loro Re
e loro Signore. E per sorte avvenne che il fanciullo
levò la saetta di quel saggio uomo il quale così li
aveva insegnati; donde tutto il popolo fue molto
gioioso; e ne menò gioia e passa gioia. Ed allora
egli li fece tacere, e disse loro: Se voi volete ch'io
sia vostro Signore sì giurerete per Colui che ha
fatto il cielo e la terra, che voi terrete ed osserve-
rete i miei comandamenti: ed essi tutti il giurarono.

Appresso queste cose egli loro donò ed istabilì
degli insegnamenti che furono molto buoni per con-
servare il popolo in pace gli uni cogli altri. L'uno
degli stabilimenti ch'egli loro donò fu tale: che
nullo non prenderebbe il bene altrui oltre suo grado
o ad inganno. L'altro fu tale: Che l'uno non col-
pirebbe l'altro s'elli non volesse perderne il pugno.
L'altro fu tale: Che nullo per violenza non arebbe
compagnia della donna o della figliuola d'altri s'e'
non volesse perderne la vita. E più altri belli insegnamenti e comandamenti loro donò per aver pace
insieme ed amore.

E quando egli li ebbe così insegnati ed aordinati,
cominciò a rimostrar loro come il più antico nimico
ch'elli avessono fusse il Prete Janni, e come li a-
veva egli in grande odio e despitto da lungo tempo.
E perciò, disse egli, io vi comando a tutti che dimane siate presti ed apparecchiati per corrergli sopra. E s'egli avviene ch'egli ci disconfigga, donde
Dio ci guardi, ciascuno faccia del meglio ch'e' potrà; e se noi lo disconfiggiamo, io vi comando che
l'incalzo duri sino alla fine, e fusse anche sino a tre

giorni e a tre notti, senza che nullo non sia sì ardito di mettere la mano a nullo guadagno, non in-
tendendo ma che a gente tagliare e mettere a morte:
perchè appresso che noi aremo avuto piena vittoria
de'nostri antichi nimici, io vi dipartirò il guadagno sì bene e lealmente che ciascuno se ne terrà a
pagato e contento. E tutti s'accordaro a ciò fare
molto volentieri.

La dimane venuta, siccome essi avean delibe-
rato di fare, così fecero, e incorsero strettamente
sui loro nimici, ed anche, siccome Iddio volle che
è onnipossente, essi li menarono a disconfittura, e
quanti ne trovarono in arme, tanti ne uccisero:
ma quelli che trovarono portanti abiti di Religione,
ed i Preti, non uccisero punto; sicchè tutto l'altro
popolo delle terre del Prete Janni che non era stato
in battaglia. si arrese ad essi chiedendo mercè, e si
mise in lor suggezione.

Una meravigliosa cosa avvenne appresso quella
conquista; ciò fu che l'uno de'Gran Maestri d'una
delle generazioni dinanzi nomate, fu perduto ed assente dal popolo dei Tartarini per tre giorni senza
che se ne avesse od udisse alcuna novella. E quando
e'fu rivenuto, a capo de'tre giorni, rapportò al popolo ch'egli non pensava aver dimorato più che
una sera, e che non aveva indurato sete nè fame.
E raccontava ch'elli era salito su un monte il quale
era alto a meraviglia, e che sovra quel monte egli
avea trovato gran quantità delle più belle genti che
avesse giammai vedute, e le meglio vestite e aor-
nate; e nel mezzo del monte ci aveva uno Re assiso,

il quale era il più bello a riguardare di tutti gli altri, ed il meglio parato, ed era in un trono rilucente
a meraviglia, il quale era tutto d'oro. Alla sua destra aveva sei Re coronati e parati di pietre preziose, ed altanti ce n'avea alla sua sinistra. Presso
di lui alla destra mano ci avea una Reina agginoc-
chiata, che gli diceva e pregava ch'e'pensasse del
popol suo. Alla mano sinistra era agginocchiato altresì un bellissimo damigello, il quale aveva due ali
così risplendenti come il Sole; e tutt'intorno a quel
Re erano belle genti alate a fusone. Ed il Re appellò
quel savio uomo, e gli disse: Tu sei venuto dell'o-
ste de' Tartarini? Sire, sì, diss'egli, io ne son uno.
Ebbene tu vi tornerai, e dirai al Re di Tartaria che
tu hai veduto me che sono Signore del Cielo e della
Terra, e ch'io gli mando ch'egli mi renda grazie
e lodi della vittoria ch'io gli ho donato sul Prete
Janni e sopra sua gente: e gli dirai di mia parte
ch'io gli do possanza di mettere in sua suggezione
tutta la terra. Sire, disse quel Gran Maestro de'Tartarini, come me ne crederà egli il Re di Tartaria?
Tu gli dirai ch'egli ti creda a tali insegne, che tu
ti anderai combattere allo Imperadore di Persia con
trecento uomini di tue genti, e che da parte mia tu
vincerai lo detto Imperadore che si combatterà a te
con trecento mila Cavalieri, ed uomini d'arme, e
più. E avanti che tu vada combattere lo Imperadore
di Persia, tu chiederai al Re di Tartaria ch'egli ti
doni tutti li Preti, ed uomini di Religione, che sono
dimorati tra quelli là ch'esso ha preso in mercè
dopo la battaglia del Prete Janni, e ciò ch'essi ti

13

diranno e testimonieranno, tu il crederai; perciocch'essi sono delle mie genti e servitori. Sire, disse quel savio uomo, io non me ne saprei andare, se tu non mi fai far la condotta. E allora il Re si tornò ed appellò una delle sue belle creature alate, e gli disse: Vien qua, Giorgio, fa di condurre quest'uomo sino alla sua albergherìa, e rendivelo tosto e a salvezza. E tantosto fu trasportato quel saggio uomo de' Tartarini nell'oste loro. Quando elli vi fu reso, e che tutto il popolo e le genti dell'oste lo videro, ne fecero grande allegrezza, ed egli senza dimora domandò al Re di Tartaria che gli donasse li Preti ed uomini di Religione come gli aveva insegnato il Re che trovò nell'alto del monte. Ciò che gli fu ottriato. E dibonaremente ricevve quel Gran Maestro dei Tartarini e tutte le genti sue l'insegnamento di coloro che gli eran stati donati, e tutti si fecero battezzare. E quando tutti furono battezzati, egli prese solamente treceìnto de' suoi uomini d'arme, e li fece confessare ed apparecchiare. E di là se n'andò egli assalire lo Imperadore di Persia, e lo convinse e discacciollo fuori dell'Impero suo e di sua terra, sicchè se n'andò fuggendo sino al Reame di Gerusalemme. E fu colui che dipoi disconfisse le nostre genti, e prese il Conte Gualtieri di Brienne così come udirete qui appresso. Il popolo di questo Principe Cristiano si moltiplicò talmente e venne a sì gran numero, siccome poscia udii dire ai messaggeri che il Re aveva inviato in Tartaria, ch'essi aveano contato nell'oste sua ben ottocento Cappelle tutto levate sui carri.

Capitolo XXXXVIII.

Di alcuni Cavalieri stranii che vennero al Re a Cesarea, e
di ciò ch' e feciono e raccontarono.

Or rivenendo dopo il trascorso a nostra materia,
diremo così. Domentre che il Re faceva asserragliare
Cesarea, di cui vi ho parlato davanti, venne ad esso
Re un Cavaliero che si nomava Messer Elinardo di
Seningaan, il quale diceva ch'egli era partito del
Reame di Norone [1], e là montato sovra mare, era
venuto passando ed accerchiando tutta la Spagna e
intromettendosi per lo stretto di Marocco, e che a
molto greve periglio e dannaggio egli avea passato
tutto ciò, e soffertovi molto di male avanti ch'elli
potesse venire sino a noi. Il Re ritenne quel Cavaliere con altri nove alla sua bandiera, ed io gli udii
dire che le notti nella terra del Reame di Norone
erano sì corte nella State, che egli non ce n'avea
alcuna, nella quale, anco nel suo più fitto, il lume
del giorno non bruzzolasse. Or quando quel Cavaliero si fu adusato al paese si prese colle sue genti
a cacciare al Lione; e molti ne presero perigliosamente ed in gran risico di loro corpi. Ed il modo,
con che essi menavano la detta caccia, era ch'essi
correvano su ai lioni a cavallo, e trovatone alcuno,
il colpivano d'arco o di balestra, di che il Lione
ferito correva alla sua volta su il primo ch'esso vedeva, e questi se ne fuggiva piccando degli speroni,
e lasciando cadere a terra alcuna coverta, od una
pezza di qualche vecchio drappo, ed il superbo ani-

---

[1] Norvegia ?

male apprendevala ed isquarciavala, credendo in essa tener l'uomo che l'avea colpito. Ed in quella che il lione s'arrestava a sdrucire la vecchia schiavina, gli altri uomini gli tiravano nuove frecciate, perchè la fiera lasciava lo sdrucio del pannuccio e correva su 'l suo nuovo uomo, il quale s'infuggiva altresì, ed altresì lasciava cadere un altro vecchio drappo, cui il lione similmente isquattrava; e così facendo soventi fiate, essi uccidevano finalmente la bestia di loro frecce. Un altro Cavaliere molto nobile venne al Re, durante che era a Cesarea, il quale si diceva essere di quelli di Toucy. E diceva il Re che quel Cavaliere era suo cugino, perciò ch'era disceso d'una delle sorelle di Re Filippo, che lo Imperadore di Costantinopoli ebbe a donna. Lo qual Cavaliere il Re ritenne per un anno con altri nove Cavalieri alla sua bandiera; ed appresso l'anno passato, egli se ne ritornò in Costantinopoli donde era venuto. Ed a quel Cavaliere udii dire e ritrarre al Re che lo Imperatore latino di Costantinopoli e le sue genti si allearono una fiata ad un Re, che l'uomo appellava il Re de' Commani, per avere l'alta loro a conquidere lo Imperadore di Grecia ch'avea in nome Vatacio. E diceva quel Cavaliere che il Re del popolo dei Commani, per avere sigurtà e fidanza fraterna dell'Imperadore di Costantinopoli, e per l'uno l'altro soccorrersi, volle ch'essi, e ciascuno delle lor genti d'una parte ed altra, si facessero punger le vene e che si dessero a vicenda a bere del sangue loro in segno di fratellanza, dicendo ch'essi erano così d'uno sangue e fratelli. E così convenne egli fare tra le nostre genti e le genti di quel Cavaliere, e mescolarono del sangue loro con vino, e propinandolo l'uno all'altro, dissero allora che eran fatti fratelli d'un sangue solo. Ed ancora fecero essi un'altra cosa, cioè fecero passare un cane tra essi e le genti nostre, drittamente spartite, e poscia ispezzarono tutto il cane di loro spade pronunciando a gran voce: così sieno ispezzati quelli che falliranno gli uni agli altri.

Un'altra grande e meravigliosa cosa contò al Re quel Cavaliere di Toucy; e diceva che nel paese del Re dei Commani era morto un gran ricco tenitore di terre e Principe, al quale, quando e' fue morto, fu fatta in terra una gran fossa molto larga e molto cupa, e fu assiso quel morto in una cadiera molto nobilmente parata ed ornata. E con esso lui fu disceso in quella fossa ed il miglior cavallo ch'elli avesse e l'uno de' suoi sergenti, tutti vivi l'uomo e 'l cavallo. Ed aggiungeva che 'l sergente, avanti che entrar nella fossa, prese congedo dal Re e dagli altri gran personaggi che là erano, e che 'l Re gli diede oro e argento a fusone addogandoglielo al collo, e facendogli promettere che, quando sarebbe nell'altro mondo, gliel renderebbe, il che il pro sergente gli promise. Ed appresso il Re gli diede lettere indiritte al primiero Re che fu de'Commani, mandandogli per le stesse, che quel produomo aveva molto bene vissuto e bene lo avea servito, pel che pregavalo che bene altresì il volesse guiderdonare. Dopo di che essi covrirono la fossa sull'uomo morto, e sul sergente e cavallo tutti vivi, di grosse tavole incavigliate, ed innanzi il dormire, in memoria e rimembranza di coloro ch'essi aveano interrato, levarono sul tavolato della fossa una gran montagna di pietre e di terra.

CAPITOLO XXXXIX.

Delle nuove convenenze ch'io feci col Re appresso la Pasqua venuta, e della Giustizia ch'io vidi fare a Cesarea.

Quando venne il tempo che noi fummo presso di Pasqua, io mi partii da Acri, e andai a vedere il Re a Cesarea ch'e' facea rimurare ed asserragliare. E quando fui verso lui, lo trovai nella sua camera parlando col Legato ch'era sempre stato seco oltremare. E quando egli mi vide, lasciò il Legato, e venendo verso di me, mi va a dire: Sire di Gionville, egli è ben vero ch'io non vi ho ritenuto che sino a Pasqua vegnente, e ciò pertanto vi prego mi diciate quanto io vi donerò da Pasqua sino a un anno prossimo a venire. Ed io gli risposi che già non era mica venuto di verso lui per tal cosa mercatantare, e che de' suoi danari non ne voleva io più, purch'egli mi facesse altro mercato ed altra convenzione: cioè ch'elli non si corruccerebbe di cosa ch'io gli domandassi, il che faceva sovente, ed io all'incontro gli prometteva, che di ciò ch'egli mi rifiuterebbe, alla mia volta non mi corruccerei punto. Quando egli ebbe udito la mia domanda, si cominciò a ridere, e mi disse ch'e' mi teneva a tal convenente e patto. E mi prese allora per la mano, e mi menò davanti il Legato e 'l suo Consiglio, e loro recitò la convenzione di lui e di me, e ciascuno fu gioioso ch'io dimorassi.

Qui appresso udirete le giustizie e' giudicamenti ch'io vidi fare a Cesarea, immentre che il Re vi soggiornò. La prima giustizia fu d'un Cavaliere, il quale venne preso al bordello, ed a cui si partì un giuoco: o che la ribalda, colla quale era stato trovato, menerebbelo per mezzo l'oste in camicia, una corda legata alle sue vergogne, della qual corda la ribalda terrebbe l'un de' capi; o, s'egli non volesse tale cosa soffrire, ch'egli perderebbe suo cavallo, sue armi ed arnese, e sarebbe iscacciato e fuorbandito dell'oste del Re. Il Cavaliere elesse che amava meglio perdere il cavallo e le armadure, e se ne partì in farsetto dell'oste. Quando io vidi che 'l cavallo fu confiscato al Re, glielo richiesi per uno de' miei Cavalieri povero gentiluomo. Ma il Re mi rispose che la mia inchiesta non era punto ragionevole per ciò che il cavallo valeva bene da ottanta a cento lire, il che non era piccola somma: ed io gli dissi: Sire, voi avete rotte le convenenze d'intra voi e me, quando vi corrucciate di ciò ch'io v'ho richiesto. E 'l Re si prese a ridere, e mi disse: Sire di Gionville, voi direte tutto quanto vorrete, ma non per ciò riuscirete a farmi salire in corruccio: e così messa la cosa in badalucco, io non ebbi punto il cavallo pel povero gentiluomo.

La seconda giustizia ch'io vidi fu d'alcuni miei Cavalieri, i quali per un tal dì andarono cacciare ad una bestia che l'uomo appella Gazella, e che è del sembiante di un cavriuolo; ed i Frieri dello Spedale andarono all'incontro de'miei Cavalieri, e sì combatterono ad essi talmente che fecer loro grandi oltraggi. Per li quali oltraggi io me n' andai querelare al Maestro dello Spedale, e menai con me i Cavalieri ch'erano stati oltraggiati. E quando il Maestro ebbe udito la mia querela, mi promise di farmene la ragione secondo il dritto e l'usaggio di Terra Santa, che tale era, ch'elli farebbe mangiare i Frieri ch'avean fatto l'oltraggio, sovra i loro mantelli, e quelli a chi l' oltraggio era stato fatto, vi si troverebbono, e leverebbono i mantelli de'Frieri. Avvenne che il Maestro dello Spedale fece mangiare i Frieri ch'avean fatto l'oltraggio sovra i loro mantelli; ed io mi trovai là presente coi Cavalieri, e richiedemmo al Maestro ch' e' facesse levare i Frieri di su i mantelli, ciò ch'egli pensò rifiutare; ma nella fine forza fu che così facesse, perchè noi ci assidemmo coi Frieri per mangiare con loro, ed essi nol vollero sofferire, e bisognò ch'essi si levassero di con noi per andare a mangiare cogli altri Frieri alla tavola, e ci lasciarono i lor mantelli.

L'altra giustizia fu per uno dei Sergenti del Re, che aveva in nome il Golato, il quale mise la mano sovr'uno de'miei Cavalieri e lo scrollò rudemente. Io me n'andai querelare al Re, il quale mi disse che di ciò io me ne poteva ben diportare, visto che 'l Sergente non avea fatto ma che iscrollare il mio Cavaliere. Ed io gli risposi, che non me ne diporterei già, ma piuttosto gli lascierei suo servigio s' egli non mi faceva giustizia, poichè non apparteneva a sergente di metter mano nei cavalieri. Il che avendo il Re udito, mi fece tosto diritto, il quale fu tale, che, secondo l'usanza del Paese, il Sergente venne al mio albergo tutto scalzato e in camicia ed aveva una spada in suo pugno; e vennesi agginocchiare davanti il Cavaliere che avea oltraggiato, e gli tese la spada pel pomello, e gli disse: Sir Cavaliere, io vi grido mercè di ciò ch'io ho messo le mani in voi, e vi ho apportata questa spada, ch'io vi presento, affinchè voi me ne tagliate il pugno, s'egli farlo vi piace. Allora io pregai il Cavaliere che gli perdonasse suo maltalento, ed egli il fece. E più altri diversi giudicamenti vi vidi fare secondo i dritti e gli usaggi di Terra Santa.

CAPITOLO L.

Delle tregue ed alleanze cogli Almiranti d'Egitto contro 'l Soldano di Damasco, le quali tuttavia non approdaro a compimento, e di ciò che avvenne sotto Giaffa.

Voi avete davanti udito come il Re avea mandato agli Almiranti d'Egitto che s'essi nol satisfacessero degli oltraggi e delle violenze che gli avean fatte, ch'elli non loro terrebbe alcuna tregua: ora sappiate che in quella vennero diverso lui li messaggeri d'Egitto, e gli apportaro per lettere che gli Almiranti gli volevano fare tutto ciò ch'egli avea loro mandato, siccome è detto davanti. Perchè il Re ed essi messaggeri presero giornata di trovarsi insieme a Giaffa; e là dovevano giurare gli Almiranti e promettere al Re ch'essi gli renderebbono il Reame di Gerusalemme: e così 'l Re e suoi più grandi personaggi dovevano giurare e pro-

mettere da lor parte ch'essi aiuterebbero agli Almiranti all'incontro del Soldano di Damasco. Ora
avvenne che quando il Soldano di Damasco seppe
che noi eravamo alleati con quelli d'Egitto, e seppe
la giornata ch'era stata presa di trovarsi a Giaffa,
inviò egli ben venti mila Turchi per guardare il
passaggio. Ma non pertanto non lasciò punto il Re
ch'e' non si movesse per andare a Giaffa. E quando
il Conte di Giaffa vide che 'l Re veniva, assortì egli
e mise il suo castello in tal punto ch'e' bene rasso-
migliava una buona città difendevole, perchè, tra
ciascun merlo interposti, ci avea bene cinquecento
uomini che su vi parevano con una targa ciascuno ed
un pennoncello a sue armi, il che donava una fiera
e bellissima vista: perchè le sue armi erano di fino
oro a una croce di rosso appastato, e fatte molto
riccamente. Noi ci alloggiammo ai campi tutto allo
'ntorno di quel castello di Giaffa, che sedeva lato
lato il mare e in una penisola. E fece cominciare il
Re a far asserragliare ed edificare un borgo allo 'n-
torno del castello sì che il serraglio toccava il mare
dai due lati; ed agli operai diceva 'l Re per aggiugnere cuore: Or sù, or sù, ch'ho pur io molte fiate
portato la gerla per guadagnare il perdono. Gli Almiranti d'Egitto non osarono venire di paura delle
genti che il Soldano di Damasco aveva messo alla
guardia de'lor passaggi, ma ciò non ostante inviarono al Re tutte le teste de' Cristiani ch'essi avevano appese sulle mura del Cairo siccome il Re gli
domandava, ed il Re fecele sepolturare in terra
benedetta; e gl'inviarono tutti i fanciulli ch'essi

avevano ritenuto, e che avean già fatto rinegare la
santa legge di Dio, e, similmente inviarongli un
Elefante che fu poscia in Francia trammesso.

Così come il Re a tutta sua oste soggiornava a
Giaffa per fortificarvisi contro coloro che potessero
assalirlo al castello, vennergli novelle che di già le
genti del Soldano di Damasco erano sui campi in
aguato, e che l'uno degli Almiranti del Soldano
era venuto falciare e guastare le biada d'una rinchiostra colà presso, e distante solo intorno a tre
leghe dall'oste sua. Perchè esso Re prestamente ci
inviò vedere, ed andovvi in persona; ma sì tosto
che quel Almirante ci sentì venire, egli cominciò
a prender la fuga. Taluni di nostre genti corsero
loro appresso a briglie abbattute, e ci fu un giovine
Gentiluomo che li raggiunse, e mise per terra due
Turchi a bella punta di lancia e senza ispezzarla. E
quando lo Almirante vide che non ci avea ancora
che quel Gentiluomo, egli si tornò verso lui, ed il
Gentiluomo tuttavia in corsa gli diede un sì gran
colpo di lancia che ferillo aspramente dentro suo
corpo, e poi se ne ritornò a noi sano e balioso.

Quando gli Almiranti d'Egitto seppero che il
Re e tutta sua oste erano a Giaffa, essi inviarono
verso lui per aver di ricapo un'altra assegnazione
del giorno in ch'essi potessero convenirlo senza
falta veruna. E il Re loro assegnò ancora una giornata nella quale essi promisero di venire di verso lui
per conchiudere le cose che erano a farsi d'una e
d'altra parte. Durante quel tempo che noi attendevamo a venire la suddetta giornata, il Conte d'Eu

venne di verso il Re ed ammenò con lui il buon Cavaliere Arnoldo di Guynes e i suoi due fratelli con altri otto Cavalieri, che il Re ritenne al suo servigio; e là esso Re fece il Conte d'Eu Cavaliere, il quale era tuttavia un giovine damigello.

Similmente vennero diverso il Re il Principe d'Antiochia e sua Madre. Ai quali il Re fece grande onore e liete accoglienze, e fece Cavaliere il detto Principe, il quale non era che dell' età di sedici anni, ma con tutto ciò io non vidi unqua sì saggio in età parecchia: perchè quando fu Cavaliere, egli richiese al Re di parlargli intorno qualche cosa ch'ei voleva sporre in presenza di sua Madre: ciò che gli fu ottriato. E tale fu la sua dimanda: Sire, egli è ben vero che Madama mia Madre, la quale è qui presente, mi tiene in sua ballìa, e mi vi terrà ancora sino a quattro anni a venire, dacchè ella gode di tutte le cose mie, ed io non ho possanza ancora di nulla fare. Tuttavolta m'è avviso ch'ella non debba mica lasciar perdere nè decadere la mia terra e città, perchè la mia città di Antiochia si perde entro sue mani: pertanto, Sire, io vi supplico umilmente che gliele vogliate rimostrare, e far tanto ch'ella mi dia denari e genti, affinchè io vada a soccorrere il mio popolo che è didentro la mia città, siccome ella lo doveva ben fare. Appresso che il Re ebbe inteso la domanda che il Principe gli moveva, fece egli e procacciò tanto a sua Madre ch'ella gli donò in effetto molti danari. Di che poi se n'andò il giovine Principe d'Antiochia alla sua città, là ove egli fece meraviglie. E da allora, per l'onore

del Re inquartò egli le sue armi, che sono di vermiglio, colle armi di Francia.

Capitolo LI.

Ove si conta per inframmessa del buon Conte di Giaffa
Messer Gualtieri di Brienne, delle sue cavallerie, e della
sua pietosa morte.

Ma poichè buona cosa è a raccontare ed a ri-
durre a memoria li fatti e virtudi d'alcuno eccel-
lente Principe, pertanto qui parleremo ora del buon
Conte di Giaffa, Messer Gualtieri di Brienne, il
quale in suo vivente, a gran forza di fatti d'arme
e di cavalleria, tenne la Contea di Giaffa per più
anni, lui essendo assalito dagli Egiziani, e senza
ch'e' gioisce d'alcuna rendita, ma solamente di ciò
ch'elli poteva guadagnar nelle corse ch'e' faceva
sui Saracini e nimici della Fede Cristiana. Ed avvenne una fiata ch'egli disconfisse una gran quantità di Saracini che menavano un grosso carico di
drappi di seta di diverse sorte, li quali tutti guadagnò egli ed apportò in suo Castello: e quando vi
giunse, li dipartì anche tutti a' suoi Cavalieri senza
che gliene dimorasse neente. Ed avea tale maniera
di fare, che la sera, quando s'era dipartito da' suoi
Cavalieri, entrava in una sua Cappella, e là era
lungamente a rendere grazie e lodi a Dio, e poi se ne
veniva giacere colla Donna sua, che molto buona
Dama era, ed era sorella del Re di Cipri.

Ora avete udito qui innanzi commente l'uno
de' Principi dei Tartarini aveva espulso e ributtato,
a soli trecento Cavalieri, l'Imperadore di Persia a

tutto trecento mila Cavalieri, per l'aita di Dio, fuori del suo Reame ed Imperio; al presente sapremo noi la via che tenne quello Imperadore di Persia ch'avea nome Barba Can. Quel Barba Can se ne venne nel Reame di Gerusalemme, e fece alla sua venuta molto di male, perch'egli prese il castello di Tabaria, che apparteneva a Messer Eude di Monbeliero, ed uccise tante di nostre genti quante potè trovarne fuori del Castel Pellegrino, fuori d'Acri, e fuori di Giaffa. Quando ebbe fatto tutto il male che potea fare, si tirò egli verso Babilonia affine d'aver soccorso da quel Soldano, che doveva venire a lui per correre su le nostre genti. Ed in questo periglio i Baroni del Paese, ed i Patriarchi avvisarono ch'essi andrebbono combattersi all'Imperatore avanti ch'egli avesse soccorso dal Soldano di Babilonia. Ed inviarono, cherendo soccorso, al Soldano d'Emessa, che l'uomo dicevan della Cammella, il quale era l'uno dei migliori Cavalieri e dei più leali che fusse in tutta Paganìa. Il quale venne ad essi, e fu ricevuto a grandissimo onore in Acri, e poscia appresso tutti insieme si partirono d'Acri e vennero a Giaffa. Quando tutti vi furono raccolti, le nostre genti pregarono il Conte Gualtieri ch'e' volesse venir con loro contra l'Imperadore di Persia; ed il produomo rispose che molto volentieri verrebbevi solo che il Patriarca d'Acri lo assolvesse, il quale da alquanto tempo lo aveva iscomunicato, per ciò ch'e' non voleva rendere una torre, ch'era nel suo castello di Giaffa, e che si appellava la torre del Patriarca. Ma il Patriarca non volle unqua di ciò fare niente, e pur nulla meno non lasciò il Conte Gualtieri per suo gran cuore di venire coi nostri in battaglia. E furono fatte tre battaglie, delle quali Messer Gualtieri ebbe la prima, il Soldano della Cammella l'altra, e il Patriarca coi Baroni del Paese la terza; e colla battaglia di Messer Gualtieri erano i Cavalieri dello Spedale.

Quando queste tre battaglie furo arredate, tutte si mossero e piccarono senza rattento. E tantosto vennero loro all'occhio i nemici, i quali sapendo la venuta delle nostre genti s'arrestarono e dispartironsi parimente in tre battaglie. E quando il Conte Gualtieri di Brienne vide che i suoi nimici s'ordinavano, sì gridò: Signori, che facciam noi? noi diam loro podere di mettere arredo ed ordine nelle battaglie, e così cresciam loro il cuore quando ci vedono qui soggiornare: sicchè vi prego per Dio che noi loro andiam correr sopra. Ma unqua non ci ebbe alcuno che gliene volesse credere. Ed elli vedendo che anima non se ne volea muovere, si tirò verso il Patriarca per domandargli la sua assoluzione, e questi anche non ne volle far niente. In quella col Conte si trovò un Cherco molto notabile, che era Vescovo di Raima, e che avea condotti molti bei fatti di cavalleria nella compagnia del Conte Gualtieri; il quale Vescovo disse al Conte: Non vi turbate mica in vostra coscienza della iscomunicazione del Patriarca, perchè ha egli ora gran torto, ed io di mia possanza vi assolvo al nome del Padre e del Figlio e dello Spirito Santo. Amen. E poi aggiunse:

Su, su, andiamo, e corriamo sovra loro. Ed allora ferirono degli speroni, e si assembrarono alla battaglia
dell' Imperatore di Persia, la quale era la diretana,
e nella quale avea troppo gran pieno di gente per la
poca possanza del Conte Gualtieri e della sua schiera. E là ci ebbe d'una parte e d'altra gran quantità di gente uccisa; ma ciò non ostante fu preso il
Conte Gualtieri, perchè tutte sue genti si dettero
svergognatamente alla fuga, e molti per troppa di-
speranza e rammaricchio s'andarono a gittare in
mare [1]. E la causa dello sperpero e della disperazione, fu per ciò che l'una delle battaglie dello Imperadore di Persia si venne con tanto isforzo di
gente a combattere col Soldano della Cammella,
che, sebbene egli si difendesse a gran colpi ed a
grandissimi fatti d'arme, pur tuttavia, avendo
troppo fievole possanza al contrasto, di due mila
Turchi che seco aveva, non gliene rimasero più di
ottanta, e forza gli fu ritrarsi al suo castello della
Cammella.

E vedendo lo Imperadore di Persia ch'egli avea
avuto vittoria, prese in suo consiglio ch'egli andrebbe assediare il Soldano sino nel suo Castello
della Cammella, ciò che a suo tempo volle fare.
Ma sappiate che male gliene prese, perchè quel Soldano, come bene avvisato e consigliato, appellò le
sue genti, e loro rimostrò, e disse: Signori, se noi
ci lasciamo assediare, noi siamo perduti: pertanto
egli val meglio che noi andiamo correre loro sopra
per arte di guerra. E di fatto egli inviò delle sue

---

[1] Ciò accadde intorno al 1244.

genti quelle che erano male armate per di dietro
una valle coverta, e insegnò loro colpissero improv-
visi alle spalle l'oste dell'Imperadore: ciò ch'essi
effettuaro, e fatto tempestosamente impeto nel car-
riaggio, si presero ad uccidere donne e fanciulli. Or
quando lo Imperadore, che cavalcava molto davanti, udì il clamore dell'oste, si tornò indietro
per al soccorso: ma appena ebbe volto il dosso, ecco
il Soldano della Cammella, con ciò ch'egli aveva di
buone genti d'armi, gittarsi sovra di lui. Per che
egli avvenne che da due lati l'Imperadore fu sì duramente ed impensatamente assalito che di ben
venticinquemila uomini ch'egli aveva, non gli dimorò uomo nè donna nè piccolo infante che tutti
non fussono tagliati e messi alla morte.

Ora voi dovete sapere che lo Imperadore di Persia avanti ch'elli si partisse per andare all'assedio
della Cammella, aveva menato il buon Conte di
Giaffa Messer Gualtieri di Brienne davanti la sua
città, e là lo fece impendere per le braccia alle for-
che veggenti quelli che erano nel castello di Giaffa,
e facea bociar loro che giammai non farebbe dispendere il loro Conte sino a che non gli fusse reso il
detto Castello. Ed in così che il povero Conte pen-
deva, egli gridava ad alta voce alle sue genti che,
per nulla cosa ch'essi vedessero fargli, non rendes-
sero mai il Castello, giacchè se'l facessero lo Imperadore li farebbe tutti mettere a morte. E quando
esso Imperadore vide ch'e' non ci poteva altra cosa
fare, inviò'l Conte Gualtieri al Soldano di Babilonia, e gliene fece un presente, insieme al Maestro

dello Spedale, e a più altri gran personaggi che aveva presi. Ed ebberci a condurre il Conte e gli altri prigionieri sino in Babilonia, ben trecento Cavalieri, ai quali prese troppo bene, perchè essi non si trovarono punto alla mortalità che fu fatta, davanti il castello della Cammella, dello Imperadore di Persia e di sue genti, donde è stato parlato pur dianzi.

Quando i Mercatanti di Babilonia seppero che 'l Soldano aveva in sue prigioni il Conte Gualtieri, assembrraronsi, e tutti andarono fare un clamore al Soldano ch'egli fesse loro diritto del Conte di Giaffa, il quale li aveva strutti e spogliati parecchie fiate, e fatti loro grandi dannaggi. E così, ottemperando alla richiesta, il Soldano abbandonò loro il corpo del Conte Gualtieri perchè vi si potessero vendicare di lui. E questi cani traditori entrarono nella prigione là ove era il valente produomo, e là lo ispezzarono e lo misero a brani dopo avergli fatto più martirii soffrire, donde noi debbiam credere che l'anima sua ne sia gloriosa in Paradiso.

CAPITOLO LII.

Come si fu pace tra 'l Soldano di Damasco e gli Almiranti d'Egitto, e come noi non avemmo più con nissun di loro nè triegua nè pace.

Ora riveniamo al Soldano di Damasco, il quale ritirò le sue genti che aveva a Gadres, ed entrò in Egitto, e là venne ad assalirvi gli Almiranti. E qui dovetè sapere che, per fortuna di guerra, l'una battaglia del Soldano di Damasco disconfisse l'una

delle battaglie degli Almiranti, e l'altra battaglia
d'essi Almiranti vinsè l'altra delle battaglie del
Soldano; e per ciò se ne rivenne addietro a Gadres
questo Soldano di Damasco ben naverato e ferito
nella testa ed in altri luoghi. E durante ch'elli si
tenne a Gadres gli Almiranti inviarono in ambasciata di verso lui, e là fecero pace ed accordo intra
loro; e perciò dimorammo scherniti d'una e d'altra parte, perchè d'allora in avanti noi non avemmo
nè pace nè tregua nè col Soldano nè cogli Almiranti.
E sappiate che noi non eravamo nulla fiata in nostro oste di genti d'arme, che mille quattrocento
incirca capaci di far difesa. Sì tosto come il Soldano
di Damasco fu appaciato cogli Almiranti d'Egitto,
fece egli ammassare tutte le sue genti che aveva a
Gadres, e si partì e venne passare presso di nostr'o-
ste con ben ventimila Saracini e diecimila Beduini
a forse due sole leghe di distanza, ma unqua non
ci osarono assalire: e fummo in aguato, il Re e il
Maestro Ballistriere, bene tre giorni, di paura che
essi si ferissero nell'oste nostra segretamente.

Il giorno della San Giovanni che segue a Pasqua, durante che 'l Re udiva il suo Sermone, egli
venne una delle genti di detto Maestro alle mac-
chine da gitto, il quale entrò tutto armato nella
cappella del Re, e gli disse ch'e' Saracini avevano
accerchiata l'antiguarda de'ballestrieri. Allora io
richiesi il Re che mi donasse congedo d'andarvi,
ed egli il fece, e mi diede a balire sino a cinquecento
uomini d'arme ch'egli nomò. E sì tosto come noi
fummo fuori dell'oste, e che i Saracini, che tene-

vano in pressa i ballestrieri, ci videro, si ritirarono
di verso un Almirante che era su un colle davanti a
noi a ben mille uomini d'arme. Allora si cominciò
la battaglia intra i Saracini e la compagnia de' ballestrieri; e come quello Almirante vedeva che le sue
genti erano pressate, incontanente le rinforzava; ed
altrettanto faceva il Maestro dei ballestrieri quando
vedeva che le sue genti eran più fievoli. E durante
che noi eravamo così combattendo, il Legato ed i
Baroni dissero al Re che gran follìa era ch'egli m'a-
vesse lasciato così scoverto ne' campi, ed egli comandò loro che mi venissero cherendo ed altresì
il Maestro de' Ballestrieri. Ed allora si dipartirono
i Turchi, e noi ci ritraemmo dietro le parate dell'o-
ste. E molte genti meravigliaronsi che i Turchi ci
avessero lasciato in riposo, se non che taluno diceva che ciò era stato perchè e' lor cavalli erano tutti
lassi e affamati sendo stati sostenuti a disagio entro
a Gadres bene uno anno intiero.

Capitolo LIII.

Come i Turchi di Damasco vennero davanti Acri, e poi partitisine assalirono Saetta e la misero a distruzione.

Gli altri Turchi ch'erano partiti da innanzi
Giaffa se ne vennero davanti Acri, e mandarono al
Signore d'Assur, che era Connestabile del Reame
di Gerusalemme, ch'egli loro inviasse cinquanta
mila bisanti, o ch'essi distruggerebbono i giardini
della città. Ed il Signore d'Assur mandò loro all'incontro che non invierebbe neente. Allora essi arringarono le loro battaglie, e se ne vennero lungo le

sabbie d'Acri sì presso della Città che si sarebbe ben tirato fino entro la medesima con un ballestrone da tornio. E adunque sortì fuora della Città il Signore d'Assur, e s'andò a mettere loro a monte, là ove era il cemeterio di San Nicolao, per difendere li giardini. E quando li Turchi approcciaro, alquanti de' nostri sergenti a piè uscirono anche d'Acri, i quali cominciarono a tirar loro sopra d'archi e ballestre a gran forza. E di paura ch'essi si mettessero in periglio, il Signore d'Assur li fece ritrarre alla muraglia per un giovine Cavaliere, che era di Genova.

Ed in quella che il giovine Cavaliere Genovese ritraeva que' pedoni, un Saracino venne a lui mostrandosi spaurato ed ismosso in coraggio, il quale in suo saracinesco, gli disse ch'egli giostrerebbe a lui, se il volesse. E il Cavaliere gli rispose fieramente che molto volentieri il riceverebbe; ma quando volle incorrere su quel Saracino, appercepì egli colà presso ed alla sua mano sinistra altri otto Saracini che mostravano dimorar là per vedere chi guadagnerebbe di quella giostra: perchè allora il Cavaliero lasciò di correre al Saracino con chi aveva a giostrare, e prese la sua corsa al troppello degli otto agguatatori, e ne ferì uno per mezzo il corpo, e traforandolo d'oltre in oltre colla sua lancia lo freddò sul colpo; e poi se ne ritornò a nostre genti. E gli altri Saracini gli corsero tutti sovra, ed uno ce n'ebbe che gli donò un gran colpo di mazza sul piastrone, ed il Cavaliere, al ritorno ch'e' fece, diede al Saracino, che lo avea colpito, un tal colpo

di spada sulla testa che gli fece balzar le tovaglie
che ricoprivanla sino a terra. E sappiate che su
quelle tovaglie essi ricevono sicuri di grandi colpi,
e perciò le portano essi quando vanno in battaglia,
e sono intortigliate l' una sull' altra molto dura ed
artatamente. Allora un altro Saracino pensò calare
un gran fendente di sua spada turchesca sul Cavaliere, ma questi seppe tanto ischiancirsi che il colpo
non lo attaccò mica; ed in vece al ritorno che fece
il Saracino, il Cavaliero gli abbandonò di forza un
manrovescio della sua grossa spada per mezzo il
braccio, che gli fece volare a terra la scimitarra, e
così potè egli finalmente ammenare la sua gente da
piè. Questi tre bei colpi fece il Cavalier Genovese
davanti il Signore d'Assur, e davanti li grandi personaggi d'Acri, i quali erano montati sulle mura
per vedere quelle genti. Dopo ciò si partirono li Saracini dinanzi ad Acri, e perciò che essi udirono
che il Re faceva asserragliare Saetta, e ch'elli a-
vea seco poco di buona gente d'arme, tirarono a
quella parte. E quando il Re seppene la novella, per
ciò ch'elli non avea mica la possanza di resistere
contro di loro, si ritirò col Maestro degli Ingegnieri,
e il più di gente che potè capirvi dentro il girone
del castello di Saetta, il quale era bene affortito e
ben chiuso. Ma guari non ci entrò di gente perchè
il mastio incastellato era troppo picciolo e stretto,
sicchè molti rimasero nelle borgora aperte. E tantosto li Saracini arrivarono ed entrarono in quelle
borgora là dove non trovarono nulla difesa, perchè le non erano ancora accompite di chiudersi, e

vi uccisero ben due mila sergenti e bagaglioni dell'oste nostra, e poi quand' ebbero ciò fatto e messo il caseggiato in preda e ruina se ne andarono a Damasco.

Quando il Re vide che i Saracini aveano tutta abbattuta e disertata Saetta ne fu molto dolente, ma egli non lo poteva ammendare: ed i Baroni del paese allo 'ncontro ne furono ben gioiosi. E la ragione era per ciò che 'l Re voleva appresso ciò, andare ad asserragliare un colle là ove di già ci solea avere un castello del tempo de' Macabei. E sedeva quel vecchio castellare in sulla via che da Giaffa mena in Gerusalemme, e per ciò ch' egli era bene a cinque leghe lungi dal mare, i Baroni si discordavano a che egli fusse rimurato e chiuso, per ciò ch' essi dicevano, e dicevano bene il vero, che giammai non l' avrebbono potuto vittovagliare, senza che i Saracini ne togliessero a forza la vittuaria, per ciò che essi erano i più forti entro terra. E per ciò rimostrarono i Baroni al Re, che gli valeva molto meglio e più gli era a onore, il rifare ed acchiudere Saetta che lo andare ad imprendere un novello edifizio sì lungi dal mare: ed a ciò s' accordò il Re, tuttocchè di mal cuore.

Capitolo LIV.

Come il buon Re s'astenesse dello andare a Gerusalemme in maniera di pellegrino.

Durante il tempo che 'l Re era a Giaffa gli fu detto che il Soldano di Damasco gli soffrirebbe la sua andata a Gerusalemme, e ciò per buono assicuramento. E molto volentieri l'avrebbe il Re voluto fare, ma n'ebbe su ciò il suo Gran Consiglio, il quale ne lo stornò. E gliene fecero rimostranza per uno esempio che fu tale. Che quando lo Re Filippo l'Augusto si partì da innanzi Acri per andare in Francia, lasciò egli molte sue genti nell'oste del Duca Ugone di Borgogna, il quale avolo era del Duca diretanamente morto. Ora in quello tempo, e durante che esso Ugo Duca, e lo Re Riccardo d'Inghilterra soggiornavano in Acri, furon loro apportate novelle ch'essi prenderebbon bene Gerusalemme la di mane quando il volessero, per ciò che il grande sforzo dei Cavalieri d'Egitto se n'era ito col Soldano di Damasco ad una guerra ch'egli aveva a Nessa contro 'l Soldano di detto luogo. Perchè tantosto s'accordaro il Duca di Borgogna e il Re Riccardo di levare il campo per andare verso Gerusalemme. E divisarono le lor battaglie, donde lo Re d'Inghilterra volle menar la primiera, e il Duca ebbe l'altra d'appresso colle genti del Re di Francia che erano dimorate alla sua bailia. Ed in quella ch'e' furono presso di Gerusalemme, e così presso di prendere la santa città, egli fu mandato dalla battaglia del Duca di Borgogna al Re d'Inghilterra ch'esso Duca se ne ritornava addietro solamente affinchè l'uomo non potesse dire che gl'Inghilesi, i quali il precedevano in gara, avessero essi preso Gerusalemme. Ed in quella che erano in tali dolorose parole, ci fu l'uno dell'antiguarda del Re d'Inghilterra, che gli gridò: Sire, Sire, venite sin qui, ed io vi mostrerò Gerusalem-

me che pare laggiù. Ma egli stette, e si levò davanti
gli occhi la sua cotta d'arme tuttavia plorando e
dicendo a Nostro Signore ad alta voce: Ah! buon
Sire Iddio, te ne priego, fa ch'io mica non veda la
tua santa città di Gerusalemme; poichè così va ch'io
non la posso diliberare dalle mani de' tuoi nemici!
— Questo assempro fu mostrato a Re San Luigi
per ciò ch'egli era il più gran Re de' Cristiani, di-
cendogli che s'egli faceva il suo pellegrinaggio in
Gerusalemme senza liberarla dalle mani dei nimici
di Dio, tutti gli altri Re, che verrebbero al detto
viaggio, si terrebbero appagati altresì di fare il
pellegrinaggio loro senza più, siccome arebbe fatto
lo Re di Francia.

Del buon Re Riccardo d'Inghilterra ch'ebbe in
nome Cuor di Lione, vi dissi altrove in questo libro, ora vi dirò io del Duca di Borgogna. Sappiate
dunque ch'elli fu molto buon Cavaliero di sua mano
e molto cavalleresco, ma unqua non fu egli tenuto
per saggio nè verso Dio nè verso il mondo. E bene
ciò parve ne' suoi fatti detti davanti: e di lui disse
il Gran Re Filippo quando seppe che il Conte Giovanni di Chalons suo genero avea avuto un figliuolo,
cui avevano rinominato Ugo; Dio lo voglia fare
produomo e probuomo, perchè gran differenza diceva essere intra l'uno e l'altro, e che molti Cavalieri ci avea, così Cristiani come Saracini, i quali
erano bensì assai prodi uomini, ma non erano punto
uomini probi, poich'essi non temono nè amano Dio
alcunamente. E diceva che grande grazia faceva Dio
a un Cavaliero quando egli avea questo bene che

per suoi fatti era chiamato produomo e probuomo:
ma colui di chi abbiam detto qui davanti, poteva
bene essere appellato produomo perch' egli era prò
ed ardito di suo corpo, ma non già dell' anima
sua, poich' elli non temeva punto a peccare nè a
misprendersi inverso Dio.

Capitolo LV.

Delle munizioni e difese che 'l Re fece a Giaffa ed a Saetta, e di ciò che avvenne nel frattempo.

Dei gran danari che il Re mise a chiudere Giaffa,
non mi conviene mica il parlarne per ciò ch' essi
furono senza numero. In fatti ne affortì egli e chiuse
il borgo da l' uno de' mari sino all' altro, e ci avea
bene ventiquattro torri che grandi che piccole, e
fosse a prode rinette e fatte di dentro e di fuora: e
ci avea tre grandi porte, donde il Legato avea a-
vuto commissione di farne fare una delle tre, e della
muraglia tanto quanto correva da quella porta sino
all' altra. Ed a conoscere per estimativa ciò che la
cosa poteva costare al Re, egli è verità che una
fiata mi domandò il Legato quanto io stimassi ciò
che gli fosse costato la porta ed il tratto di muro
ch' egli avea fatto fare. Ed io stimai che la porta
gli era ben costata cinquecento lire, e la muraglia
trecento. Ed allora il Legato, scotendo il capo, mi
disse che io era ben lungi dal computo, e che, così
l' àtasse Iddio, come la porta e il muro gli erano ben
costati trentamila lire. Per la qual cosa può ben
l' uomo pensare in suo cuore la massa grande d'ar- .

gento che tutto quel cassero sarà costato al buon
Santo Re.

Quando il Re ebbe accompito di munire e di
chiudere Giaffa, gli prese volontà di fare a Saetta
com'egli avea fatto a Giaffa, e di ridurla asserragliata e accasata così com'ell'era avanti che i Saracini l'avessono abbattuta: e s'ismosse per andarvi
lui e sua oste il dì della festa de' Monsignori Santo
Pietro e Santo Paolo Apostoli. E quando 'l Re fu
davanti il castello di Assur a tutto suo oste, sulla
sera appellò egli le genti del suo Consiglio, e domandò loro d'una cosa ch'elli aveva volontà di
fare, cioè ch'elli pensava prendere una città de'Saracini, che l'uomo appella Napoli, e che si nomina
nelle Scritture della Bibbia e dello antico Testamento, Samaria. Allora i Signori del Tempio, i Baroni e gli Ammiragli del Paese gli consigliarono
ch'elli lo devesse fare, ma che non ci dovea punto
essere di persona, per essere impresa troppo risi-
cosa, dicendo che se per malastro vi fosse preso od
ucciso, tutta la Santa Terra ne andrebbe perduta.
Ed egli loro rispose che non lascerebbe già andare
sue genti là dove non potesse essere corporalmente
con loro. E per tale discordo dimorò l'impresa, e
non ne fu più niente. Allora noi ci partimmo e venimmo sino alla sabbia d'Acri, e là si loggiò il Re
e tutta sua oste quella nottata. E alla dimane venne
a me una gran quantità di popolo della grande Erminia, il quale andava in pellegrinaggio a Gerusalemme. E mi venne supplicare quel popolo, per un
turcimanno latino ch'essi avevano, avendo udito

dire di me ch'io era il prossimano del Re, ch'io volessi mostrar loro il buon Re San Luigi. Ed allora io me n'andai di verso il Re, e gli dissi che una gran turba di genti della grande Erminia che andavano in Gerusalemme lo voleano vedere. Ed egli si prese a ridere, e mi disse che le facessi venire davanti a lui. E tantosto gli ammenai quel popolo che videlo molto volentieri, e molto lo onorarono negli atti loro; e poi quando l'ebbono lungamente ammirato, lo accomandarono a Dio in loro linguaggio, ed egli gli accommiatò in Dio similmente. La domane il Re e sua oste si partì ed andammo alloggiare in un luogo che l'uomo appella Passa-pullano, ov'egli ci avea di molte belle acque fontanili, di che nel paese s'irrigano le canne donde viene lo zuccaro. E quando io fui loggiato, l'uno de'miei Cavalieri che s'era dato la fatica dell'apprestamento, mi disse: Sire, or v'ho io alloggiato molto meglio che ieri non eravate. E l'altro de'miei Cavalieri che m'avea alloggiato quel giorno innanzi, gli va a dire: Voi siete troppo folle ed ardito quando a Monsignore voi andate a biasmare cosa ch'io ho fatto: e quando ebbe ciò detto, gli salì sopra e lo prese pei capelli. Or quando io scorsi l'oltracotanza di quel Cavaliere che davanti a me avea osato di prendere a capelli un altro mio Cavaliere, andaigli correre sopra, e gli donai un gran colpo di pugno tra le spalle. Lasciò egli allora tosto l'acciuffato, ed io dissi cruccioso all'acciuffatore ch'egli uscisse tosto del mio alloggiamento, e che giammai, così m'aiutasse Dio, egli non ne sarebbe di mia magione. Allora se ne uscì fuora quel Cavaliero menando gran duolo, e se n'andò verso Messer Gillio il Bruno, che era allora Connestabile di Francia, il quale se ne venne tantosto a me pregandomi ch'io volessi riprendere quel mio Cavaliero, e che grande ripentenza aveva egli di sua follia. Ed io gli dissi che non fareine già niente prima che il Legato m'avesse donato assoluzione del saramento ch'io ne avea fatto. E il Connestabile se n'andò diverso il Legato, gli contò tutto il caso, e gli richiese che mi volesse assolvere del giuramento isfuggitomi. E il Legato gli rispose ch'e'non aveva podere d'assolvermene, visto che a buon diritto io aveva fatto il saramento, e ch'esso era ragionevole, per ciò che il Cavaliere l'aveva grandemente disservito. E questa cosa ho io voluto scrivere ne'fatti di questo mio Libro, a fine di donare in esempio a ciascuno ch'e'non voglia giammai saramentare se non gli avviene di farlo per ragione, perchè il Saggio dice, che:

Chi volentieri e a vanvera si giura
Avvien che spesse volte si pergiura.

Capitolo LVI.

Come assalimmo la Città di Belinas, e del pericolo nel quale fui capitanando la prima battaglia del Re.

L'altro giorno inseguente il Re e sua oste se n'andò davanti la città di Sur, che è appellata Tiro nella Bibbia; e là fu il Re parimente intalentato d'andare a prendere una città ch'era colà presso, e che aveva in nome Belinas. E gli consigliarono le sue genti che il devesse fare, ma ch'egli non ci dovesse punto essere, ed a ciò s'accordò finalmente a gran pena. E fu appuntato che il Conte d'Angiò andrebbe, e Messer Filippo di Monforte, il Sire di Sur Messer Gillio il Bruno Connestabile di Francia, Messer Piero il Ciambellano, ed i Maestri del Tempio e dello Spedale colle loro genti d'arme. E poi sulla notte noi ci armammo, e venimmo un poco appresso la punta del giorno in una pianura ch'era davanti la città di Belinas appellata nelle antiche Scritture Cesarea di Filippo. Ed è sedente quella città sovra una bella fontana che l'uomo appella *Gior;* e ne' piani che sono davanti quella città ci ha un'altra molto bella sorgente, che ha in suo diritto nome *Dan;* e s'intrammischiano insieme i ruscelli di quelle due fontane alquanto lunge dalla città, ed il fiume che se ne fa è appellato unitamente *Giordano* là ove Gesù Cristo nostro Signore fu battezzato.

Per lo consiglio del Conte d'Angiò, de' Maestri del Tempio e dello Spedale, e de' Baroni del Paese fu avvisato che la battaglia del Re, ove io era per allora co' miei Cavalieri, e coi quaranta Cavalieri Sciampagnesi che il Re mi aveva di già dato a bailire, andremmo ad interporci tra la città ed il castello; Messer Gioffredo di Sergines ed i produomini del Paese che erano con noi tenterebbono la città a man sinistra; gli Spedalieri a man destra; ed il Maestro del Tempio e sua compagnia, insisterebbono sulla via che noi altri della prima battaglia avremmo battuto. E adunque ciascuno s'ismosse a partire e noi approcciammo sino incontra la città per di dietro, e trovammo là alquanti di nostre genti morti, che i Saracini, dopo ch' e' si erano traforati nella città, avevano uccisi e fuorgittati. E dovete sapere che la costa per ove noi dovevamo salire era assai perigliosa; perchè in primo luogo ci avevamo tre muri a sorpassare, e poi il dirupo era così infranto e smottato che nullamente vi si poteva tenere a cavallo: e nell' alto del colle ci avea gran quantità di Turchi a cavallo là veramente ov' egli ci conveniva montare. E in quella io vidi che taluno de' nostri a un cotal luogo rompevano le mura della città, ed io mi volli tirare ad essi cavalcando. Un Cavaliero de' miei pensò allora varcare in salto il muro, ma il cavallo gli cadde sovra rovescione; per che quando vidi ciò, mi discesi a piè, e presi il mio cavallo per lo freno, e la spada in pugno montammo arditamente contramonte quel colle. E allorchè li Turchi, ch' erano in sull' alto, ci videro andare ad essi sì fieramente, così come volle Iddio, se ne fuggirono e ci lasciarono lo spiazzo franco. E in quello spiazzo ci avea un sentieruzzo tagliato nella roccia che discendeva nella città: perchè quando noi fummo colassù donde erano fuggiti i Saracini indirizzandosi al castello, gli altri Saracini ch' erano nella città non osarono venire a noi, e si fuggirono anzi per temenza del sovracapo, fuora della città, e la lasciarono all' altre nostre genti senza nullo dibattimento di guerra. E ben sappiate che durante ch' io era in sull' alto di quel colle il Maresciallo del Tempio udì dire ch' io era

in gran periglio, e se ne venne a monte sino a me.
Ora vi dirò ch'io aveva con me li Cavalieri Teutoni, i quali quando videro che i Turchi a cavallo
si fuggirono dritto al Castello ch'era assai dilun-
gato dalla città, ismossersi tutti per correre loro
sovra malgrado mio, e non ostante ch'io loro dicessi
ch'e' facean male, perchè noi avevamo accapata la
nostra impresa, e fatto ciò che ci era stato comandato di fare. Il Castello era tutto al di sopra della
città ed avea in nome Subberbe, ed è intorno a mezza
lega in su l'alto della montagna che l'uomo appella
Libano, e ci hanno a passare molte rocce stagliate
e repenti sino al Castello. Or quando i Teutoni videro che follemente essi perseguivano coloro che
montavano per al castello, i quali sapevano troppo
bene i tragitti e rigiri di quelle rocce, pensarono
di rivenire addietro. Il che vedendo li Saracini in-
calzati, stettero, e poi messo piede a terra, incorsero loro sopra a ma' passi, balzando pei noti scorci,
e donando loro di gran colpi di mazze, e così ri-
buttandoli aspramente sin verso il luogo ov'io era.
E quando le genti ch'erano con me videro la iattura
e il discapito in che i Cavalieri Teutoni erano condotti al discendere, e come i Saracini li perseguivano tuttavia, cominciarono a sbigottirsene e ad
aver paura. Ed io loro dissi che se per avventura
fuggissero, li farei tutti cassare e metter per sempre fuori dei gaggi del Re. Ed essi mi risposero:
Sire di Gionville, noi abbiamo il peggio assai più
che voi, perchè voi siete a cavallo per ismucciar-
vela quando vorrete, e noi altri siamo a piè, sicchè

siamo a gran risico d'essere uccisi se i Saracini ca-
lassero sino a qui. Ed allora io mi discesi con essi
a piede per dar loro buon coraggio, e inviai il mio
cavallo nella battaglia de' Tempieri, ch'era bene a
una gran portata di ballestra da noi. E così come i
Saracini cacciavano i Teutoni, là con loro si trovò
un mio Cavaliere ch'un Saracino ferì di quadrello
per mezzo la gola, e cadde, veggenti noi, tutto
morto; ed allora mi disse un Cavaliero, ch'avea
nome Messer Ugo d'Iscossato, avoncolo del mio
Cavaliero morto, ch'io gli andassi âtare a portare
suo nepote a valle per farlo interrare. Ma io non ne
volli far niente, perchè il Cavaliero era andato correre lassù coi Teutoni oltre il mio grado, e dissi:
or dunque se mal glien'è preso, io non ne posso
altro. Così eravamo noi quando Messer Giovanni di
Valencienne udì dire che noi eravamo in gran dis-
arredo, ed in gran periglio di nostra vita, di che
se n'andò verso Messer Oliviero di Termes ed a' suoi
altri Capitani di Linguadoco, e disse loro: Signori,
io per me vi prego, e vi comando da parte il Re,
che mi veniate âtare a riavere il Siniscalco di
Sciampagna. Ed un Cavaliero ch'avea in nome
Messer Guillelmo di Belmonte s'en venne a lui e
gli disse ch'io era morto. Ma non ostante non s'i-
spargnò mica il buon Messer Oliviero di Termes, e
volle sapere o di mia morte o di mia vita per dirne
al Re sicure novelle; e venne contramonte montando
sino all'alto della montagna là ove noi eravamo.

Quando Messer Oliviero fu montato e vide che
noi eravamo in troppo grande periglio, e che non

15

avremmo potuto discendere per ove eravamo montati, egli ci donò un buon consiglio: perchè ci fece discendere per un versante ch'era in quella montagna, come se noi avessimo voluto andare a Damasco: e diceva che i Saracini si ritrarrebbono al Castello pensando che noi li volessimo andare a sorprendere per didietro. E poi quando noi fummo discesi sino alla pianura, ci fece mettere il fuoco in tutte le biche del formento ch'era ne' campi, e così ritraendoci dietro quella parata di fumo tanto femmo che venimmo a salvezza pel buon consiglio di Messer Oliviero, e la dimane ci rendemmo a Saetta là ov'era il Re. E trovammo che il buon sant'uomo avea fatto interrare li corpi de' cristiani ch'erano stati uccisi, ed egli stesso aiutava a portarli in terra. E sappiate che ce n'avea alcuni, i quali erano isfatti e putenti tanto che coloro che li portavano se ne istoppavan le nari, ma il buon Re nol faceva mica. E quando noi fummo arrivati di verso lui, egli ci avea di già fatto fare le trabacche nostre e gli alloggiamenti.

CAPITOLO LVII.

Del pellegrinaggio a Nostra Donna di Tortosa, e come avvenne che la Reina s'agginocchiasse davanti i miei camelotti.

Durante queste cose, un giorno essendo io davanti l'Re gli domandai congedo d'andare in pellegrinaggio a Nostra Donna di Tortosa, ch'era allora molto in noméa, e ci aveva gran quantità di pellegrini per ciascun giorno, conciossiachè si diceva ch'egli fosse il primiero altare ch'unqua si facesse nell'onore della gran Madre di Dio. E faceva Nostra Donna de'miracoli grandi a meraviglia; intra li quali ella ne fece uno d'un pover uomo ch'éra fuori di suo senno ed indemoniato, perch'egli aveva il maligno spirito entro suo corpo. Ed avvenne per un giorno, ch'egli fu ammenato a quell'altare di Nostra Donna di Tortosa; ed in così che gli amici suoi, i quali aveanlo ammenato là, pregavano a Nostra Donna ch'ella gli volesse ricovrare sanità e guerigione, il diavolo che la povera creatura aveva in corpo, parlò e disse: Nostra Donna non è punto qui; ella è in Egitto per aiutare al Re di Francia ed ai Cristiani che oggi arrivano in Terra Santa contro tutta Pagania che li attende sulla piaggia a cavallo. E fu messo in iscritto il giorno in che il diavolo profetò questi motti, e fu lo scritto apportato al Legato che era col Re di Francia, il quale mi disse dappoi che a quel giorno appunto noi eravamo arrivati in terra d'Egitto. Ed io son certano che della buona Dama Santa Maria ci ebbe colà per noi gran bisogno.

Il Re molto volentieri mi diè congedo di andare a quel pellegrinaggio, e m'incaricò ch'io gli comprassi per cento lire di camelotti di diversi colori ch'egli voleva donare ai Cordiglieri quando noi saremmo ritornati in Francia: e allora io pensai in mio core ch'egli non dimorerebbe più guari lungamente a rivenirsene di qua mare. E quando io fui a Tripoli, là ov'era il luogo del mio pellegrinaggio, vi feci la mia oblazione a Dio e a Nostra Donna di Tortosa, e poi appresso vi comperai li camelotti che il Re m'avea comandato d'incettarvi. Il che veggendo i miei Cavalieri mi domandarono che voleva farne? ed io lor diedi a credere che ne faceva incetta per mio guadagno.

Appresso che noi fummo là arrivati, il Principe di quella terra, il quale seppe ch'io era partito dall'oste del Re di Francia, venne al davanti di noi, e ci fece molto grande onore, e ci offrì de' grandi doni; donde umilmente lo ringraziammo, e non volemmo niente prendere, fuor che di reliquie, ch'io apportai al Re co' suoi camelotti. E sappiate che la Reina aveva bene udito novelle ch'io era stato in pellegrinaggio, e che aveva apportate delle reliquie. Ora io le inviai per uno de' miei Cavalieri quattro pezze di camelotto di quelle che avea comperate, e quando il Cavaliere entrò verso lei in sua camera, ella si cominciò ad agginocchiare davanti i camelotti che erano inviluppati in un drappo; di che il Cavaliere meravigliandosi che la Reina s'agginocchiasse davanti a lui, e non sapendo perchè, si va altresì a gittare sui ginocchi. E adunque la Reina gli disse: Sir Cavaliere, voi non vi dovete mica agginocchiare quando voi portate delle sante reliquie. Allora il mio Cavaliere rizzandosi le disse che le non erano punto reliquie, ma che erano camelotti ch'io le presentava. Quando la Reina e le sue Damigelle intesero che là non erano punto reliquie, elleno si presero forte a ridere, e la Reina disse: Sir Cavaliere, mal giorno sia donato al vostro Signore, quando elli m'ha fatto agginocchiare davanti i suoi camelotti.

Capitolo LVIII.

Come il buon Re, saputo la morte di Madama sua Madre, accogliesse il pensiere di ritornare in Francia.

Tantosto appresso, il Re essendo a Saetta ebbe novelle che Madama sua Madre era morta. Donde elli menò sì gran duolo ch'egli fu per due giorni in sua camera senza ch'uomo potesse parlargli. Ed appresso i due giorni passati, egli m'inviò cherére per uno dei Valetti di camera, e quando gli fui davanti, gridò e, stendendomi le braccia, cominciò a dire: Ah! Siniscalco, io ho perduto la mia buona Madre! ed io lo interruppi soggiugnendo: Sire, io non me ne isbaisco punto, poichè tutti sappiamo ch'ella, sendo nata, aveva pure una fiata a morire. Ma ben io mi meraviglio del grande ed oltraggioso duolo che voi ne menate, voi, dico, che siete a dritto tenuto tanto savio Principe. E voi ben sapete, seguitai io, che il Saggio dice, come il misagio che il valente uomo ha in suo cuore, non gli deggia apparire al viso, sicchè altri il conosca: perchè colui, che lo fa apparire, dona gran gioia a' nimici suoi, ed agli amici pena e iscorruccio. E così di parole in parole il venni un poco appaciando: ed allora egli fece fare oltre mare molti bei servigi per l'anima della fu buona Dama sua Madre, e similmente inviò in Francia un gran forziere caricato di gioielli e pietre preziose alle Chiese di Francia con lettere missive, nelle quali invitava i prelati ch'e' volessono pregare a Dio per lui e per la detta Dama sua Madre.

Ben tosto appresso il Re volle dar ordine alle

sue bisogne, e sapere s'egli doveva ritornarsene in Francia, od ancora dimorare colà. E in così ch'egli era su questo proposito, tuttavia istando a Saetta, ch'egli avea pressochè asserragliata interamente, appellò il Legato ch'era con lui, e gli fece fare alquante processioni, richerendone a Dio che gli desse a conoscere lo quale farebbe meglio di suo piacere, o dello andarsene in Francia o del dimorare colà. Un poco appresso che le processioni furono fatte, io era andato un cotal dì coi Ricchi Uomini del paese a diportarmi in un pratello; quando il Re mi fece appellare, ed era il Legato con lui; ed allora mi va a dire esso Legato alla presenza del Re: Siniscalco, il Re si loda grandemente dei buoni ed aggradevoli servigi che voi gli avete fatto, e forte desidera il vostro pro e il vostro onore, e mi fa dirvi, affinchè ne prendiate in vostro cuore alcun solazzo di gioia, che sua intenzione è d'andarsene in Francia di dentro Pasqua che viene. E adunque io gli risposi che Nostro Signore Iddio il lasciasse fare alla sua buona volontà. Dopo queste parole il Legato si partì d'insieme il Re, e mi pregò ch'io gli facessi compagnia sino al suo alloggiamento: ciò ch'io feci volentieri. E là mi fece entrare nella sua guardaroba, e poi cominciò a lagrimare, e presomi per le mani, mi disse: Siniscalco, io son ben gioioso, e rendone grazie a Dio di che abbiate così isfuggito tanti e sì grandi pericoli, da poi che voi siete stato in questa terra; ma d'altra parte io sono molto tristo e dolente di cuore ch'elli mi convenga lasciare le vostre buone e sante compagnie per ritornarmene in

Corte di Roma, intra gente così disleale come ci ha [1]. Ma io vi dirò, mia intenzione è di dimorare ancora un anno appresso voi in Acri, per dispendervi tutti li miei danari a farvi acchiudere ed accerchiare il sobborgo, affinchè, quando ne sarò così tutto scusso, non mi possa venir uomo a impugnare di rimbrotti, e di accuse, quasi n' abbia fatto civanzo. Ed io, dipartendomi, il confortai che mettesse adunque ad effetto la sua intenzione.

Quando io fui ritornato di verso il Re la dimane comandò che mi armassi co' miei Cavalieri, e quando fummo tutti armati venni a lui chiedendogli che gli piaceva ch' io facessi; ed egli allora mi disse ch' io menassi la Reina e' figliuoli suoi sino a Sur, là per ove ci avea ben sette leghe: e di ciò non lo volli punto disdire non ostante che gran periglio ci fusse a passare, perchè non avevamo noi allora notte e giorno nè tregua nè pace, nè cogli Egiziani nè con quelli di Damasco. Con tutto ciò noi partimmo e venimmo la mercè di Dio tutto in pace e senza alcuno impedimento in Sur anzi l'otta del sonno. Tantosto appresso il Patriarca ed i Baroni del Paese, i quali lungamente avevano accompagnato il Re, veggendo ch'elli avea accerchiata Saetta di grandi mura, e fatte fare grosse torri, e fosse iscavare di dentro e di fuora, se ne vennero a lui, e gli resero umilmente grazie e lodi dei grandi beni, onori, e piaceri che loro avea fatti nella Santa Terra; perchè egli vi avea fatto rimurar di nuovo

---

1 Si possono vedere le Poesie del Beato Iacopone da Todi, e segnatamente le così dette *Satire.*

oltre Saetta, Cesarea e Giaffa, ed avea rafforzata
la Città d'Acri di grandi muraglie altresì e di grosse
torri. E gli dissero: Sire, noi vediamo ben chiaramente, che la vostra dimora con noi più non ci appartiene, e ch'ella non può durare più oltre, così
che ne venga oggimai maggior profitto al Reame
di Gerusalemme; per ciò noi vi consigliamo tutti
insieme che ve n'andiate in Acri, e là cominciate
a far mettere su e ad appuntare il vostro passaggio
allo 'ntorno di questa Quaresima, perchè voi possiate ritornare in Francia securamente. E così per
tale consiglio il Re si partì da Saetta tranquillo in
suo cuore, e se ne venne a Sur, là ove noi avevamo
ammenato la Reina e figliuoli; ed all'entrata di
Quaresima venimmo in Acri tutti insieme.

Capitolo LIX.

Come col Re femmo vela per ritornare in Francia, e delle malenanze che ci incolsero presso Cipri.

Tutta la Quaresima il Re fece apprestare il na-
viglio per rivenirne in Francia, donde egli ci avea
quattordici che navi che galee: e la vigilia della festa di San Marco appresso Pasqua, il Re e la Reina
si raccolsero nella lor nave, e tutto il navile u-
scendo di stallo cominciò con buono e secondevole
vento a prender l'abbrivo sul mare[1]. E mi disse il
Re ch'egli era nato nel proprio giorno di San Marco; ed io gli soggiunsi, ch'elli poteva bandire che
se allora c'era nato, ora c'era rinato, poichè in

---

1 Aprile 1255.

tal dì iscapolava di quella perigliosa terra ove noi eravamo dimorati sì lungamente.

Il Sabbato inseguente arrivammo sull'Isola di Cipri, e ci aveva una montagna appresso l'Isola che l'uomo appellava la montagna della Croce, alla quale montagna si potea conoscere da lunge che si approssimava alla detta Isola di Cipri. E sappiate che quello Sabbato sul vesperare si levò un grande nebbione, il quale della terra discese sul mare, e lo abbuiò talmente che i marinieri pensarono essere assai più lunge dall'Isola ch'essi non erano veramente: di che perderono la montagna di vista, la quale si stinse entro la tenebra del caligato. Ed in così avvenne che, nello intento di arrivare di buon otta all'Isola, i nostri marinai s'isforzarono di navigare a gran vigore di braccia, perchè sprovvedutamente andammo ad abbordare su una coda di sabbia ch'era poco sotto mare; e se per avventura non ci fossimo così arrenati, saremmo andati ad urtare a di grandi rocce canterute ch'erano colà presso nascose, e vi saremmo stati tutti pericolati e sommersi. Con tutto ciò fummo noi a grande disagio là ove eravamo atterrati, perchè ciascuno si pensò d'essere annegato e perduto e che la galea si fendesse. Il Piloto gittò allora suo piombino in mare, e trovò che la nave non era punto arrenata e che l'acqua bastava a rigallarla, di che ciascuno cominciò a rallegrarsi ed a renderne grazie a Dio. E ce n'avea molti prostesi dinanzi il Sacrosanto Corpo di Nostro Signore ch'era in vista sulla nave, gridando perdono a Dio poichè ciascuno s'attendeva alla morte. E tantosto

ch'elli fu giorno noi vedemmo gli scogli, ai quali
noi avremmo urtato senza fallo se non fusse stato
la fortuna del piaggione di sabbia che c'impigliò.
Come venne il mattino il Re inviò cherère i Maestri
Piloti delle navi, e questi ammenarono con loro
quattro palombari o mergoni, i quali son genti che
vanno a nuoto al fondo dell'acqua come e'pesci. Li
quali quattro palombari furono dai Maestri suddetti fatti scendere in mare là indiritta dove la nave
toccò fondo. E costoro capolevarono, e poi passarono per di sotto la nave ov'era il Re con noi altri.
E quand'essi risortirono dell'acqua furono uditi
tutti quattro spartitamente per sapere ciò ch'essi
vi avean trovato. Ma ciascuno d'essi rapportò che
al luogo ove s'era urtata la nostra nave, la sabbia
avea ischeggiato per ben tre tese ed amminuito la
carena su che era la nave fondata. E quando si
furo uditi rapportare così, il Re e tutti noi ne ri-
manemmo alquanto ismarriti e pensosi: perchè il
Re domandò ai Maestri quale consiglio donerebbo-
no essi di quella cosa: ed i Maestri nocchieri gli
dissero: Sire, per tutto consiglio, se ci volete credere, voi discenderete di questa nave in un'altra;
perchè noi bene intendiamo come, poi che il suo
fondamento ha sofferto tale urto quale avete udito,
ne debbano essere stati altresì iscommessi gli arma-
menti delle costole, e per ciò dubitiamo grandemente che, quando verrà in mare alto, non possa
la nave durare il colpo dei flutti senza ch'ella pe-
risca. Perchè tale esempio ne abbiamo noi veduto,
quando voi partiste di Francia, d'un'altra nave

che aveva similmente urtato e sofferto un tale stroscio come ha questa qui; e quando essa fu in alto mare non potè bastarvi contro i colpi delle onde, e ne fu isconfitta e spezzata, e ne annegarono quelli che v'eran dentro, senza che altri ne iscampasse fuorchè una giovine dònna col suo fantino che tenea in collo, li quali d'avventura dimorarono su l'uno dei tavoloni della nave, che l'acqua poi menò a riva. E quando il Re ebbe udito ciò ch'e' Piloti gli avevano consigliato e dato in esempio, io stesso testimoniai ch'essi dicevano il vero; perchè io avea veduti la donna e il fanciullino che erano arrivati davanti la Città di Bafa, e li vidi nella magione del Conte di Gioigny, il quale ve li faceva nodrire per lo amore di Dio. Allora il Re appellò le genti di suo Consiglio per sapere ciò che era da farsi: e tutti gli consigliammo di fare ciò a punto che gli uomini sperti di mare gli avevano consigliato. Allora chiamò il Re i Piloti di nuovo e domandò loro, sopra la fede e lealtà ch'essi gli dovevano, se la nave fusse loro, e fusse piena di mercatanzie, s'essi ne discenderebbono o no. Ed essi risposero tutti insieme che mai no, e che in tal caso amerebbero meglio di mettere loro corpi in avventura di morte che di lasciar perdere una tal nave, che sarebbe ai medesimi costata ben quaranta o cinquanta mila lire. E perchè, soggiunse il Re, mi consigliate voi dunque ch'io ne discenda? E quegli risposero: Sire, voi e noi non è già tutt'uno, nè pari è la posta, perchè oro nè argento non potrebbe esser sì tanto ch'elli fusse pregiato nè estimato come il corpo di voi, di madama la Reina vostra sposa e de' vostri tre figliuoli che avete qui, e pertanto non vi consiglieremmo giammai che vi metteste in tale risico ed avventura. Or vi dirò io, soggiunse il Re, il mio consiglio ed avviso. Se io discendo di questa nave, egli ci ha qui dentro cinque o seicento persone, le quali dimoreranno nell'isola di Cipri per la paura del periglio della nave ove sono i loro corpi; chè non ci ha alcuno che non ami altanto suo corpo com'io fo il mio; e, se una fiata vi discendono, giammai non avranno speranze di ritornare in loro paese non bastando a pagarne il nàvolo; pertanto vi dico ch'io amo meglio mettere me, la Reina e' figliuoli nelle mani e nella santa guardia di Dio, che di apportare un tanto dannaggio a sì gran popolo come egli ha qui dentro.

Ed il gran male e dannaggio che'l Re arebbe fatto s'elli fusse disceso bene ci apparve in Messer Oliviero di Termes il possente Cavaliero, il quale era in quella nave dov'era il Re; il quale Messer Oliviero era l'uno de'più valenti e de'più arditi uomini ch'unqua io conoscessi in Terra Santa. Tuttavolta non osò egli dimorare, e si discese nell'Isola: ed allora avvenne che, sebbene fusse un grande e notabile personaggio e molto ricco d'avere, egli vi trovò tanto d'impedimenti e di disturbanze, ch'e' fu più di un anno e mezzo avanti che potesse rivenire di verso il Re. Ora intendete dunque che mai arebbono potuto fare tanti piccoli personaggi, i quali non aveano di che pagare nè finire ai tributi, visto che sì gran ricco uomo ci avea dovuto interporre sì lungo soprastamento.

Appresso che Dio ci ebbe stratti di quel periglio, ove noi eravamo così stati davanti l'Isola di Cipri, noi entrammo in un altro non minore. Perchè si levò egli in mare un vento sì terribile e maraviglioso, che a forza e malgrado nostro ci rigettava tuttavia sull'Isola di Cipri che noi avevamo già trapassata. Gittarono perciò i marinieri quattro delle loro àncore in mare, ma unqua non seppero arrestare la nostra nave sino a che la quinta di soccorso non ci fu gittata. E ben sappiate ch'egli ci convenne abbattere i paretelli della camera dove si teneva il Re, ed era tale il tifone che in essa nissuno osava tenersi ritto di paura che le folate sferratoie nol rapissero in mare. Perchè la Reina montò a quella camera dove ella credeva trovare il Re, e non vi trovò che Messer Gillio il Bruno Connestabile di Francia, e me, che vi ci tenevamo bocconi. E quando io la vidi, le domandai che volesse; ed Ella rispose che domandava il Re per pregarlo ch'e' volesse fare qualche voto a Dio od a' suoi Santi, affinchè noi potessimo essere liberati della tormenta, da che i marinai le avevano detto che noi eravamo in gran pericolo di annegare. Ed io le dissi: Madama, promettete di fare il viaggio a Monsignore San Nicolao di Varengavilla, ed io mi fo forte che Dio ci renderà in Francia a salvezza. Allora Ella mi rispose: Ah! Siniscalco, io arei paura che 'l Re non volesse ch'io facessi il viaggio, e che per ciò nol potessi accompire. Almeno, Madama, promettegli che, se Dio vi renda in Francia salvamente, voi gli donerete una nave di cinque marchi d'ar-

gento per lo Re, per voi, e pe' vostri figliuoli: e se
in così il fate, io vi prometto ed assevero che alla
preghiera di San Nicolao Dio vi renderà in Francia
a salvamento: ed io prometto quanto a me, che ove
ritorni a Gionville, ne l'anderò vedere sino al luogo
suo a piè e tutto scalzato. Allora ella promise a San
Nicolao di offerirgli la nave d'argento, e mi richiese
ch'io gliene entrassi mallevadore siccome feci. E
poco stante Ella ritornò a noi, e ci venne dire che
Dio, alla supplicazione di San Nicolao, ci avea gua-
rentiti di quel periglio. E qui sappiate che la Reina,
quando fu ritornata in Francia, fece fare la nave
ch'ella aveva promessa a Monsignore San Nicolao,
e ci fe' rilevare il Re, lei, ed i tre figliuoli, i marinai, l'albero, i cordaggi, ed i governali tutti d'argento, od acconci a fila d'argento. La qual nave
ella m'inviò, mandandomi ch'io la recassi offerere
a Monsignore Santo Nicolao, e così feci; ed ancora
dopo lungo tempo ve l'ho io vista, allorchè sono
stato della comitiva che ha menata la sorella dello
Re attuale al Re di Lamagna [1].

Or riveniamo al proposito là ove noi eravamo
nel mare, e diciamo che quando il Re vide che noi
eravamo sfuggiti da que' due grandi pericoli, egli
si levò sul palco della nave, ed essendo io là presente e tuttavia a lui dinanzi mi va a dire: Or ri-

---

1 Bianca figlia di Re Filippo l'Ardito e sorella di Re Filippo
il Bello, sposatasi a Rodolfo Duca d'Austria, e poi Re di Boe-
mia figlio primogenito dello Imperatore Alberto I. Il maritaggio
accadde correndo l'anno' 1300.

L'Autore morì a quanto pare nel 1317 o nel 1318 avendo poco
meno di cent'anni, ed ultimò la Storia presente nei primi anni
del Secolo XIV.

guardate, Siniscalco, se Dio non ci ha ben mostrata
sua gran possanza, quando per uno vento piccolino
e che non è pure de' quattro venti maestri in mare,
il Re di Francia, la Reina, e' figliuoli suoi e tanti
altri grandi personaggi hanno pensato esserne tutti
insieme sommersi. Con tutto ciò io ne lo lodo, e so
che grandi grazie gliene debbiamo ben rendere. E
già sappiate, Siniscalco, che quando tali tribolazioni avvengono alle genti, od altre miserevoli fortune di malattie, elleno sono, per buono avviso dei
Santi, le minacce del male e le sommosse al bene
di Nostro Signore. E per ciò io vi dico, seguitava
il buon Santo Re, che li risichi là ove noi siamo
stati, sono altresì minacce di Iddio, il quale per
essi mostra dirci: Or vedete voi bene che, s'io a-
vessi voluto, vi sareste tutti pericolati nell'acque
e annegati. Di che è a trarne documento di guardare bene e finamente s'egli ci abbia in noi cosa
dispiacente a Dio Creatore, e s'ella v'è, sì appercepita l'abbiamo, e sì tosto la dobbiamo rigettare ed
espellere. E se così faremo egli ce ne amerà e ci guar-
derà tuttavia da sciagure; e se faremo il contradio,
appresso ch'egli ci avrà misericordevolmente mi-
nacciati, invierà sovra noi qualche gran male o
di morte, o di dannaggio nel corpo, ovvero ci la-
scierà nello 'nferno discendere perdurevolmente in
eterno. Ed anche seguitava il buon Re San Luigi:
Siniscalco, il sant'uomo Job diceva a Dio: Sire Iddio, e perchè ci minacci tu? se la minaccia che tu
ne fai non è punto per tuo prode e per tuo vantag-   .
gio? poichè, se tu ne avessi tutti perduti, tu non

ne saresti già più povero, ed in così non più ricco
se tutti salvati? Certo dunque il tuo minacciare è
per nostro profitto, non per tuo, quando noi il sappiamo conoscere e intendere. Donde dobbiamo anche una volta vedere che le minacce non la percossa
della sciagura esce dallo amore di Dio benedetto
per noi, il quale ci vuole così per via di penitenza
ammenare a gloria e a salvezza. Per tanto dunque,
Siniscalco, pentiamoci di nostre colpe, e ristoriamo
i demeriti, e saremo saggi.

CAPITOLO LX.

Di ciò che vedemmo nell' Isola di Lampadusa, e di un
bello miracolo di Nostra Donna di Valverde.

Di là in avanti, e appresso che noi avemmo preso
nell'Isola di Cipri acqua fresca, ed altre piccole
nostre necessitadi, e che la tormenta fu cessata, noi
partimmo di là, e venimmo a un'altra Isola, che
l'uomo appella Isola di Lampadusa. E là discendemmo a terra, e prendemmo gran quantità di co-
nigli, e là pure trovammo un eremitaggio iscavato
entro le rocce, ed un bel giardino, il quale era im-
piantato d'olivi, e fichi, e ceppi di vite, e più altri
alberi fruttiferosi: e ci avea una bella fontana d'acqua dolce, il cui rivolo defluiva fresco fresco per
mezzo il giardino del romitaggio. Il Re e la sua
compagnia andarono sino al capo di quel giardino,
e lo cercarono attentamente, e così insieme vi trovammo uno oratorio, di cui la prima vôlta era
bianca di calce, e sopravi una bella croce di terra
vermiglia; ed in un'altra vôlta più avanti trovammo

due corpi morti, i quali avevano le mani incrociate sul petto, e dell'ossa loro non ci avea più che le costole le quali s'intertenessero. Ed erano quegli scheletri volti verso Oriente così com' egli è costume disporre gli altri morti fuggiti in terra. E quando noi avemmo ben veduto per tutto, il Re e la sua compagnia ritiraronsi nella nave. Or sappiate che quando noi vi fummo rientrati, ci fallì l'uno de' marinai; donde il Comito si pensò in lui, ch'elli sapeva bene lo quale era, e com' egli volesse dimorare colà per essere e vivere quindi innanzi penitente e romito. E per ciò il Re a l'avventura fece lasciare tre sacca piene di biscotto sulla riva di quell' isola erma, affinchè il marinaio, che eravi dimorato, li trovasse e ne vivesse per alcun tempo. Poco appresso arrivò un' avventura in mare nella nave di Messer d'Argones, il quale era l'uno dei più possenti Signori di Provenza: ciò è ch'essendo egli una mattinata in suo letto, il Sole colpivalo sovra'l viso per un pertugio. Allora il detto Messer d'Argonne appellò uno de' suoi scudieri, e gli disse che andasse a stoppare il pertugio per ove traforava il Sole: e lo scudiero, veggendo ch'e' non poteva istopparlo di dentro, uscì della nave, e si mise all'opera nel di fuori, e così andando tentone, gli fuggì un piede, ed egli cadde nell'acqua. Tantosto ch'e' fu caduto, la nave si allontanò, e non ci avea punto di picciole barche accostate con che poterlo soccorrere. Noi lo vedemmo da lunge stando sul cassero della galea del Re, la quale veniva appresso ben mezza lega lontano dalla nave donde elli era ca-

16

duto. Tuttavolta pensavamo che ciò fusse stato
qualche cosa caduta in mare, perchè quello scudiero non si moveva nè si âtava in nissuna guisa.
E quando noi l'avemmo appercepito di presso, l'uno
de'navicelli del Re lo raccolse, e lo trammise nella
nostra nave, nella quale dopo d'essere stato rac-
colto, ci contò egli come era caduto. E noi gli do-
mandammo, come era ciò ch'egli non s'âtasse altrimenti nè a nuotare, nè a gridare o a far cenno
alle genti della nave. Ed egli ci disse che non avea
nullo bisogno di farlo, perchè, in cadendo, egli
s'era gridato: *Ah! Nostra Donna di Valverde!* di
che la buona Santa Madre Maria lo sostenne per le
spalle, e lo sorresse sino a tanto che la galea del
Re fu arrivata a lui. E nell'onore della benedetta e
miracolosa Vergine e Madre, io ho fatto pingere di
ritratto nella mia Cappella a Gionville il detto miracolo, ed anche nelle vetrate della Chiesa di Ble-
corto ècci alluminato per memoria.

CAPITOLO LXI.

Come finalmente scendemmo al porto di Yeres in terra di
Provenza, e di ciò che ivi avvenne.

Alla fine di dieci settimane, in che noi fummo
in mare navigando, arrivammo al porto di Yeres,
davanti il castello che era al Conte di Provenza, il
quale fu dappoi Re di Sicilia. E la Reina, e tutto il
Consiglio del Re lo pregarono ch'ei là discendesse
poi ch'egli era nella terra di suo fratello. Ma il
Re disse ch'elli non discenderebbe punto, sintanto
ch'e'non fusse in Acquemorte che era sua terra.

E sovra questo disparere ci tenne il Re il mercoledì
e il giovedì, senza che nullo lo potesse fare accor-
dare a discendervi. E il venerdì, come il Re era
assiso su l'uno de'seggi della nave, egli mi appellò,
e mi domandò consiglio s'egli si doveva discendere,
o no. Ed io gli dissi: Sire, e'mi sembra che voi deg-
giate discendere senza fallo, perchè una fiata Madama di Borbone salita in questo porto medesimo
non si volle discendere, anzi si rimise sopramare per
andare ad Acquemorte: ma ella a suo gran disagio
dimorò ben sette e più settimane sul mare per lo
tempo che vi durò contradioso. E adunque il Re a
mio consiglio s'accordò di discendere a Yeres, don-
del a Reina e la Compagnia furono molto paghi e
gioiosi.

Nel Castello di Yeres soggiornammo il Re, la
Reina, i figliuoli loro e noi tutti domentre che si
procacciavano de'cavalli per venircene in Francia.
L'Abbate di Cluny, che fu dappoi Vescovo d'Oliva,
inviò al Re due palafreni, l'uno per lui, l'altro per la
Reina; e dicevasi allora ch'e'valevano bene ciascuno
cinquecento lire. Or quando il Re ebbe accettati
que'due bei cavalli, Messer lo Abbate richiesegli
ch'elli potesse parlare con lui la dimane toccante li
suoi affari. Ed il Re glielo ottriò. E quando venne
il domani, lo Abbate parlò al Re, il quale lo ascoltò
lungamente ed a gran piacere. E quando quello Abbate se ne fu partito, io domandai al Re s'egli soffrirebbe ch'io volessi conoscere da lui qualche cosa;
ed egli mi rispose che sì. Adunque io gli domandai:
Sire, non è egli forse vero che voi avete ascoltato

Messer lo Abbate così lungamente per lo dono dei suoi due cavalli? E il Re da capo mi rispose: che sì certamente. Ed io allora gli dissi ch'io m'era ardito d'indirizzargli tale domanda affinch'egli difendesse alle genti di suo Consiglio giurato, che quand'essi arriverebbero in Francia, non prendessero niente da quelli che avessero per bisogne a venir loro davanti: perchè siate certano, Sire, dissi io, che, se essi prendono, ne ascolteranno più diligentemente e più lungamente i donatori così come voi avete fatto dello Abbate di Cluny. Allora il Re appellò tutto suo Consiglio, e loro contò in ridendo la domanda ch'io gli avea fatta, e la ragione d'essa domanda; ma non meno per ciò gli rispuosono i Consiglieri ch'io gli aveva dato un savio e bontadioso consiglio.

Ora sappiate che a Yeres correan novelle di un Cordigliere molto valente, il quale andava predicando per mezzo il paese, e si appellava Fra Ugo. Perchè il Re s'ismosse nel volerlo vedere ed udir parlare. E il giorno istesso ch'elli arrivò a Yeres noi andammo davanti il suo cammino, e vedemmo che una gran quantità d'uomini e di femmine lo andavano accompagnando e codiavanlo tutti a piè. Quando ci fummo accontati, il Re lo fece predicare, ed il primo Sermone ch'egli fece fu sulle genti di religione ch'e' cominciò a biasmare, per ciò che nella compagnia del Re ce n'era a gran numero: e diceva ch'essi non erano punto in istato di salvarsi, ove non mentissero le Sante Scritture, il che non poteva esser vero: perchè le Sante Scritture dicono che un Religioso non può vivere fuor del suo chiostro senza cadere in più peccati mortali, niente più che il pesce non saprebbe vivere fuor dell'acqua senza morire. E la ragione era perchè i Religiosi, i quali seguono le Corti dei Re, bevono e mangiano più fiate diversi vini e vivande di quel che farebbono s'egli fussero nel loro chiostro. Donde avviene che l'agio ch'essi ne prendono li invita a peccare meglio che s'essi menassero austerità di vita. Appresso cominciò egli a parlare al Re, e gli donò a tenere per insegnamento che s'elli voleva lungamente vivere in pace ed a grado del suo popolo, ch'elli fosse dritturiere: e diceva che avea letto la Bibbia e gli altri Libri della Scrittura Santa, ma che giammai non avea trovato (fusse ciò tra Principi ed uomini Cristiani o tra miscredenti) che nulla terra o signoria fusse stata trasferita nè mutata per forza da uno ad altro Signore, fuorchè per falta di far giustizia e drittura. Per ciò, disse il Cordigliere, si guardi bene il Re qui presente ch'egli faccia bene amministrar giustizia a ciascuno in suo Reame di Francia, affinch'e' possa sino a' suoi ultimi dì vivere in buona pace e tranquillità, e Dio non gli tolga il reame a suo danno e vergogna. Il Re per alquante fiate lo fece pregare ch'e' dimorasse con lui almeno sin ch'e' soggiornasse in Provenza, ma sempre gli fece rispondere ch'egli punto non dimorerebbe nella compagnia dei Re. Pertanto quel Cordigliere non fu che un giorno con noi, e la dimane se ne andò contramonte. Ed ho poi udito dire, ch'egli giace a Marsiglia, là ove Dio gli permette fare di molti bei miracoli.

Capitolo LXII.

Nel quale si ritrae come io mi scompagnassi dal buon Re,
e come ponessi opera al maritaggio del Re di Navarra.

Appresso queste cose il Re si partì di Yeres, e se
ne venne nella Città d'Aix in Provenza per l'onore
della benedetta Maddalena che vi giace presso ad una
piccola giornata di cammino: e fummo al luogo
detto della Caverna in una roccia molto alta ed erta
là ove l'uomo diceva che la Santa Maddalena avea
vissuto in romita lungo spazio di tempo. Poi di là
venimmo passare il Rodano a Belcaro. E quando io
vidi che il Re era entrato in sua terra ed in suo podere, presi congedo da lui, e me ne venni alla Del-
fina del Viennese ch'era mia nipote; e di là passai
verso il Conte di Chalons mio Zio, e poi verso il
Conte di Borgogna suo figliuolo, ed arrivai finalmente a Gionville. Nel qual caro luogo quando io
ebbi soggiornato alcun poco, me ne ritornai verso
il Re, lo quale trovai io a Soissone. E quando fui
davanti a lui, egli mi fece sì grande gioia che tutti
se ne meravigliarono. Là io trovai il Conte Giovanni
di Bretagna e la Contessa sua donna, e la figliuola
del Re Tebaldo. E per la dissensione che era intra
il Re di Navarra e la figlia di Sciampagna, per alcun diritto che lo Re di Navarra pretendeva sul
paese di Sciampagna, il Re li fece tutti venire a
Parigi in parlamento per udire le parti e per far
loro diritto.

A questo Parlamento domandò il Re Tebaldo di
Navarra ad avere in maritaggio Isabella figliuola

del Re, e m'avea esso tratto di Sciampagna per profferire le parole di domanda di quel maritaggio, per ciò che gli era nota la ciera grande che il Re m'avea fatta a Soissone: perchè men venni io deliberamente al Re a parlargli di quel parentado. Ed egli mi disse: Siniscalco, andate prima ad accordarvi ed a fare le paci vostre col Conte di Bertagna, e poi, ciò fatto, il maritaggio s'accompirà. Ed io gli dissi: Sire, è mio avviso che voi non attardiate li fatti vostri per veder acconci quelli degli altri. Ed egli mi rispose che per nulla cosa egli non mariterebbe sua figlia oltra il grado de' suoi Baroni, e sino a che non fusse fatta la pace col Conte di Bertagna.

Allora me ne tornai tosto verso la Reina Margherita di Navarra, ed il Re suo figliuolo ed il loro Consiglio, ed esposi la volontà ferma del Re; la quale udita, incontanente e con diligenza se n'andarono far loro pace col conte di Bertagna. E quando la pace fu fatta il Re donò Isabella sua figlia a Re Tebaldo di Navarra; e furono le nozze fatte a Meluno grandi e plenarie. E poi da Meluno ammenò il Re Tebaldo la Reina novella a Provino, là ove essi furono ricevuti a grande onore dai Baroni ed a grandi spendii.

Capitolo LXIII.

Come 'l buon Re si reggesse dopo 'l suo ritorno di Terra Santa, e come fusse troppo grande amadore di pace.

Ora vi dirò io dello stato del Re, e come egli si mantenne d'ora in avanti ch' e' fu venuto d'oltremare. Sappiate dunque che dappoi non volle un-

qua portare ne' suoi abiti nè vaio minuto, nè picciol
grigio, nè iscarlatto, nè staffe e speroni dorati. Le
sue robbe erano di cammelino o di perso, e le pellicce e i soppanni delle sue mantelline erano di co-
niglio o di lepre. Nella bocca sua fu assai sobrio nè
divisò giammai che gli si apprestassero vivande
deliziose e diverse, ma prendeva paciosamente ciò
che gli venia messo dinanzi. Il suo vino attempe-
rava d'acqua secondo la forza d'esso vino, e beveva
in calice di cristallo. Comunemente quando e' mangiava aveva dietro di sè i poveri, che facea pascere
del suo servito, e poi appresso donare di suo danaro. Levate le tavole, aveva i suoi Preti che gli
rendevano le grazie a Dio. E quando qualche gran
personaggio istrano mangiava con lui, egli era
loro di molto buona ed amorevole compagnia. Della
saggezza sua poi vi dirò io ch'elli era tenuto pel
più savio uomo di tutto suo Consiglio; e che quando
gli arrivasse cosa a che bisognasse rispondere necessariamente senza rattento, giammai non attendeva egli il Consiglio suo, ma rispondeva di tratto
allorchè erano richieste celeritade e drittura. Appresso il buon Re San Luigi procacciò tanto ch'egli
fece venire a lui in Francia il Re d'Inghilterra,
colla Reina e' figliuoli per far pace ed accordo intra loro. Alla qual pace fare, erano assai contrarie
le genti di suo Consiglio, e gli dicevano: Sire, noi
siamo grandemente meravigliati comente voi vogliate consentire a bailire e lasciare al Re d'Inghilterra si gran parte di vostre terre, che voi e' predecessori vostri avete acquistate sovra di lui per

li suoi misfatti: donde egli ci sembra che non ne
siate punto bene avvertito, e che grado nè grazia
non ve ne saprà egli. A ciò il Re rispondeva, ch'egli
sapeva bene che il Re d'Inghilterra ed il suo pre-
decessore avevano giustamente ed a buon diritto
perdute le terre ch'egli teneva, e che non intendeva render loro alcuna cosa al che fare fosse egli
tenuto; ma facevalo solamente per amore, pace ed
unione avere, nodrire ed intertenere intra essi,
e' figliuoli loro che erano insieme cugini germani.
E soggiungeva il Re: io penso che, ciò facendo,
farò ovra molto buona e prosperosa, perchè in primo luogo ne acquisterò ferma pace, ed in appresso
io ne lo farò mio uomo ligio e di fede, visto che sin
qui non è egli ancora entrato in mio omaggio. E
già il Re San Luigi fu l'uomo del mondo che più si
travagliò a fare e mettere pace e concordia tra'suoi
soggetti, e per ispeciale intra li Principi e Signori
di suo Reame e dei vicini, siccome fu intra il Conte
di Chalone mio zio ed il Conte di Borgogna suo figliuolo che avevano guerra insieme, allorchè fummo
al ritorno d'oltre mare. E per la pace fare intra il
padre e 'l figliuolo inviò egli alquante genti di suo
Consiglio sino in Borgogna al suo proprio costo, e
finalmente tanto fece, che per suo mezzo la pace
dei due personaggi fu ferma. Similmente per suo
procaccio fu fatta pace intra il secondo Re Tebaldo
di Navarra ed i Conti di Chalone e di Borgogna che
avevano dura guerra insiememente l'uno contro
gli altri, e vi inviò del pari delle genti di suo Consiglio che ne fecero lo accordo e appaciaronli.

Appresso quella pace cominciò un'altra gran guerra tra il Conte Tebaldo di Bar ed il Conte Errico di Lucemburgo, il quale aveva la sorella di lui a donna. E questi si combatterono l'un l'altro a mano a mano disotto Pigny. Ed il Conte di Bar prese quello di Lucemburgo, ed appresso guadagnò il castello di Ligny che è ad esso Conte di Lucemburgo a cagione della moglie. Per la qual guerra condurre a pace il Re c'inviò Monsignor Perrone il Ciambellano, che era l'uomo del mondo in chi 'l Re credeva il più, e ciò alle sue spese; e tanto ci si travagliò il Re che la pace loro fu fatta. Le genti del suo gran Consiglio lo riprendevano alcuna fiata per ciò ch'egli prendeva così gran pena ad appaciare gli strani, e rappresentavangli ch'e' facea male quando non li lasciava guerreggiare, perchè egli ne sarebbe più ridottato, e gli appuntamenti si farebbero meglio appresso. A ciò loro rispondeva il Re e diceva: ch'essi bene nol consigliavano, perchè, soggiungeva, se i Principi e i gran Signori che son vicini del mio Reame, vedessero ch'io li lasciassi guerreggiare gli uni agli altri, potrebbono dire tra loro che 'l Re di Francia per sua malizia ed ingratitudine li lascia così consumare, e quindi contrarne odio, e così far giura insieme d'incorrermi sopra; donde io ne potrei soffrir male e danno nel mio Reame, e di vantaggio incontrare l'ira di Dio, il quale dice: benedetto sia colui che s'isforza di mettere unione e concordia tra i discordanti. E bene sappiate che per la bontà che i Borgognoni ed i Lorenesi vedevano nella persona del Re, e per

la gran pena ch'elli avea preso in metterli ad u-
nione, essi l'amavano tanto e così l'obbedivano
ch'e' furono tutti contenti di venir piatire davanti
a lui intorno le discordie ch'essi avevano gli uni
in verso gli altri. Ed io li vidi venire più volte per
ciò a Parigi, a Reims, a Meluno ed ovunque là ove
fosse il buon Re.

CAPITOLO LXIV..

Come amasse lo onore di Dio e de' Santi e d' altre sue
    sante costume.

Il buon Re amò tanto Dio e la sua benedetta
Madre, e sì li volle riveriti e onorati che tutti coloro ch'e' poteva convincere d' aver fatto alcun
villano saramento o detto qualch'altra villana e
disonesta cosa mettendo mala bocca in cielo, egli
li faceva grievemente punire. Ed io vidi una fiata
a Cesarea oltre mare, ch'elli fece per ciò mettere
in gogna sulla scala un orafo in sole brache e camicia molto villanamente ed a suo gran disonore.
E così udii dire che (dopo ch'egli fu ritornato d'oltre mare e durante ch'io era andato a Gionville)
avea fatto marcare a ferro caldo le nari e le labbra
d'un borghese di Parigi per un blasfemo ch' elli
avea fatto. Ed udii anche dire al Re di sua propria
bocca, ch'egli stesso avrebbe voluto esser segnato
d' un ferro ardente, se avesse potuto tanto fare
ch'egli avesse tolto tutti i blasfemi e tutte le male
giurazioni di suo Reame. In sua compagnia sono io
bene stato per lo spazio di ventidue anni: ma unqua
in mia vita, per qualunque corruccio ch'egli avesse,

non l' ho udito giurare o blasfemare Dio, nè la sua
degna Madre, nè alcun Santo, nè Santa. E quando
egli voleva affermare alcuna cosa, solea dire: *vera-*
mente egli è così, o: *veramente non va mica*
così. E bene apparve che per nulla cosa egli non
avrebbe voluto rinnegare o giurare Dio, quando il
Soldano e gli Almiranti d' Egitto vollero che per
maniera di sacramento esso ammettesse, rinneghe-
rebbe Dio nel caso ch' e' non tenesse l'appuntamento
della pace da essi voluta: giacchè il Santo Re, quando
gli fu rapportato che i Turchi volevano ch'elli fesse
tale saramento, giammai non lo volle fare, anzi
piuttosto arebbe amato morire, com' egli è messo
in conto davanti. Giammai non gli udii nomare nè
appellare il diavolo, se non fusse stato leggendo in
alcun libro là ove bisognasse nomarlo per esempio.
Ed è una vergognosa cosa nel Reame di Francia
ed ai Principi mal sedente quella di sofferire ch' e'
sia così soventi fiate mentovato: perchè voi vedrete
che l' uno non dirà punto all'altro tre motti per
occasione di male, ch'egli non dica: *Vattene al*
diavolo, *Fatti da parte il diavolo*, od in altre
maniere lascibili di linguaggio. Ancora dirò che il
Santo Re mi dimandò una fiata, se io lavava i piedi
ai poveri il giorno del giovedì ultimo di Quaresima;
ed io gli risposi che no, e ch'ella non mi sembrava
mica essere cosa orrevole e onesta. Adunque il
buon Re mi disse: Ah! Sire di Gionville, voi non
dovete punto avere in disdegno e dispetto ciò che
Dio ha fatto per nostro esempio, che lavolli a' suoi
Apostoli, lui, lui, che era loro Maestro e Signore:

sicchè credo bene che voi a stento fareste ciò che fa
il presente Re d'Inghilterra, il quale a quel giorno
del Giovedì Santo lava i piedi, non ai poveri, ma
sibbene ai miselli e lebbrosi, e poi li bacia.

Avanti che 'l buon Signore Re si ponesse in letto
egli aveva sovente in costume di far venire i suoi
figliuoli davanti a lui, e loro ricordava i bei fatti
e' detti dei Re e Principi antichi, e dicea loro che
bene li dovevano sapere e ritenere per prendervi
buono esempio. E parimente loro rimostrava i fatti
dei malvagi uomini, i quali per lussuria, rapine,
avarizie ed orgogli avevano perdute loro terre e
loro signorie, e ne era loro malvagiamente avvenuto; e dette queste cose, soggiungeva il Re, guar-
datevene dunque di fare così com'essi hanno fatto,
affinchè Dio non ne prenda corruccio contro di voi.
Egli facea loro a simigliante apprendere l'officio di
Nostra Donna, e facea in ciascun giorno udire e
dire in presenza le Ore del giorno secondo i tempi,
affine di accostumarli a così farlo quando essi sarebbero in occasione di tenere le terre loro. Ancora
era un assai largo limosiniere, e per tutto ov'egli
andava in suo Reame, visitava le povere Chiese, i
Lazzaretti e gli Spedali; e s'inchereva de' poveri
gentiluomini, delle povere femmine vedove, delle
povere figliuole a maritare: e per tutti i luoghi ove
egli sapeva avervi necessità, od essere soffrattosi,
egli faceva loro largamente donare di sua moneta.
Ed ai poveri mendicanti facea dare a bere e a mangiare, ed io ho visto più fiate lui medesimo tagliar
loro il pane, e donare a bere. In suo tempo egli ha

fatto fare ed edificare più Chiese, Monasterii e Badie, ciò sono Realmonte, la Badia di Sant' Antonio allato Parigi, la Badia del Giglio, la Badia di Malboissone, ed alquante altre per le religioni de'Predicatori e dei Cordiglieri. Fece egli similmente la Casa di Dio di Pontosia, quella di Vernone, la Casa de' Trecento in Parigi, e la Badia dei Cordiglieri di San Clù, che Madama Isabella sua sorella fondò a la richiesta di lui. Quanto a li benefici delle Chiese che iscadevano in sua donagione, avanti ch' e' ne volesse provvedere alcuno, s'andava incherendo a buone e sante persone dello stato e della condizione di coloro che glieli domandavano, e volea sapere s' essi erano cherci e litterati: e non voleva giammai che quelli a chi donasse i beneficii altri ne tenessero più che al loro stato non appartenesse: e sempre come dissi rilasciavali per grandi ed appensati consigli di genti dabbene.

Or qui appresso vedrete comente egli corresse i suoi Balivi, Giustizieri, ed altri Officiali, ed i belli e nuovi Stabilimenti ch'egli fece ed aordinò ad essere guardati per tutto il suo Reame di Francia, i quali sono i seguenti.

Capitolo LXV.

De' buoni Stabilimenti ch' e' fece, e del pro ritrattone dal Reame.

Noi Luigi, per la grazia di Dio Re di Francia, stabiliamo che tutti i Balivi, Preposti, Maestri, Giudici, Ricevitori, ed altri in qualche officio essi sieno, non che ciascun d'essi, deggiano d'ora in a-

vanti far giuramento che, domentre e' saranno nei
detti offici, faranno dritto e giustizia a chicchessia
senza avere alcuna eccezione di persone, tanto a
poveri quanto a ricchi, così agli strani come ai
privati e dimestici, e guarderanno gli usi e' costumi
che sono buoni e approvati. E se per alcuno d'essi
sarà fatto al contradio del loro giuramento, noi
vogliamo ed espressamente ingiungiamo ch'essi ne
sieno puniti nei beni e nel corpo secondo la richiesta dei casi. La punizione de'quali nostri Balivi,
Preposti, Giustizieri ed altri Officiali riserviamo a
noi ed alla conoscenza nostra, e la attribuiamo a
loro stessi quanto alle malefatte degli inferiori e
soggetti ai medesimi. I nostri Tesorieri, Ricevitori,
Preposti ed Uditori dei Conti e gli altri Officiali ed
Intramettitori delle nostre finanze giureranno che
bene e lealmente guarderanno le nostre rendite e
dominii con tutti e ciascuno i nostri dritti, libertà
e preminenze senza permettere e soffrire che ne sia
niente sottratto, levato, o diminuito. Ed inoltre,
non prenderanno essi, nè lascieranno prendere a
loro genti e commessi, dono nè presente alcuno
che si voglia far loro, od alle loro donne, o figliuoli,
nè ad altri qualsivoglia pur che torni in loro favore: e se alcun dono ne fusse mai ricevuto, sì il
faranno essi incontanente e senza detrazione rendere e restituire al donatore. E simigliantemente
non faranno essi alcun dono o presente a nulla persona di cui sieno soggetti per qualsivoglia favore,
abbuono o discarico. Ancora essi giureranno che,
laddove essi sapessero o conoscessero alcun Offi-

ciale, sergente od altri che sia rapinatore od abusatore nel proprio officio, sicchè debba egli perdere e il detto officio e il servizio nostro, nol sosterranno essi nè celeranno per doni, favori, promesse o altrimenti, anzi li puniranno e correggeranno, secondo richiederà il caso, in buona fede ed equità, e senza alcun odio e rancore. Vogliamo inoltre, tuttochè i detti giuramenti siano presi davanti a noi, che ciò non ostante sieno essi pubblicati davanti i Cherci, Cavalieri, Signori, e Buoni Uomini tutti del Comune, affinchè meglio e più fermamente sieno tenuti e guardati, e che i giuratori abbino paura d'incorrere nel vizio di spergiurio, non già soltanto per lo timore della punizione di nostre mani, o della onta del mondo; ma ben anche per lo timore della punizione di Dio. In appresso noi difendiamo e proibiamo a tutti li detti nostri Balivi, Preposti, Maestri, Giudici ed altri nostri Officiali, ch'essi non giurino nè blasfemino il nome di Dio, della sua degna Madre, e dei benedetti Santi e Sante del Paradiso: ed a simigliante ch'essi non sieno giucatori di dadi, nè frequentatori di taverne o bordelli, sotto pena di privazione del loro officio, e di quella tal punizione che apparterrà al caso. Noi vogliamo del pari che tutte le femmine folli di loro corpo e communi, sieno messe fuori delle magioni de' privati e così separate dalle altre persone, e che non verrà loro allogata nè data a fitto qualsivoglia casa od abitazione per intertenervi il loro vizio e peccato di lussuria. Appresso ancora noi proibiamo e difendiamo che nullo de' nostri Balivi, Preposti, Giudici ed altri Officiali amministratori della Giustizia non siano tanto arditi da acquistare o comperare per essi o per altri alcuna terra o possessione ne'luoghi dov'essi avranno in mano la giustizia, senza nostro congedo, licenza e permissione, e prima che noi siamo bene certificati della cosa. Che se essi contrafacessero, noi vogliamo e intendiamo che le dette terre e possessioni siano e rimangano confiscate in nostre mani. Ed a simigliante non vogliamo punto che i suddetti nostri Officiali Superiori, tanto ch'essi saranno nel servigio nostro, maritino alcuni de'loro figli, figlie od altri parenti ch'essi abbiano, a persone che sieno del loro baliaggio o giustizierato, senza il nostro congedo espresso ed ispeciale. E tutto ciò, dei detti acquisti e maritaggi proibiti, non intendiamo punto abbia luogo in tra gli altri Giudici ed Officiali inferiori, nè intra gli altri minori d'officio. Noi difendiamo altresì ch'e' Balivi, Prevosti e simili tengano troppo gran numero di Sergenti, o di Bidelli in guisa che il comun popolo ne sia gravato. Difendiamo parimente che nullo de'nostri soggetti sia preso al corpo od imprigionato per proprii debiti personali fuor per quelli che ci ragguardano, e che non sia levata ammenda sovra nullo de'nostri soggetti per lo suo debito. Inoltre stabiliamo che coloro i quali terranno le Bailie, Preposture, Visconterie, od altri nostri Offici, non li possano vendere nè trasportare ad altra persona senza nostro congedo. E quando più saranno compartefici in un officio, noi vogliamo che uno lo eserciti per tutti. Difendiamo altresì ch'essi

17

non ispossessino alcuno di possesso ch'e'tenga senza
conoscenza di causa, o senza nostro speciale comandamento. Ancora non vogliamo che sia levata alcuna esazione, balzello, tolta, o costume novello.
Finalmente vogliamo che i nostri Balivi, Preposti,
Maestri, Visconti ed altri nostri Officiali, i quali
per alcun caso saranno messi fuori degli offici loro
e del servizio nostro, siano, appresso ch'e' saranno
così deposti, per quaranta giorni residenti nel paese
ove esercitavano gli offici stessi, o nelle persone
loro o per procuratore speciale, affinchè essi ri-
spondano ai nuovi entrati negli offici medesimi,
intorno a ciò ch'essi vorranno domandar loro, re-
lativamente a qualsivoglia malefatta o richiamo. »

Per li quali suddetti stabilimenti il Re ammendò
grandemente suo Reame, e talmente che ciascuno
viveva in pace e tranquillità. E sappiate che nel
tempo passato l'Offizio della Prevosteria di Parigi
si vendeva al più offerente. Donde egli avveniva che
molte ruberìe, e molti malefizii se ne facevano, e la
giustizia ne era totalmente corrotta per favore d'a-
mici, e per doni, e per promesse; sicchè l'uom co-
munale non osava abitare nelle terre del Reame,
ma vi si teneva per entro quasi erratico e vaga-
bondo. E soventi volte non ci aveva ai piati della
detta Prevosteria, quando il Preposto tenea sue
Assisie, che diece persone al più, tante erano le in-
giustizie ed abusioni che vi si facevano. Pertanto non
volle egli più che la Prepostura fusse venduta,
anzi era Officio che Egli dava a qualche gran saggio uomo, e che di sua saggezza e bontà presen-

tasse buoni e grandi gaggi. E fece abolire tutte le
malvage costume donde il povero popolo era per lo
innanzi gravato. E fece ricercare per tutto il paese
laddove potesse trovare qualche savio, il quale fosse
buon giustiziere e punisse strettamente i malfattori
senza avere isguardo al ricco più che al povero; e
gli fu ammenato uno, che si nomava Stefano Bevi-
lacqua, al quale egli donò l'officio di Preposto di
Parigi. E questi dappoi fece tali meraviglie nel man-
tenersi in detto officio che ormai più non ci avea
ladrone, micidiale nè altro malfattore che osasse dimorare in Parigi, ch'elli tantosto non ne avesse
conoscenza, e presolo, nol facesse impendere, o
punire a rigor di giustizia secondo la qualità e
quantità del mal fatto. E non ci avea favore di parentado nè d'amici, nè oro, nè argento che ne lo
avesse potuto mai guarentire così che buona e pronta
giustizia non ne fusse fatta. E finalmente nello lasso
del tempo, il Reame di Francia si moltiplicò talmente per la dirittura che vi regnava, che i dominii, censi, rendite ed entrate vi crebbero d'anno
in anno, sicchè se ne ammendò molto tutto il suddetto Reame.

Capitolo LXVI.

Come fusse largo ed allegro elemosiniere.

Sino dal tempo della sua più giovine età fu egli
pietoso dei poveri e dei soffrattosi, e talmente cì si
accostumò, che, quanto egli bastò a regnare, ebbe
sempre comunalmente centoventi poveri, i quali e-
rano pasciuti ciascun giorno nella sua magione, in

qualsivoglia parte egli fusse. Ed in Quaresima il
numero dei poveri cresceva, e soventi fiate li ho vi-
sti servire da lui medesimo, e donare delle sue proprie vivande. E quando ciò avveniva nelle feste an-
nuali, i giorni delle vigilie, avanti ch'elli bevesse o
mangiasse, e'li serviva a sue mani: e quando erano
pasciuti, asportavano tutti ancora una certa somma
di moneta. E a dir breve, faceva il Re San Luigi
tanto di limosine, e di sì grandi, che a pena le si
potrebbono tutte dire e dichiarare. Donde ci ebbero
alcuni de' suoi famigliari, i quali mormoravano di
ciò ch'elli faceva sì grandi doni e limosine, e dicevano ch'e' troppo vi dispendea. Ma rispondeva il
buon Re ch'egli amava meglio fare grandi ispese
in limosine, che in vanità ed in burbanze. Nè già
per qualunque grandi limosine ch'e' facesse, non
lasciava a fare grande spendio e larghezza nella sua
magione così intertenendola come apparteneva a tal
Principe, e ben mostrandosi, quale egli era, splen-
dido e liberale. Durante i Parlamenti e gli Stati
ch'e' tenne per fare i suoi nuovi Stabilimenti, faceva tutti servire a Corte i Signori, i Cavalieri e gli
altri in più grande abbondanza e più altamente che
giammai non avesser fatto i suoi predecessori. A-
mava molto tutte maniere di genti che si mettevano
al servizio di Dio, e per ciò fondò egli e fece assai
di belli Monasteri e Case di Religione per tutto il
suo Reame; e medesimamente accerchiò tutta la
città di Parigi di genti di religione, ch'egli vi ordinò, alloggiò, e fondò a suoi danari.

Capitolo LXVII.

Come 'l Santo Re riprendesse la Croce maluriosamente, e come fusse condotto in fin di vita appresso Tunisi.

Appresso tutte le suddette cose, il Re mandò tutti i Baroni di suo Reame per andare a lui in Parigi in un tempo di Quaresima [1] e similmente m'inviò egli a cherère a Gionville, di che io mi pensai a bastanza scusato del venire per una febbre quartana che io aveva: ma egli mi mandò che aveva assai genti che sapevano dar guarigione della quartana, e che per tutto l'amore ch'io gli portava, andassi a Parigi, ciò che io feci a mio gran disagio. E quando fui là, unqua non potei sapere perchè avesse così mandati tutti li gran Signori di suo Reame. Allora avvenne che il giorno della festa di Nostra Donna in marzo io m'addormentai a mattutino: e nel mio dormire mi fu avviso ch'io vedeva il Re a ginocchi davanti uno altare, e ch'egli ci avea molti Prelati che il rivestivano di una pianeta rossa, la quale era di sargia rensa. E tantosto ch'io fui isveglio raccontai la visione a un mio Cappellano, ch'era uomo molto savio, il quale mi disse che 'l Re si crocerebbe la dimane. Ed io gli domandai come egli lo sapeva? ed egli mi rispose che per lo mio sogno ed avviso, e che la pianeta rossa, ch'io gli aveva veduto mettere su, significava la Croce di Nostro Signore Gesù Cristo, la quale fu rossa del prezioso suo sangue ch'elli isparse per noi, e similmente che la pianeta, sendo di sargia rensa, ne

[1] Nel 1268.

accadrebbe che la Crociata non sarebbe punto gloriosa e di gesta grande.

Ora egli avvenne veramente che la dimane il
Re e li tre suoi figliuoli si crociarono, e fu la Crociata di poco uscimento tutto così come il mio Cappellano m'avea recitato il giorno innanzi, per che
io credo ch'egli allora avesse spirito profetale. Ciò
fatto il Re di Francia e 'l Re di Navarra, mi pres-
sarono forte di crociarmi, e d'imprender di nuovo
con essi il santo pellegrinaggio della Croce, ma io
loro risposi che in quel tanto ch'io era stato oltre
mare al servizio di Dio, le genti ed officiali del Re
di Francia avevano troppo gravati ed oppressi i
miei sudditi, sicchè ne erano essi appoveriti talmente che giammai non sarebbe ch'essi e me non
ce ne risentissimo dolorosamente. Pertanto vedeva
aperto che s'io mi mettessi da capo al pellegrinaggio della Croce ciò sarebbe la totale distruzione dei
suddetti miei poveri sudditi: il che per diritto non
doveva soffrire. Poscia udii dire a molti che quegli
che gli consigliarono la intrapresa della Croce fecero un molto gran male e peccarono mortalmente.
Perchè, mentre ch'egli fu nel Reame di Francia,
tutto il Reame stesso viveva in pace, e vi regnava
giustizia; e incontanente ch'egli ne fu fuora, tutto
cominciò a declinare ed a volgere in peggio. Per
altra via fecero essi un gran male, perchè il buon
Signore era così fievole e debilitato di sua persona
ch'egli non poteva soffrire nè portare alcun arnese
sopra il suo corpo, nè durare all'essere lungamente
a cavallo: e mi convenne una fiata portarlo tra le

mie braccia dalla magione del Conte di Alserra sino
ai Cordiglieri, quando mettemmo piede a terra al
nostro rivenir d'oltre mare. Del cammino ch'e'prese
per andar sino a Tunisi io non ne scriverò niente,
perciò ch'io non vi fui punto, e non voglio mettere
per iscritto in questo libro alcuna cosa della quale
io non sia affatto certificato. Ma noi diremo brie-
vemente del buon Re San Luigi che, quando egli fu
a Tunisi davanti il Castello di Cartagine, una malattia di flusso di ventre lo prese. E parimente a
Monsignor Filippo suo figlio primo nato prese la
detta menagione colle febbri quartane. Il buon Re
dovette darsi al letto, e ben conobbe ch'egli doveva
decedere di questo mondo nell'altro. Allora appellò
i suoi figliuoli, e quando furono davanti a lui, egli
addirizzò la parola al suo figlio primo-nato e diedegli
degl'insegnamenti che gli comandò guardare come
per testamento, e come sua reda principale. Li quali
insegnamenti io ho udito dire che il buon Re medesimo li scrisse di sua propria mano, e son tali.

Capitolo LXVIII.

Dei santi ed ultimi ammaestramenti ch'esso diede al figliuolo.

« Bel figlio, la primiera cosa che t'insegno e ti
comando a guardare si è che di tutto tuo cuore, e
sovra tutte cose tu ami Dio, perchè senza ciò nul-
l'uomo non può esser salvato; e guardati bene di
far cosa che a lui dispiaccia, cioè guardati di peccato: giacchè tu dovresti piuttosto desiderar di soffrire tutte maniere di tormenti, che di peccare

mortalmente. Se Iddio t'invia avversità ricevila benignamente, e rendigliene grazie, e pensa che tu l'hai ben meritata, e che il tutto ti ritornerà a prò. S'Egli ti dona prosperità sì ringrazianelo umilmente, e guarda che per ciò tu non ne impeggiori per orgoglio o altrimenti: poichè non si dee mica muover guerra a Dio coi doni ch'egli ci ha fatto. Confessati sovente ed eleggi Confessore idoneo che produomo sia, e che ti possa securamente insegnare a fare le cose che sono necessarie per la salute dell'anima tua, ed altresì quelle da cui tu devi guardarti; e fa d'esser tale che i Confessori tuoi, i tuoi parenti e famigliari ti possano così arditamente riprendere del male che tu arai fatto, siccome apprenderti il bene ch'era da farsi. Ascolta il servigio di Dio e di Nostra Madre Santa Chiesa devotamente e di cuore e di bocca (e per ispeciale alla Messa dappoi che la consecrazione del Santo Corpo di Nostro Signore sarà fatta) senza celiare od ammiccare con altrui. Abbi il cuor dolce e pietoso ai poveri, e li conforta ed aiuta in ciò che potrai. Mantieni le buone Costume del tuo Reame, ed abbassa e correggi le malvage. Guardati della troppo gran cupidigia, e non buttar su al tuo popolo troppo grandi taglie e sussidii, se ciò non fusse per invincibile nicissità e pel tuo Reame difendere. Se tu hai alcun misagio in tuo cuore, dillo incontanente al tuo Confessore, o ad alcuna buona persona che non sia punto piena di villane parole, ma le abbia soavi e amorevoli, e così leggermente porrai portare il tuo male, per lo riconforto che l'uomo savio ed ammisurato ti donerà. Prenditi ben guardia che tu aggia in tua compagnia genti probe e leali, le quali non siano punto piene di cupidigia, sieno esse religiose, secolari o altrimente. Fuggi la compagnia dei malvagi, ed isforzati d'ascoltare le parole di Dio, e le ritieni in tuo cuore. Procaccia continuamente preghiere, orazioni e perdoni. Ama il tuo onore. Guardati dal soffrire colui che sia sì ardito di dire davanti a te parola alcuna, la quale sia cominciamento d'ismuovere chicchessia a peccato, o che maledica d'altrui assente o presente per detrazione. Non soffrire che alcuna villana cosa sia detta di Dio, della sua degna Madre, o dei Santi o Sante. Sovente ringrazia Dio dei beni e della prosperità ch'egli sarà per donarti. Fa drittura e giustizia a ciascuno tanto al povero come al ricco. A tuoi servitori sii leale, e munifico, ma fermo e non voltabile di parola, acciò ch'essi ti temano ed amino come loro Signore. Se controversia nasce, od azione alcuna viene intentata, fanne inquisizione fino a raggiugnere la verità, sia che questa ti favorisca o ti contrarii. Se tu sei avvertito di avere alcuna cosa d'altri, sia per fatto tuo, sia de' tuoi predecessori, qualora ne venga certificato, rendila incontanente. Riguarda con tutta diligenza se le genti a te soggette vivono in pace ed in drittura, e specialmente nelle buone ville e cittadi. Mantieni loro le franchigie e libertà, nelle quali i tuoi antenati le hanno mantenute e guardate, e tienile in favore ed amore: giacchè per la ricchezza e possanza delle tue buone cittadi i tuoi nemici ed avversarii si dot-

teranno d'assalirti e di misprendere inverso di te,
e per ispeciale i tuoi Pari, i tuoi Baroni, ed altri
simiglianti. Ama ed onora tutte le genti di Chiesa
e di Religione, e guarda bene che non loro togliessi
li redditi, i doni, e le elemosine che i tuoi antenati e
predecessori hanno lasciato o donato alle medesime.
Si racconta del Re Filippo mio avo che una fiata
l'uno de'suoi Consiglieri gli disse che le genti di
Chiesa gli facevano perdere ed amminuire i diritti,
le libertà, non che le giustizie sue, e che era gran
meraviglia ch'egli il sofferisse così. E il Re mio Avo
gli rispose ch'egli il credeva bene altresì, ma che
Dio gli avea fatti tanti beni e tante gratuità donate, ch'egli amava meglio perdere alcun poco di
suo podere che piatire e contendere colle genti di
Chiesa Santa. A tuo Padre e a tua Madre porta o-
nore e reverenza, e guardati dal corrucciarli per
disobbedienza de'loro buoni comandamenti. Dona i
beneficii che ti apparterranno a persone buone e di
netta vita, e sì fallo per lo consiglio di uomini probi
e savi. Guardati dallo ismuover guerra contra Cristiani senza grande consilio, e solo allorchè altrimenti tu non ci possa ovviare: e se guerra ci avrai,
risparmiane le genti di Chiesa, e coloro che in
niente non ti avranno misfatto. Se guerra o dibattimento insorga tra i tuoi soggetti, pacificali al più
tosto che tu potrai. Prendi guardia sovente a'tuoi
Balivi, Preposti, ed altri Officiali, ed inchiedili di
lor governo, affinchè se cosa v'ha in essi a riprendere che tu lo faccia. Pon mente gelosa che qualche
villano peccato non s'immetta nel tuo Reame, e

principalmente blasfemo e resìa, e s'alcuno ve ne
rampolla fallo togliere e strappar via. Tien modo
che tu faccia nella tua Magione spendio ragionevole ed ammisurato. Supplico poi io a te, figliuol
mio, che dopo il mio fine aggia sovvenenza di me
e della povera anima mia, sicchè ne la voglia soccorrere per messe, orazioni, preghiere, limosine e
buoni fatti in tutto il Reame, e mettimi in parte e
porzione di tutti li beneficii e sante opere che tu
farai: ed io dono a te tutta la benedizione che giammai Padre può donare a figliuolo, pregando umilmente alla Santissima Trinità del Paradiso al Padre, al Figliuolo e allo Spirito Santo, sicchè ti
guardi e difenda da tutti i mali, e per ispeciale dal
morire in peccato mortale; acciò che noi possiamo
una fiata, appresso questa breve vita mortale, essere insieme davanti a Dio, a rendergli grazie e lodi
senza fine nel suo vero e non perituro Reame del
Paradiso. Amen. »

CAPITOLO LXIX.

Della santa morte del Santo Re, e come fu poscia annoverato tra Confessori della Fede.

Quando il buon Re San Luigi ebbe così insegnato ed indottrinato Monsignor Filippo suo primogenito, ed in lui tutti gli altri figliuoli suoi, la
malattia che il premeva cominciò tosto a crescere
duramente. Ed allora domandò i Sagramenti di
Santa Chiesa, che gli furono amministrati in sua
piena conoscenza, buon senno e ferma memoria. E
bene ciò apparve perchè, quando lo misero in e-

strema unzione, e dissero i sette Salmi di penitenza, egli medesimo rispondeva i versetti dei detti Salmi insieme cogli altri che accompagnavano il Prete in quell'ultimo pietoso officio. E' udii poscia dire a Monsignore il Conte d'Alansone suo figliuolo, che sentendosi il buon Re approssimare alla morte s'isforzava d'appellare i Santi e Sante del Paradiso perchè il venissero àtare e soccorrere a quel trapasso: e per ispeciale evocava egli Monsignore San Jacopo, in dicendo la sua orazione che comincia: *Esto, Domine.* Anche Monsignor San Dionigi appellò egli, recitando la sua orazione, la quale in sentenza dice così: Sire Iddio, donaci grazia di poter disprezzare e mettere in obblìo le proprietà di questo mondo, sicchè incontriamo senza dottanza qualsivoglia avversitade. Finalmente, dopo aver richiamato anche Madama Santa Geneviefa, si fece istendere sovra un letto coverto di ceneri, fece croce sul petto delle sue braccia; e così, riguardando tuttavia verso il cielo, rese in un suave sospiro la benedetta anima al suo Creatore, a tale ora medesima in che Nostro Signore Gesù Cristo rese lo Spirito al Padre in su l'albero della Croce per la salute di tutti i popoli. [1]

Pietosa cosa è veramente e degna di largo pianto il trapassamento di questo Santo Principe, il quale sì santamente ha vissuto, e bene ha guardato suo Reame, e che tanto di buone ovre ha fatto in verso Dio. Perchè, così come il dittatore vuole alluminato il suo Libro in oro smagliante ed in colori gai per

---

1 Il 25 Agosto 1270 a ora di nona.

farlo più bello e onorato, simigliantemente il buon
Santo Re ebbe alluminato e fregiato la vita sua ed
il suo regno per le grandi limosine, e pei Monasterii
e Chiese ch'egli ha fatto e fondato in suo vivente,
ove Dio è al dì d'oggi lodato ed onorato notte e
giorno. La domane della festa di Santo Bartolomeo
Apostolo trapassò egli di questo secolo nell'altro, e
ne fu poscia apportato il corpo in Francia a San
Dionigi, e là fu soppellito nel luogo ove egli avea
già da tempo eletta la sua sepoltura: al qual luogo
Dio misericordioso, per le preghiere di lui, ha per-
messo sien fatti molti e belli miracoli.

Tosto appresso per lo comandamento del Santo
Padre di Roma venne un Prelato a Parigi che fu
lo Arcivescovo di Roano, ed uno altro Vescovo con
lui, e se ne andarono a San Dionigi, al qual luogo
essi furono lungo tempo per inchiedervisi della vita,
delle opere e dei miracoli del buon Re San Luigi.
E mi mandarono che venissi a loro, e là fui per due
giorni per ch'io loro isponessi tutto ciò che sapeva.
E quand'essi si furono per tutto bene e diligentemente inchiesti d'esso buon Re, ne riportarono in
Corte di Roma tutto l'inchierimento. Lo quale bene
veduto, ed a buon diritto esaminato, funne il nostro
buon Re per solenne dicreto messo nel novero dei
Confessori della Fede [1]. Donde gran gioia fu e dovè
essere per tutto il Reame di Francia, e molto grande
onore ne venne a tutto il suo lignaggio, e sì veramente a coloro che lo vorranno imitare, mentre
sarà a gran disonore di quelli di suo lignaggio che

---

1 Fu santificato da Papa Bonifacio VIII nel 1297.

non imitandolo, saranno mostri col dito, e si dirà di loro: che giammai il buon Sant'Uomo arebbe fatta tale malvagità o villanìa.

Appresso che queste buone novelle furono venute di Roma, il Re donò ed assegnò giornata per levare il Santo Corpo. L'Arcivescovo che fu di Reims, e Messer Errico di Villiere che altresì fu Arcivescovo di Lione lo portarono primi, e più altri Arcivescovi e Vescovi il portarono dappoi, de' quali io non so i nomi. Appresso ch'e'fu levato Frate Giovanni di Semuro lo predicò davanti il popolo, e tra gli altri suoi buoni fatti rammentò sovente una cosa ch'io gli avea detto del buon Re: cioè la grande sua lealtà, perchè, com'io ho mentovato davanti, quando egli avea alcuna cosa promessa della sua sola e semplice parola ai Saracini nel viaggio d'oltremare, non ci avea rimedio che non la tenesse loro a qualunque costo, od a perdita qualsivoglia. Predicò similmente il detto Frate Giovanni tutte le parti della sua vita com'elleno per me sono state già scritte. E tantosto che il Sermone fu finito, il Re novello ed i fratelli suoi riportarono il corpo del Re loro padre nella detta Chiesa di San Dionigi con l'aita del loro lignaggio, per onorare così quel corpo che tanto onore apporta loro, ed apporterà per lo avvenire se per essi non farà difetto il proposito di seguitarne i precetti.

Capitolo LXX.

Un'ultima parola sul caro e santo mio Re.

E qui finirebbe il conto s'io non volessi anche aggiungere qualche cosa in onore del mio buon Re San Luigi. Sappiate dunque che, sendo io nella mia Cappella a Gionville, egli mi fu avviso ad un cotal dì, nel quale era tutto insonnolito, ch'e'mi venisse davanti molto gioioso, e ch'io parimente fossi assai lieto di vederlo nel mio castello, e che poi gli dicessi: Sire, quando voi vi partirete di qui, io vi menerò alloggiare in un altro mio maniere che io ho a Cheviglione: ed anche m'era tuttavia avviso ch'egli mi rispondesse in ridendo: Sire di Gionville, per la fe'che vi deggio, già non mi partirò io sì tosto di qui, poi che vi sono a mio agio. Quando io mi svegliai pensai allora in me, che certo era il piacere di Dio e di Lui ch'io lo albergassi nella mia Cappella; perchè senza più vi ho fatto fare un altare altresì in onore di Dio e di Lui, e vi ho stabilito, e bene fondato una Messa perpetua per ciascun giorno dell'anno. E queste cose ho io rammentate a Monsignor Luigi suo figliuolo [1] affinchè, facendo il grado di Dio, io possa avere qualche parte delle reliquie del vero Corpo di Monsignore che fu mio buon Re, per tenerla nella mia Cappella a Gionville, sicchè quelli che vi vedranno il suo altare possano

---

[1] Se qui è parola di Luigi *Utino* (che tanto può valere *Pervicace*, quanto *Altero*) questa voce *figliuolo* dovrà intendersi usata per *discendente;* giacchè esso era invece pronipote di San Luigi, e fu detto Re di Navarra nel 1307, e Re di Francia dopo la morte del padre suo Filippo il Bello, avvenuta l'anno 1314.

avere insieme a quel caro e buon Santo una maggior divozione.

E qui finendo veramente faccio assapere a tutti i lettori di questo Libro che le cose, ch'io dico aver vedute e sapute di lui, sono al tutto veraci e fermamente le deggiono credere. E le altre cose, ch'io non testimonio se non per udita, prendanle in buon senso, se a loro piace. E qui pure prego a Dio che per la inframmessa di Monsignore San Luigi, gli piaccia donarci ciò ch'elli sa esserci necessario alla salute del corpo, e più assai alla salute dell'anima nostra. Amen.

INDICE.

L'Editore Gaetano Romagnoli al Lettore benevolo   *a facce*   v

Lezione Preliminare IX

Prologo 1

CAPITOLI.   PARTE PRIMA.

  I. Di alcune sante parole che 'l buon Re disse a me e ad
      altri 3

  II. Di due questioni che 'l buon santo Re m'indirizzò . . 6

  III. Qui conta di Maestro Roberto di Sorbona 9

  IV. Di due insegnamenti che 'l Re mi diede 13

  V. Anche della stessa materia e del governo della sua vita . 18

  VI. Di un insegnamento che un buon Cordigliere diede al Re,
      e come 'l Re non l'obbliasse punto 20

  VII. Come 'l buon Re sapesse all'uopo difendere i laici da
      oltraggio, e come fusse leale e fino guardatore di giu-
      stizia e di pace 22

PARTE SECONDA.

  I. Della nascita e coronazione del buon Re, e quando portò
      arme primamente 27

  II. Qui conta come seguitò la guerra dei Baroni di Francia
      e come 'l Re la menò a suo prode e ne seguì pace . . 32

  III. Ove per inframmessa si tocca del Conte Errico di Sciam-
      pagna e di Artaldo di Nogente il ricco borghese.. . 36

  IV. Della gran Corte che 'l Re bandì a Salmuro, poi della
      fellonìa del Conte della Marca, e come questi ne fu
      punito 39

  V. Perchè e come il buon Re si crociò, e come con esso
      presi io anche la Croce. 42

  VI. Come prendemmo il mare a Marsilia, e come si navicò
      sino a Cipri 47

  VII. Di ciò che avvenne nel nostro soggiorno in Cipri. . . 49

  VIII. Dove si parla per inframmessa dei Soldani d'Oltremare. 52

  IX. Come ci ismovemmo di Cipri e venimmo in vista di Da-
      miata in Egitto 55

  X. Come si ferì alla terra contro lo sforzo de'Saracini, e
      perchè questi fuggironsi e ci lasciarono Damiata. 58

  XI. Dell'obblio in che fu lasciata la grazia fattaci da Dio
      nel donarci Damiata 62

274 INDICE.

CAPITOLI.

XII. Di ciò che avvenne sino a che stemmo a campo presso Damiata . . . . *a facce* 66

XIII. Come movemmo da Damiata per a Babilonia secondo l'avviso malurioso del Conte d'Artese 70

XIV. Qui tocca il conto dello fiume meraviglioso d'Egitto che l'uomo dice Nilo 73

XV. Come ci arrestammo davanti il fiume di Rosetta, e di ciò che 'l Re vi dispose, e lo nuovo Almirante vi contrappose. 75

XVI. Come la Petriera e gl'ingegni de' Saracini, gittando il fuoco greco, abbruciassono due fiate i nostri Gatti incastellati. 79

XVII. Qui conta del passaggio a guado del fiume di Rosetta. 84

XVIII. Della battaglia che ne seguì oltra 'l fiume, ove fue morto il Conte d'Artese 85

XIX. Anche della battaglia e delle grandi cavallerie che vi fece Monsignore lo Re 90

XX. Come io, a buona compagnia, difendessi un ponticello perchè 'l Re non ne venisse accerchiato dai Saracini 94

XXI. Qui per inframmessa si conta de' Beduini e di loro condizioni. 100

XXII. Di ciò che avvenne dopo che ci fummo riparati agli alloggiamenti 102

XXIII. Come i Saracini fecero un nuovo Capitano, e come questi li dispose ad assaltare i nostri alloggiamenti 105

XXIV. Qui si conta lo assalto dato a tutte le nostre battaglie. 108

XXV. Nel quale s'inframmette discorso delle varie genti d'arme del Soldano, e de' suoi Cavalieri della Halqua 114

XXVI. Come a Babilonia venne uno nuovo Soldano, e come entrò nell'oste nostra una fiera pistolenza . . . 118

XXVII. Come per lo gran disagio della pistolenza il Re pose di torsi dalla via di Babilonia, e di alcune mie speciali incidenze 121

XXVIII. Qui conta del vano parlamento per pace fare tra 'l Re e 'l Soldano, e della nostra ritratta verso Damiata. 124

XXIX. Ove si mette per conto la fazione e maniera come fu preso il buon santo Re 127

XXX. Come io fussi preso e condotto in fine di vita, e poi guerito per un beveraggio datomi da un buon Saracino 130

XXXI. Di quello avvenne dopo la mia guerigione, e come fui menato là dove erano le genti del Re 135

XXXII. Come fu menato il Trattato per la diliveranza del Re e nostra. 138

CAPITOLI.

XXXIII. Come appresso il Trattato si approdò alla nuova Albergheria del Soldano, e come gli Almiranti si giuraro contra di lui . . . . *a facce* 143

XXXIV. Come i Cavalieri della Halqua uccisono il Soldano di Babilonia. 146

XXXV. Del male che ci avvenne dopo che 'l Soldano fue ucciso, e delle nuove convenenze giurate cogli Almiranti. 148

XXXVI. Come fummo fatti scendere a valle sino a Damiata, e come questa fue resa ai Saracini. 153

XXXVII. Come dopo lunga disputazione fummo finalmente diliverati di prigionia. 155

XXXVIII. Qui conta come fu lealmente pagato il tanto del riscatto pattuito, e come femmo vela per Acri di Soria . 158

XXXIX. Ove si fa incidenza per contare alquanti fatti che ci avvennero in Egitto e ch'erano stati intralasciati . 161

XXXX. Di ciò che avvenne in Damiata alla buona Dama Madonna la Reina 164

XXXXI. Qui dice il conto come 'l Re sofferse disagio in nave, e come io ebbi in Acri molte tribolazioni . . . 166

XXXXII. Come 'l Re tenne consiglio del ritornare in Francia, o del rimanere in Terra Santa, e come s'attenne al rimanere 168

XXXXIII. Come 'l Re tenne a suo spendio me e la mia bandiera sino al tempo di Pasqua a venire. . . . 174

XXXXIV. Di tre Imbasciate che vennero al Re in Acri. . . 177

XXXXV. Nel quale si ritrae ciò che Frate Ivo il Bretone raccontò del Veglio della Montagna. 181

XXXXVI. Come 'l buon Re ponesse condizioni di tregua ed alleanza cogli Almiranti contro il Soldano di Damasco, e come gli Almiranti sapessero non menarle a conchiusione 184

XXXXVII. Dove si fa incidenza per porre in conto ciò che i nostri Messaggeri ritrassono dei Tartarini e del loro Gran Re 187

XXXXVIII. Di alcuni Cavalieri stranii che vennero al Re a Cesarea, e di ciò ch' e' feciono e di ciò ch' e' raccontarono. 195

XXXXIX. Delle nuove convenenze ch'io feci col Re appresso la Pasqua venuta, e delle Giustizie che vidi fare a Cesarea. 198

L. Delle tregue ed alleanze cogli Almiranti d'Egitto contro il Soldano di Damasco, le quali tuttavia non approdaro a compimento, e di ciò che avvenne sotto Giaffa. 201

LI. Ove si conta per inframmessa del buon Conte di

Capitoli.

Giaffa Messer Gualtieri di Brienne, delle sue cavallerie, e della sua pietosa morte . . *a facce* 205

LII Come si fu pace tra 'l Soldano di Damasco e gli Almiranti d'Egitto, e come noi non avemmo più con
nissun di loro nè triegua, nè pace 210

LIII. Come i Turchi di Damasco vennero davanti Acri,
e poi, partitisine, assalirono Saetta e la misero
a distruzione 212

LIV. Come 'l buon Re s'astenesse dello andare a Gerusalemme a maniera di pellegrino 215

LV. Delle munizioni e difese che 'l Re fece a Giaffa ed
a Saetta, e di ciò che avvenne nel frattempo . . 218

LVI. Come assalimmo la città di Belinas, e del pericolo nel
quale fui capitanando la prima battaglia del Re . 221

LVII. Del pellegrinaggio a Nostra Donna di Tortosa, e come avvenne che la Reina s'agginocchiasse davanti i miei camelotti 226

LVIII. Come 'l buon Re, saputa la morte di Madama sua Madre, accogliesse il pensiero di ritornare in Francia. 229

LIX. Come col Re femmo vela per ritornare in Francia, e
delle malenanze che c'incolsero presso Cipri . . 232

LX. Di ciò che vedemmo nell'Isola di Lampedusa, e di un
bello miracolo di Nostra Donna di Valverde . . 240

LXI. Come finalmente scendemmo a porto di Yeres in terra
di Provenza, e di ciò che ivi avvenne 242

LXII. Nel quale si ritrae come io mi scompagnassi dal buon
Re, e come ponessi opera al maritaggio del Re di
Navarra 246

LXIII. Come 'l buon Re si reggesse dopo 'l suo ritorno di
Terra Santa, e come fusse troppo grande amadore di pace. 247

LXIV. Come amasse lo onore di Dio e de' Santi, e di altre
sue sante costume 251

LXV. De' buoni Stabilimenti ch'e' fece, e del prò ritrattone dal Reame 254

LXVI. Come fusse largo ed allegro elemosiniere 259

LXVII. Come 'l Santo Re riprendesse la Croce maluriosamente, e come fusse condotto in fin di vita appresso Tunisi 261

LXVIII. De' santi ed ultimi ammaestramenti ch'esso diede
al figliuolo 263

LXIX. Della santa morte del Santo Re, e come fu poscia
annoverato tra' Confessori della Fede 267

LXX. Un'ultima parola sul caro e Santo mio Re 271

Prezzo: Lire 4.

Lightning Source UK Ltd.
Milton Keynes UK
UKHW030657250521
384341UK00008B/570